NUA-DHUANAIRE I

NUA-DHUANAIRE

CUID I

PÁDRAIG de BRÚN

BREANDÁN Ó BUACHALLA

TOMÁS Ó CONCHEANAINN

INSTITIÚID ARDLÉINN BHAILE ÁTHA CLIATH

1971

© INSTITIÚID ARDLÉINN BHAILE ÁTHA CLIATH 1971

LEINSTER LEADER LTD, NÁS, A CHLÓBHUAIL

TREOIR

v

GIORRÚCHÁIN

Abhráin ghrádha chúige Chonnacht	D. de h-Íde (An Craoibhín Aoibhinn), *Abhráin ghrádha chúige Chonnacht* (eag. nua, Baile Átha Cliath 1931)
An grá in amhráin na ndaoine	S. Ó Tuama, *An grá in amhráin na ndaoine* (Baile Átha Cliath 1960)
BM	British Museum
Dán na mBráthar	C. Mhág Craith, *Dán na mBráthar Mionúr* I (Baile Átha Cliath 1967)
Dánta grádha	T. Ó Rathile, *Dánta grádha* (Dublin and Cork 1926)
Duanaire Gaedhilge	R. Ní Ógáin, *Duanaire Gaedhilge* I-III (Baile Átha Cliath 1921-30).
Gleanings[2]	P. Walsh, *Gleanings from Irish manuscripts* (eag. 2, Dublin 1933)
Irish minstrelsy	J. Hardiman, *Irish minstrelsy, or bardic remains of Ireland* I-II (London 1831)
ITS	Irish Texts Society
LN	Leabharlann Náisiúnta na hÉireann
Measgra dánta	T. F. O'Rahilly, *Measgra dánta* I-II (Dublin and Cork 1927)
RIA	Royal Irish Academy
TCD	Trinity College, Dublin

RÉAMHFHOCAL

Filíocht liteartha ón seachtú haois déag agus fiche ceann d'amhráin na ndaoine (uimh. 47-66) nach fios go cruinn cathain a cumadh iad atá sa leabhar seo, an chéad chuid de chnuasach d'fhilíocht na Gaeilge ó *c.* 1600 i leith atá idir lámha againn. Foilseofar na coda eile do réir mar a bheidh siad ullamh.

Tá na foinsí ar baineadh úsáid astu luaite sna nótaí. Breithníodh na lámhscríbhinní is sine agus is muiníní i gcás na ndánta liteartha, agus scrúdaíodh idir scríbhinní agus téacsanna clóbhuailte do na hamhráin. (Níl ach na heagráin is fearr de théacsanna a cuireadh i gcló breis agus aon uair amháin luaite sna nótaí againn.) Fágadh ranna agus véarsaí ar lár in áiteanna de bharr na leaganacha atá le fáil a bheith truaillithe nó ar bheagán feabhais. Ní hionann na fadhbanna téacsúla a bhaineann le hamhráin na ndaoine agus leis an bhfilíocht eile, agus maidir leo siúd níor deineadh aon iarracht ar théacsanna údarásacha a bhunú. Ní raibh i gceist leo ach téacsanna cruinne soléite a sholáthar, agus giorraíodh iad agus deineadh coigeartú orthu do réir mar a measadh a bheith oiriúnach.

Ós rud é go bhfuil idir fhilíocht shiollach agus fhilíocht aiceanta le chéile anseo, níorbh fholáir a cheart a thabhairt do litriú na Gaeilge Clasaicí sna téacsanna seo agus níorbh fholáir ina theannta sin glacadh le foirmeacha agus le litriú focal nach bhfuil taithí anois orthu. Géilleadh do nósanna litrithe an lae inniu chomh mór agus ab fhéidir gan cur as don mheadaracht ná do cheart na teanga. Aithníodh idir *de* agus *do* (réamhfhocail) agus cuireadh *sc-*, *sp-*, *st-*, in ionad *sg-*, *sb-*, *sd-*, na lámhscríbhinní tríd síos. Fágadh an síneadh fada ar *eó*, áfach, nós nach bhfuil á chleachtadh anois (bíodh gurb é is cruinne). Ar an gcuma chéanna gheofar *oi* agus *ui* anseo in áiteanna inar gnáthach *ai* agus *oi* anois.

Bíodh go bhfuil téarmaí mar *rannaíocht* agus *séanna* in úsáid againn mar thuairisc ar mheadaracht dánta, ní mór a thuiscint gurb annamh rialacha iomlána an dána dhírigh i bhfeidhm sna téacsanna seo agus gur minic gan ach comharthaí sóirt na meadarachtaí sin iontu. Maidir le meadarachtaí an amhráin, tá treoir faoin deilbh tabhartha againn le haghaidh gach téacs sna nótaí. (Tá an comhartha /*i/ sna patrúin mheadarachta againn mar a bhfuil malartúchán idir /i/, /o/, /u/, ó líne go chéile sna téacsanna, rud atá coitianta sna

hamhráin.) An té ar mian leis cruinneas an eolais i dtaobh an dá
shaghas meadarachta a bheith aige, moltar dó na leabhair seo a
léamh: E. Knott, *Irish syllabic poetry* (eag. 2, Dublin 1957), T.
Ó Donnchadha, *Prosóid Gaedhilge* (Corcaigh agus Áth Cliath 1925).
Mar seo a roinneamar an saothar eadrainn:

    P. de B., uimh. 8-10, 13-26, 37-43.
    B. Ó B., uimh. 1-7, 11-12, 27-36, 44-6.
    T. Ó C., uimh. 47-66.

Gabhaimid ár mbuíochas leis na daoine seo a thug cabhair agus
comhairle dúinn: an tOll. Maolmhuire Díolún, an tOll. Brian
Ó Cuív, an tOll. Dáithí Ó hUaithne, an tOll. Sisile Ní Rathaille
agus an tOll. Oirmh. Pádraig Ó Súilleabháin, o.f.m.

1

Éigse fhuinn Ghaoidheal

Fear Flatha Ó Gnímh

Tairnig éigse fhuinn Ghaoidheal;
adhbhar suadh nó saordhraoidheadh
   ní mhair díobh—damhna cumhadh—
4   ná díol anma ollamhan.

Tairnig a ré, leath ar leath,
scol Uladh, éigse Laighneach;
   deachmhadh dámh Muimhneach ní mhair,
8   ár gan fhuighleach a n-ársoin.

I gcrích Chonnacht, ceardcha scol,
ní mhair ollamh ná a adhbhar;
   tug fam chridhe ceó orchra,
12   's ní beó file foghlamtha.

Oidhidh Thaidhg dhuanscagtha Dhoill,
éag Eochaidh mheic Mhaoil Eachlainn,
   tug draoithe Éireann fa oil,
16   géibheann maoithe fa mheanmain,

Ní clos scolaighe, scéal tinn,
d'Íbh Dálaigh ná d'fhuil Uiginn
   ag túr lighe i leabthaibh both,
   dá ealtain fhine n-eólach.
20

Uch! ní mhair caomh ná cara
d'fhuil ealadhnaigh Eochadha;
   ag sin cuire cridheadh nglan,
24   uile a cineadh do-chuadar.

1

Clann Chraith dá gcreidis scola,
fine rannghlan Ruanadha,
  méala nach marad an dámh,
28   fréamha carad is compán.

I gcrích Uisnigh an fhuinn ghloin
scotha fileadh—fuil Chobhthaigh—
  scéal mór gan mharthain na scol,
32   a scarthain is clódh céadfadh.

Clann an Bhaird, Meic Con Midhe,
tearc fisidh nó fáidhfhile—
  mo dhall ciachsa is ceó cumhadh—
36   beó d'iarsma na n-ollamhan.

Tug fógra dhámh an domhain
is col d'fhagháil d'ealadhain
  fuil chrannda dá cora i gcion
40   's na fola arda íseal.

A fhir scaoilte na scéal sean
'gá mbí seanchas mac Míleadh,
  ní ham scéal do scaoileadh dheid
44   tréan Gaoidheal an tan tairneig.

2

An Naí Naomh

Aodh Mac Aingil

Dia do bheatha, a naoidhe naoimh,
    isan mainséar cé taoi bocht,
meadhrach saidhbhir atá tú
    's glórmhar id dhún féin a-nocht.

A naoidhe bhig atá mór,
    a leanbáin óig atá sean,
san mainséar ní chuire a lán
    cé nach bhfagha áit ar neamh.

Ar neamh dhíbh gan mháthair riamh,
    gan athair 'nar n-iath a-nos,
it fhírDhia riamh atá tú
    is id dhuine ar dtús a-nocht.

Dia do bheatha, a Íosa, a-rís,
    dia do bheatha i gclí ón Óigh,
a ghnúis is áille nó an ghrian,
    na mílte fáilte do Dhia óg.

Uch, dá lamhainn dul is-teach—
    atú a-muigh led chead, a rí—
le fáilte do-bhéarainn fós
    míle 'gus míle póg dhíbh.

Póg dod bhéal, a bhráthair gaoil,
    póg, a phápa naoimh, dod chois,
póg dod láimh ós tú mo rí;
    is duit uile, a Dhia, mo thoil.

Tabhair, a rí, gé nach ceart,
    áit id thuama don treas brúit,
i measc na ngadhar ón tsliabh,
    rér chosmhaile riamh ar ndúil.

A Mhuire, a mháthair, a ógh,
    oscail doras an chró dhamh
go n-adhrainn ardrí na ndúl—
32   nach córa dhúinn ná do dhamh?

Do-ghéan seirbhís do Dhia i bhfos,
    faire go moch is go mall;
gadhair na mbuachaill ón tsliabh
36   buailfead ón triath atá fann.

An t-asal fós is an damh
    ní leigfead i ngar dom rígh;
do-ghéan féin a n-áitsin dó—
40   asal mé is bó Mhic Dé Bhí.

Do-bhéar uisce liom go moch,
    scuabfad urlár bocht Mhic Dé;
do-ghéan tine san anam fhuar
44   's tréigfead tré dhúthracht mo chorp claon.

Nighfead a bhochtbhréide dhó,
    is dá dtuga, a ógh, cead damh,
mo cheirt féin do bhainfinn díom
48   dá cur mar dhíon ar do mhac.

Biad mar chócaire 'gan bhiadh
    's im dhoirseóir do Dhia na ndúl,
's ó tá orthu go mór m'fheidhm,
52   iarrfad fair mo dhéirc do thriúr.

Ní iarrfad airgead ná ór
    acht uair san ló póg dom rígh;
do-bhéar mo chroidhe féin uaim
56   's glacaidh é mar luach an trír.

A Phádraig ón leanbhsa fuair
    bachall Íosa mar bhuaidh grás,
a ghein gan domblas id chlí,
60   's a Bhrighid, bí linn de ghnáth.

A phátrúin oiléan na **naomh**,
    faghaidh grása ó Dhia dhúinn;
mar chruimh in uamhaidh Dé a-nocht
64   glacthar bráithrín bocht ó Dhún.

Míle fáilte a-nocht i gclí
    le mo chroidhe dom rígh fial;
in dá nádúir ó do-chuaidh,
68   póg is fáilte uaim do Dhia.

3

Giorra an tsaoil

Giolla Brighde Ó hEódhasa

A dhuine chuireas an crann,
cia bhus beó ag buain a ubhall?
    Ar bhfás don chraoibh ghéagaigh ghil,
4   ré a fhéagain daoibh an deimhin?

Gan t'fhuireach ré a bhláth do bhoing
san lubhghort uaine álainn,
    smuain, a fhir na gcleath do chor—
8   mo chreach! ag sin an saoghal.

D'éis a aibchighthe is é id láimh,
an tú chaithfeas, a chompáin,
    bláth garrdha na ngéag solas
12   tarla ón éag in amharas?

Ní críonna dhuit, a dhuine,
'gá mbí an choille chumhraidhe,
    th'aire ar fhás na n-abhall lag
16   's gan cás it anam agad.

4

Triall ó Dhealbhna

Uilliam Nuinseann

Diombáidh triall ó thulchaibh Fáil,
diombáidh iath Éireann d'fhágbháil,
    iath milis na mbeann mbeachach,
4   inis na n-eang n-óigeachach.

Cé tá mo thriall tar sál soir,
ar dtabhairt cúil d'iath Fhiontain,
    do scar croidhe fan ród rinn—
8   níor char fód oile acht Éirinn.

Fód is truime toradh crann,
fód is féaruaine fearann;
    seanchlár Ír braonach beartach,
12   an tír chraobhach chruithneachtach.

Tír na gcuradh is na gcliar,
Banbha na n-ainnear n-óirchiabh;
    tír na sreabh ngoirmealtach nglan
16   's na bhfear n-oirbheartach n-ághmhar.

Dá bhfaomhadh Dia dhamh tar mh'ais
rochtain dom dhomhan dúthchais,
    ó Ghallaibh ní ghéabhainn dol
20   go clannaibh séaghainn Sacsan.

Dá mbeith nár bhaoghal muire
fágbháil leasa Laoghaire,
    mo mheanma siar ní séanta—
24   triall ó Dhealbhna is doidhéanta.

Slán don fheadhain sin tar mh'éis,
do mhacraidh tíre Tuirghéis,
    dream is caoine i gclár Mhidhe
28   dámh is saoire soichridhe.

5

Cnoc Samhraidh

Olc mo thuras sonn ó Lundain
    go Cnoc Samhraidh—aoibhinn aird;
fuaras ainséin, mar nár shaoileas,
4   beagán aoibhnis, easbhaidh ghráidh.

Do shaoileas go mbiadh san dúnsoin
    fáilte romham ar son Dé;
mar nár shaoileas tarla dhamhsa—
8   beag, fa-ríor, dem amhghar é.

Ar mh'aithne do lucht an dúnaidh,
    amach tar múraibh cuirthear mé,
dhá rádh leam arís gan rochtain
12   san dúnsoin do bhochtaigh mé.

Im bráthair bhocht tré bheith dhamhsa
    's im shagart do dheibhléan Dé—
lag sin an chúis ba chúis oirne;
16   fóir mo mhúith, a Choimdhe chléibh.

Lé Cnoc Samhraidh beag mo bháidhse
    's leis an chríchsin 'na bhfuil sé;
baoi mo dhóigh gidh eadh san Iarla—
20   fa olc riamh níor liamhnadh é.

Scéala uaimse má fuair seisean,
    scéala uaidhe ní fhuair mé;
é dhá dhéanamh leam is iongnadh,
24   muna bhfuil orm diomdha Dé.

Ua nó iarla dá mbeith againn
    de shíol gCuinn, de chlannaibh Néill,
saoilim féin go bhfuighinn fáilte
28   im riocht féin, gér bhráthair mé.

Do chaitheas ag teacht don dúnsoin
   beagán beag ba feirrde mé
's ní fhuaras feóirling dhá shochar—
32   turas Ghóidrisc, donas é.

6

Beatha an scoláire

Aoibhinn beatha an scoláire
   bhíos ag déanamh a léighinn;
is follas díbh, a dhaoine,
4   gurab dó is aoibhne in Éirinn.

Gan smacht ríogh ná rófhlatha
   ná tighearna dá threise,
gan chuid cíosa ag caibidil,
8   gan moichéirghe, gan meirse.

Moichéirghe ná aodhaireacht
   ní thabhair uadha choidhche,
's ní mó do-bheir dá aire
12   fear na faire san oidhche.

Maith biseach a sheisrighe
   ag teacht tosaigh an earraigh;
is é is crannghail dá sheisrigh
16   lán a ghlaice de pheannaibh.

Do-bheir sé greas ar tháiplis,
   is ar chláirsigh go mbinne,
nó fós greas eile ar shuirghe
20   is ar chumann mná finne.

7

Amharc

Duibhe id mhailghibh, gríos id ghruadhaibh,
  gurma id roscaibh, réidhe it fholt,
gaoth ag iomramh do chúil chraobhaigh,
4   úidh fhionnbhan an aonaigh ort.

Mná fear nach aidmheóchadh t'fhéachain
  ar th'aghaidh ag fighe a bhfolt;
slighe ag méaraibh tré dhlaoi dhaghfhuilt
8   ag mnaoi ag déanaimh amhairc ort.

8

Beannaigh an longsa

Muiris mac Dáibhí Dhuibh Mhic Gearailt

Beannaigh an longsa, a Chríost cháidh,
  an tsíon, an tonnsa 's an tír;
bíd t'aingil 'na gcléith dar gcóir
4   's róinn mar scéith ndaingin dín.

Síthigh gairbhshín ghoimh dá glór,
  mínigh gach moir ainmhín fhuar,
fraoch an earraigh cuir ar gcúl
8   dún go dul tar ceannaibh cuan.

Doiligh mé fam chúl do chur
  re Múr Té, 's is doiligh dhamh—
múr fianbhothach na sleagh sean,
12   treabh na sreabh ngrianshrothach nglan.

Cuir mé go seascair chum seóil,
  a Dhé, gan easpaidh ar n-iúil
ón tsín gharbhfhuair tar moir mhóir
16   le cóir ghloin go gcalmuain gciúin.

Maith mo churach aidhbhseach úr,
 taidhbhseach a tura 's a taobh,
long ghéagach bhonnógach bhuan,
20   stuagh théadach chronnógach chaomh.

Long gan tlás i dtachar arm,
 gan scáth ré scathamh na storm,
seóltóir tré chlár na gceann ngarbh
24   mar budh sál marbh gach gleann gorm.

Tré ghrianbhádh gach toinne tráth,
 ar fiarlán, dá ghoinne gaoth,
lingidh ó chabhlach na gcríoch;
28   armach a fíoch is a fraoch.

Slios fadúr foileimneach tréan,
 roineimhneach mar dhragún ndúr,
breaclong na srólbhratach saor,
32   taobh creatlom órshlatach úr.

Brú dhealbhnathrach ghríobhach gharg
 bheannbhachlach chíorach na gcolg;
slios snaschaomh is faobhrach fearg
36   na bhfraschaor ndearg mbaoghlach mborb.

Tionnlaic sinn, a Rí na rann,
 tar linn is gach líon bhus leam,
gan bhaoghal ó bholgaibh tonn
40   anonn seach bhordaibh na mbeann.

[Freagra]

Sirim ar Aonmhac Íosa d'fhuiling an pháis
nár bhristear don loing ná don bhuín 'na bhfuile go brách;
buinne ceart gaoithe tríthi is tuile 'na deáidh
44   ó imlibh Baoi go crích na Cruinne sa Spáinn.

9

Faisean chláir Éibhir

Brian Mac Giolla Phádraig (?)

Och! mo chreachsa faisean chláir Éibhir:
loca cas ar mhac gach mná déarca,
cufa geal 'ma ghlaic is fáinne aerach
mar gach flaith d'fhuil Chais dár ghnáth Éire.

'S gach mogh nó a mhac go stairs go hard lé smig,
cor tar ais dá scairf is gáirtéar air,
a stoc tobac 'na chlab dá lántséideadh
's a chrobh ó alt go halt fá bhráisléidibh.

Is cor do leag mé cleas an phlás-tsaoilse:
mogh in gach teach ag fear an smáilBhéarla
's gan scot ag neach le fear den dáimh éigse
ach 'hob amach 's beir leat do shárGhaelgsa'.

10

Ábhar deargtha leacan do mhnaoi Chuinn é

Brian Mac Giolla Phádraig

Ábhar deargtha leacan do mhnaoi Chuinn é
táir is tarcaisne a thabhairt dá saorchlainn féin,
grá a hanama is altram a cíoch cruinn caomh
4　do thál ar bhastard nach feadair cé díobh puinn é.

A Éire, a chailleach is malartach bréagach foinn,
a mheirdreach bhradach le sealad nár éim' ach sinn,
do léigis farat na Galla-sa i réim id eing
8　do léirscrios seachad mar bhastard gach aon ded chlainn.

A rúin mo chroí, a Rí na ndúl 's a pháirt,
an dúch nó an díth leat Gaoil dá mbrú ag cách,
a ndúiche, a roinn, a maoin dá n-útamáil
12　ag rút mac tíre tríothu ag rúcam rác?

Gan bú ná brí i mic Gaoil ach súil gach lá
le cúrsa gaoithe shaoilid chúcu d'fháil;
ailiú lem chroí! ' mbiam choíche ag umhlacht dáibh
16　nó an dtiubhra an bríste díol don triús go brách?

11

Och! a Mhuire

Och! a Mhuire, nach truagh mo chás,
    i bpiantaibh báis ar dhíth mo shuain,
fán chluanaí mheangach do shlad mo ghrádh
4   's nach bhfaghaim go bráth a mhalairt uaith' ?

Mheall sí mise le briathra bláith',
    an stáidbhean shéimh is gile snuadh,
nach dtréigfeadh mé go dtí lá an bhráith
8   's gur líon sí anois lán dem fhuath.

Mairg a chreidfeas bean go bráth
    nó bhéaraidh i gcás dí fios a rúin,
mar rinne mise do líon dá grádh,
12   's anois gur náir léi beannú dhúinn.

Mo chrá mar rinneas mar rinne na táinte riamh,
bheith i ngrá ar an ainnir dá mealladh gach lá le bliain;
mo chroí gur mhearaigh, le bhfuilimse gártha liath,
16 fán chás nach dtuigeann aon duine go bráth ach Dia.

12

An bhanab ón gCarraig Léith

Lá dá raibh Murchadh mac Bhriain
 in Áth Cliath maidin mhín,
go bhfacaidh san bhfairrge a-niar
4 curach beag 's a thriall i dtír.

Druideas 'na choinne go dian
 an curach 's a thriall is tráigh;
fuair ann inghean óg
8 is ubhall óir ina láimh.

Teilgeas an t-ubhall 'na ucht—
 ar an bpurt is gearr do bhí;
cuireas an curach go prab
12 seal naoi dtonn a-mach ó thír.

Fuair scríobhtha san ubhall óir
 go dtug an inghean dó searc;
gurb é críoch an scéil
16 gurb í inghean rí Gréag an bhean.

Eachtra Mhurchadha 's a mhná
 ní dó sin atáim a-nois,
acht an bhanab ón gCarraig Léith,
20 is chuici thairngeas féin sin.

Mar táinig inghean rí Gréag
 i gcoinne Mhurchaidh nár éar dámh,
mur' dtí sí 'mo choinne go luath
24 is deimhin nach buan mo lá.

13

A bhean lán de stuaim

Séathrún Céitinn

A bhean lán de stuaim
    coingibh uaim do lámh;
ní fear gníomha sinn,
4   cé taoi tinn dar ngrádh.

Féach ar liath dem fholt,
    féach mo chorp gan lúth,
féach ar thraoch dem fhuil—
8   créad re bhfuil do thnúth?

Ná saoil mé go saobh,
    arís ná claon do cheann;
bíodh ar ngrádh gan ghníomh
12   go bráth, a shíodh sheang.

Druid do bhéal óm bhéal—
    doiligh an scéal do chor—
ná bíom cneas re cneas:
16   tig ón teas an tol.

Do chúl craobhach cas,
    do rosc glas mar dhrúcht,
do chíoch chruinngheal bhláith,
20   tharraingeas mian súl.

Gach gníomh acht gníomh cuirp
    is luighe id chuilt shuain
do-ghéan féin tréd ghrádh,
24   a bhean lán de stuaim.

A fhinnebhean tséimh shéaghanta shárchaoin tsuairc
na muirearfholt réidh raonfholtach fá a ndíol gcuach,
is iongnadh an ghné thaomannach fhásaíos uait;
gé doiligh an scéal, tréig mé agus táig dhíom suas.

28

Do-bheirimse fém bhréithir dá mbáití an slua
san tuile do léig Vénus 'na táclaí anuas,
a bhurraiceach-bhé mhéarlag na mbánchíoch gcruaidh,
gur tusa mar aon céidbhean do fágfaí im chuan.

32

14

Mo bheannacht leat, a scríbhinn

Séathrún Céitinn

An tan do bhí sé san bhFrainc agus é ag scríobhadh go a chairdibh
go hÉirinn

Mo bheannacht leat, a scríbhinn,
    go hInis aoibhinn Ealga;
truagh nach léir dhamh a beanna,
4   gé gnáth a deanna dearga.

Slán dá huaislibh 's dá hoireacht,
    slán go roibheacht dá cléirchibh,
slán dá bantrachtaibh caoine,
8   slán dá saoithibh re héigse.

Mo shlán dá maghaibh míne,
    slán fá mhíle dá cnocaibh,
mo-chean don tí a-tá innti,
12   slán dá linntibh 's dá lochaibh.

Slán dá coilltibh fó thorthaibh,
    slán fós dá corthaibh iascaigh,
slán dá móintibh 's dá bántaibh,
16   slán dá ráthaibh 's dá riascaibh.

Slán óm chroidhe dá cuantaibh,
    slán fós dá tuarthaibh troma,
soraidh dá tulchaibh aonaigh,
20   slán uaim dá craobhaibh croma.

Gé gnáth a foirne fraochdha—
    an inis naomhtha neambocht—
siar tar dromchla na díleann
24   beir, a scríbheann, mo bheannacht.

15

Óm sceól ar ardmhagh Fáil

Séathrún Céitinn

Óm sceól ar ardmhagh Fáil ní chodlaim oíche
is do bhreóidh go bráth mé dála a pobail dílis;
gé rófhada atáid 'na bhfál ré broscar bíobha,
fá dheóidh gur fhás a lán den chogal tríthi.

A Fhódla phráis, is náir nach follas díbhse
gur córa tál ar sháirshliocht mhodhail Mhíle;
deór níor fágadh i gclár do bhrollaigh mhínghil
nár dheólsad ál gach cránach coigcríche.

Gach treód gan tásc tar sál dá dtogair síneadh
go hóirlios álainn ársa Chobhthaigh Chaoil chirt,
is leó gan ghráscar lámh ár ndonna-bhruíne,
's gach fód is fearr dár n-áitibh eochar-aoibhne.

Atáid foirne ag fás san gclársa Logha líofa
dár chóir bheith táir gé hard a rolla scaoile;
síol Eóghain tláith 's an Tálfhuil bodhar claoite
's na hóig ón mBántsrath scáinte i gcoigcríochaibh.

Na tóisigh tháisc ón Nás gan bhogadh bhrí-nirt
i ngleo gér gháifeach ágh na lonnabhuíne—
fá shróin an stáit ba gnáth a gcogadh i ndíormaibh;
ní dóibh ba nár ach cách gan chomhall dlí ar bith.

Dá mba beódha ardfhlaith Áine is Droma Daoile
's na leóghain láidre ón Máigh do bhronnadh maoine,
dar ndóigh níorbh áit don táinse in oscaill Bhríde
gan gheóin is gártha ós ard dá dtoghaildíbirt.

Muna bhfóiridh Ceard na n-ardreann pobal chrích Chuirc
ar fhoirneart námhad ndána n-ullamh ndíoltach
ní mór nárbh fhearr gan chairde a bhfoscaindíolaim
's a seóladh slán i bhfán tar tonnaibh Chlíodhna.

16

Isan bhFrainc

Pádraigín Haicéad

San bhFrainc iar bhfaicsin aislinge

Isan bhFrainc im dhúscadh dhamh
in Éirinn Chuinn im chodladh;
   beag ar ngrádh uaidh don fhaire—
4   do thál suain ar síorfhaire.

17

A chuaine chaomhsa

Pádraigín Haicéad

I Lobhán, 1630

A chuaine chaomhsa i gcéin i bhfódaibh Fáil,
luaidheam léigheann, léigeam brón ar lár,
buaileam fé gach ceird de nósaibh cháich
4   is fá thuairim Éireann déanam ólachán.

A aicme ar ar dhoirt mo thoilse a tionnghrá dil
nár aisig dhom nod do chomhall cineáltais,
don bhathlach bheag bhocht gan chothrom compánaigh,
8   is mairg do loisc a shop 's a thiompán libh.

18

Mé d'fhanamhain ar eachtra

Pádraigín Haicéad

Ó Mhórlios go hÉirinn iar gclos a bruide fá Strafford, [1633]

Mé d'fhanamhain ar eachtra sa taobhsa ós toinn
d'éis m'amaraic ar Bhanba na gcaomhchnoc gcruinn
's d'éis caidribh na gasra dár chaomhthach sinn,
4   is daor ceannaithear an aibidil léighinn linn.

Spré ghreadaithe mo theallaighse fá chéile Chuinn,
féile acfainneach a flaitheasfhear nach tréigeann cill,
's a haos seanma, a lucht ealadhan, a laochra gill,
8   's a tréad barrannbhan gan samhail a séad i suim.

'S m'aonchara-sa mar haithristear i ngéibheannchuing
go ngléas anbhfann, gan baramhail réitigh puinn,
a Dhé, is mairg dá mba lagsaine dá héigin troim
12   gan stéig agamsa dá hainnise do réir mo chrainn.

19

Cuirim séad suirghe

Pádraigín Haicéad

Chun na hÉireann tamall roimh thriall dá hionsaí

Cuirim séad suirghe chum seise;
    searc mo chléibh do dháileas dí,
Éire chliathbhras bhocht an bhánfhuinn,
4   an gort iathghlas—álainn í.

An ghlac rannsa romham siarainn
    mo shéad suirghe dá sliocht mhín,
's mo chroidhe ronnta ar na rannaibh,
8   bronnta ar chlannaibh Toighe an Trír.

Fáth mo shuirghe le fód Feidhlim
    nach fuair sinn a samhail d'fhód;
an geall rug níor fríoth le fianaibh
12   ar fud chríoch i rianaibh ród.

Ní tharla liom ar fheadh m'eachtra
    éintír eile mar iath Néill,
an tulaigh ghlan bhrianach bhraonach,
16   an mhagh ghrianach raonach réidh.

Ag sin uaim i mbeagán briathar
    bun mo theasta ar thír an óir,
Éire, sompla soiléir Pharrthais,
20   barrthais oiléin chorcra chóir.

Mithidh dhamhsa dul dá féachain,
    fada liom mo chor ar cuairt;
aonráith Dhá Thí, an ráith ríoghach,
24   is í mo sháith shíodhach shuairc.

Ag so thrídsin, a chríoch Chobhthaigh,
    chugat siar, a thaoibhgheal tais,
    mo ghrádh géar dod ghort dom bhuainse;
28   do-bhéar ort an uairse ar mh'ais.

Atáim uait i gcríochaibh ciana,
    a chláir aosta is óige i gcruith,
mar aon feacht i ngeimhlibh garbha
32   le seacht ngeimhribh marbha a-muich.

Ní bhiad choidhche arís, dá roichead
    go ráith nír sul n-imghead d'éag;
uch! ba feadhnach sámh an saoirfhear
36   i gclár mheadhrach Ghaoidheal nGréag.

Maithim d'iathaibh Eórpa acht duitse,
    a dhúithche chaomh Chuinn na gcath,
a chinn síodh, a fhóid na féile,
40   a róid ríogh is réidhe rath.

Tugas grádh dhuit d'fheabhas t'fhoirne,
    d'fheabhas t'éigse an tsuaircis tsaoir,
d'fheabhas t'fhéine, t'fhuinn is t'oinigh
44   is do chléire i gcuing ndoiligh ndaoir,

'S tar gach siocair ar son Éamainn,
    oidhre Fheimhin an fheóir ghloin,
fear laochdha fa liom mar mhuirnín,
48   fraochdha fionn go gcuirnín choir.

20

Do chuala inné

Pádraigín Haicéad

Iar gclos gur hordaíodh i gcaibidlibh na hÉireann gan bráthair do
dhéanamh rainn ná amhráin

Do chuala inné ag maothlach muinteardha
mar nuadhacht scéil ó chéile Chuinn is Chuirc
gur duairc le cléir an Ghaeilge ghrinnshlitheach,
4   suairceas séimh na saorfhear sinseardha.

Ní bhuaileabh féin i gcléith a gcointinne
ó chuaidh an ré 'narbh fhéidir linn friotal
gach smuaineadh d'éirgheadh d'éirim m'intinne,
8   uair fár bhaoghal faobhar m'intleachta

go suaithfeadh sé gan saobhadh slimfhuinnimh
fá thuairim thaobh na gcléireach gcinsealach
nó anuas fá a mblaoscaibh maola millteacha
12   crua-ghlac ghéar do ghaethibh innlithe.

Fuaifidh mé mo bhéal le sring fhite
's ní luaifead réad dá bpléid bhig sprionlaithe,
ach fuagraim tréad an chaolraigh chuimsithe
16   's a bhfuath, a Dhé, tar éis mo mhuintire.

21

Ní maith uaigneas don annsa

Piaras Feiritéar

[do Risteard Husae]

Ní maith uaigneas don annsa—
atá a heolas agamsa;
    do mhúin damhsa flaith re fios
4   nach maith don annsa uaigneas.

Re cúig bhliadhnaibh uaigneach inn
gan amharc an fhir áilim,
    bile taobhfhuar mar ghoil ghloin,
8   acht aonuair thoir an treallsoin.

A mhná uaisle an iongnadh libh
nach bean rom-mheall uair éigin,
    nach stuagh gheal gan fheirg gan an,
12   acht fear gan cheilg dom chealgadh?

Dámadh aithnidh díbhse a dháil,
tréithe ionganta an ógáin,
    ní bhiadh sibh gan suirghe ris—
16   mil a fhuighle re n-aithris.

Scoth ógán caomhinse Cé
Risteard rannghasta Husae,
    cneas soighealta, ré dar reacht,
20   doileanta é 'na intleacht.

Lán beóil tíortha, tobar fis,
doras eóil, airgtheach doilghis,
    ar gcuidne i bhFódán na bhFionn,
24   oide ógán na hÉireann.

Órthóir glandán ngasta ngrinn,
ughdar ait, ollamh innill,
    fear na ndaordhuan bhfrithir bhfor,
28   aolghruadh go gcrithir cheardchan.

22

Léig dhíot th'airm, a mhacaoimh mná

Piaras Feiritéar

Léig dhíot th'airm, a mhacaoimh mná,
    muna fearr leat cách do lot;
muna léige th'airmse dhíot,
4   cuirfead bannaidhe ón rígh ort.

Má chuireann tú th'airm ar gcúl,
    folaigh feasta do chúl cas,
ná léig leis do bhráighe bhán
8   nach léig duine de chách as.

Má shaoileann tú féin, a bhean,
    nár mharbhais aon theas ná thuaidh,
do mharbh silleadh do shúl mín
12   cách uile gan scín gan tuaigh.

Dar leat féin gé maol do ghlún,
    dar leat fós gé húr do ghlac,
do lot gach aon—tuig a chiall—
16   ní fearra dhuit scian nó ga.

Folaigh orthu an t-ucht mar aol,
    ná faiceadh siad do thaobh bog,
ar ghrádh Chríost ná faiceadh cách
20   do chíoch roigheal mar bhláth dos.

Folaigh orthu do rosc liath,
    má théid ar mharbhais riamh leat;
ar ghrádh th'anma dún do bhéal,
24   ná faiceadh siad do dhéad geal.

Ní beag dhuit ar chuiris d'éag,
    cé shaoile nach cré do chorp;
folaighthear leat th'airm go cóir—
28   ná déana níos mó de lot.

Más lór leat ar chuiris tim,
    sula gcuirthear sinn i gcré,
a bhean atá rem ro-chlaoi,
32   na hairmsin díotsa léig.

Do shloinneadh, a mhacaoimh mná,
    ní beag liom ar chách mar cheist:
do chuirfeadh soin th'ainm i gcéill
36   dá mbeith a agus é leis.

23

Ionmhain th'aiseag, a Eóghain

Piaras Feiritéar

d'Eóin Ó Callanáin, an liaigh

Ionmhain th'aiseag, a Eóghain,
mo-chean d'fhior an ghlaineólais,
    thóg fám chroidhe briocht loinne
4   ón riocht ina rabhmairne.

Ní mé a-mháin do bhí mar soin—
iomdha ó chlos th'éaga, a Eóghain,
    trom sluagh imshníomhach in airc,
8   a stuagh ilghníomhach ordhairc.

Glóir 'na dhíol do Dhia Athar
bheith duitse gan deónachadh,
    a réalt eóil gan cheilt gan choir,
12   's gan deóir rem dheirc id dheaghaidh.

Níorbh ionann éinneach oile
is tusa dhamhsa, a dheaghruire;
    fuaimeant uile ní mheall mé—
16   is fearr duine ná daoine.

Do bhítheá dhamhsa, a dhreach nár,
id chomhairleach, id chompán,
    id bhráthair fhoile im fhail
20   's i dtráthaibh oile id athair.

Muna mbeinn dod chéibh chleachtaigh
mar táim, a fhéil intleachtaigh,
    a shlat 's a sheise dom thoil,
24   meise níor mhac dom mháthair.

Ní fhaca éinneach thusa,
's níor éist bhós do bhriathra-sa,
    nár ligh do chás 'na chás air
28   's dar libh do bhás a bhás-soin.

Gémadh dochtúir gach duine
dá bhfuil in iath Iúghaine,
    is tú do fhreagra, a shlat shuilt,
32   lat is eagna 's a hadhaint.

Ót ord féin ar feadh Bhanbha
cóir fuarais céim cathardha,
    barr ar anóir gach fhisidh
36   ó dhagh-dhóigh 's ó dheighfhisibh.

Ó do tharla-sa taobh rut,
mo chrádhsa crádh na gcarad;
    a bheóil bhraisigh is dem fhuil,
40   a Eóin, th'aiseag is ionmhain.

24

Deacair tocht ó ghalar gráidh

Piaras Feiritéar (?)

Deacair tocht ó ghalar gráidh,
  an galar dom chor fá chiaigh;
ní bhí an galar gan guin mbróin,
  galar nach fóir luibh ná liaigh.

Galar gráidh is galar dhamh,
  an galar go bráth 'nar mbun;
im chroidhe do-chóidh is-teagh
  cneadh thoile ler dóigh mo dhul.

Ar marthain béaraidh go buan,
  ní lamhthair céadtoil do chlódh;
do chuir sinn im luingse a lán—
  ní grádh cuimse linn is lór.

Tonn sheirce 'na tuile trínn,
  tuile le mbeirthear ar mbuaidh,
tug soin ar snoighe go cnáimh—
  doigh ghráidh im chroidhe do-chuaidh.

Mé le faobhar gráidh dom ghoin,
  baoghal mar a-táim óm thoil;
ní féidir dol saor mar sin,
  nimh mo ghon don taobh is-toigh.

Gaoi gráidh ag tolladh mo thaoibh—
  créad dob áil dá chora i gcéill?—
ní bhfuil cobhair i ndán dúin,
  mo ghrádh rúin dár bhfoghail féin.

Ag seo cumadh Dé na ndúl
  ar an té dá dtugas grádh:
troigh thana 'gus seangbhonn saor,
  mala chaol dá ndealbham dán.

Fuilt dlúithe is díon ar gach sín
    tug an Dúileamh dí mar ghlóir,
gach fáinne cornchas dá céibh
    ar néimh fholchas áille an óir.

An béal tana is nuaidhe niamh
    nach gara dá guaille a ghlór,
's a dá ghruaidh ar ghné na gcaor
    nár fhuaigh acht Saor na sé slógh.

Stuagh mhíolla na mailgheadh gcaol,
    ní shíolabh a hainmse uam;
atá sinn dom ghoin dá grádh,
    dá toil nach ál linn a luadh.

Dá leacain leabhra ar lí an aoil
    do dealbhadh dí mar ba cóir,
an bhas bhairrgheal sheada shéimh,
    leaba réidh na bhfailgheadh n-óir.

An ríoghan nach meadh do mhnaoi,
    mo shearc arna líonadh lé;
an Coimdhe arna car i gclí,
    cá ní is doilghe dhamh, a Dhé?

25

Ní truagh galar acht grádh falaigh

Ní truagh galar acht grádh falaigh—
    uch! is fada gur smuain mé;
ní bhiad níos sia gan a nochtadh,
4   mo ghrádh folaigh don tseing shéimh.

Tugas grádh, ní fhéadaim d'fholach,
    dá folt cochlach, dá rún leasc,
dá malainn chaoil, dá rosc gormghlas,
8   dá déid shocair, dá gnúis tais.

Tugas fós, gion go n-admhaim,
    grádh mar mh'anam dá píp réidh,
dá guth roibhinn, dá béal blasta,
12   dá hucht sneachtmhar, dá cígh ghéir.

Uch, mo-nuar! ní théid i ndearmad
    mo ghrádh scamlach dá corp geal,
dá troigh shlimchirt, dá trácht tana,
16   dá gáire righin, dá crobh thais.

Bíodh nár fionnadh riamh romhainn
    méad mo chumainn dí tar chách,
ní bhfuil, ní bhiaidh is níor imthigh
20   bean is truime ghoid mo ghrádh.

26

Do chuala scéal do chéas gach ló mé

'Ciarraíoch cráite áirithe éigin'

Do chuala scéal do chéas gach ló mé
is do chuir san oíche i ndaoirse bhróin mé,
do lag mo chreat gan neart mná seólta,
4   gan bhrí gan mheabhair gan ghreann gan fhónamh.
Adhbhar maoithe scaoileadh an sceóil sin,
cás gan leigheas is adhnadh tóirse,
athnuachadh loit is oilc is eólchair',
8   gríosadh teadhma is treighde móire
díothú buíne chríche Fódla,
lagú grinn is gnaoi na cóige,
mar do díogadh ár ndaoine móra
12   as a bhfearann cairte is córa.
Mór na scéil, ní héidir d'fhólang,
ár ndíth do ríomh lem ló-sa;
fuair an fhéile léim a dóthain
16   is tá an daonnacht gach lae dá leónadh.
Ní bhfuil cliar in iathaibh Fódla,
ní bhfuilid aifrinn againn ná orda,
ní bhfuil baiste ar ár leanabaibh óga
20   's ní bhfuil neach le maith dá mhórdhacht.
Créad do-ghéanaid ár n-aos ónna
gan fear seasaimh ná tagartha a gcóra?—
atáid gan triath ach Dia na glóire
24   is priosáil dá ngriosáil tar bóchna.
Greadán maidne dearbhadh an sceóil sin,
gabháil gharbh na n-eachtrann oirne;
maith ' fhios agamsa an t-adhbhar fár ordaigh—
28   d'aithle ár bpeaca an tAthair do dheónaigh.
Dá mbeith Tuathal fuadrach beó againn,
nó Féidhlimidh do thréigeadh tóra,
nó Conn, fear na gcath do róchur,
32   ní bhiadh teann an nGall dár bhfógra.

Ní mhaireann Art do char an chródhacht
na Mac Con ba docht i gcomhlainn
ler scannradh clann Oilealla Ólaim—
36   is séan do Ghallaibh ná mairid na treóin sin.
Is léan do Bhanba marbhadh Eóghain,
an tréanfhear fa céile don bheódhacht.
Ní bhiadh neart gan cheart ar fhódaibh
40   ag na Gallaibh meara móra;
do bhiadh neart is ceart is cródhacht,
do bhiadh smacht is reacht fá róchion,
do bhiadh rath ar ar san bhfómhar,
44   dá mbeith Dia le hiathaibh Fódla.
D'imigh Brian na dtriath ón Bhóirmhe
do bhí tréimhse ag Éirinn pósta;
ní bhfuil Murcha cumasach cródha,
48   i gcath Chluain Tarbh ba taca re comhlann.
An tráth fa láidir na treóin sin,
Clann Chárthaigh 's an Tálfhuil treórach,
níor shaoileadar Gaill dá bhfógra
52   tar toinn nó gach laoi thar teórainn.
Atáid na danair i leabaidh na leóghan
go seascair sámh, go sádhail slómhar,
bríomhar biamhar briathrach bordach,
56   coimhtheach cainteach sainteach srónach.
'S is é rún is fonn na foirne,
dá mhéid síth do-níd rér bpórne,
an drong bhíos ag ríteach leó againn,
60   súgradh an chleasaí, an chaitín chródha.
Is trua lem chroí 's is tinn, dar Ólainn,
nuachar Chríomhthainn, Chuinn is Eóghain
suas gach oíche ag luí le deóraibh,
64   gan lua ar an gclainn do bhí aici pósta.
Teagh Tuathail, mo-nuar! do toirneadh,
cró Chuinn gan chuimhne ar nósaibh,
fonn Fhéidhlimidh tréithlag tóirseach,
68   iath Iúghaine brúite brónach,
achadh Airt fá cheas gan sóchas,
críoch Chobhthaigh fá oghaim ag slóitibh,
clár Chormaic, fáidh foirtil na gcomhfhocal,
72   fá orchra, lán d'fhothram deóra.

Mo léan! ní hé tréine an tslóigh sin
ná buirbe na fuirinne ó Dhóbhar
ná neart naimhead do chaill ár ndóchas
76 acht díoltas Dé atá i ndéidh a chóra:
peaca an tsinsir, claoine an tsóisir,
aithne Chríost gan suim 'na cómhaill,
éigean bhruinneall, briseadh pósta,
80 craos is goid is iomad móide;
neamhchion gnáth is táir ar ordaibh,
réabadh ceall is feall is fórsa,
éamh na bhfann gan chabhair gan chómhthrom
84 ag saobhlucht sainte is caillte ar chomharsain;
tréigean Dé le séada is seódaibh,
gléas le séantar gaol is cóngas,
géill don neart 's an lag do leónadh,
88 claonadh breath 's an ceart fá cheó a chur.
Cé tá an eangsa go teann ag tórmach
fá láimh leabhair na nGallsa nó againn,
áilim Aonmhac tréan an hÓighe
92 go dtí an ceart san alt 'nar chóir dhó.
Is bíogadh báis liom cás mo chomharsan,
na saoithe sámhdha sásta seólta,
i dtír ba gnáthach lán de thóbhacht
96 *Ite, vade* dá rá leósan
is gan acht cairde ó lá go ló acu;
dár gcur uile i dtuilleadh dóchais
dá mbeith fábhar dá fháil dóibhsin
100 's gan ansoin acht *till further order.*
Galar gan téarná is maothchás mór liom,
greamanna géarbháis cé táim glórach
scaipeadh ar an bhféin dár ghéill clár Fódla
104 is Eaglais Dé dá claochlá is ordaibh.
Atá scéimh na gréine go nóna
fá éiclips ó éirgheas ló dhi;
atáid na spéire i ngné dá fhógra
108 nach fuil téarma ár saoghail rófhada.
Fuair an cairdeas bás a dhóthain—
le lucht séad ní géar an sceólsoin;
ní léir dhom éinneach ar mh'eólas
112 noch do-bhéaradh réal chum bróg dhom.

Fágaim sin ar chur an Chomhachtaigh,
Aonmhac Muire gile móire
as a bhfuil ár n-uile dhóchas,
116 go bhfaghaidh sinne is sibhse cómhthrom.
Aicim Íosa, rí na glóire,
mar is fíor gur tríonas fhónas,
soilse laoi agus oíche d'ordaigh,
120 go dtí an ní mar shaoilim dhóibhsin. Amen.

[Ceangal
Gríosú cnead, laghdú ar neart,
síorú ar cheas bhrónach,
fíorú ár bhfear do gheimhliú i nglas,
124 foilsiú a n-acht oirne,
críochnú ár bhflaith do dhíorú amach
ar dhroim tonn tar bóchna,
do mhínbhrúigh lag mo chroí dúr leasc
128 re maothú ár ndearc ndeórach.]

27

Doicheall

Antaine Ó Cuileáin

[do Phádraig Ó Dorchaí]

Rinnis agus ní dhearnais
    maith, a Phádraig, dot shloinneadh;
créad d'fhásfadh as fréimh dhorcha
4   ach géag dhorrdha gan oineach?

Ar son an fhéile dhíbirt,
    tar éis a daoine chailleadh,
ar son a beith gan nóchar,
8   níorbh fhiú léi pósadh leatsa.

Ós don doicheall is dúthcha
    gan cleamhnas dhiúltadh ar bhodach,
bíodh sí agad mar chéile
12   ó loisc an fhéile sop ort.

Ó torchradh an t-oineach 's gur imigh fuil ard Uí Ruairc,
's tar gorm-mhuir uile gur cuireadh síol nDálaigh uainn,
's é stoirm an chiotha chuir sinne in do dháilse ar cuairt,
16 's ní dorcha do shloinneadh ná mar chuiris na bráithre uaid.

28

An díbirt go Connachta

Fear Dorcha Ó Mealláin

In ainm an Athar go mbuaidh,
 in ainm an Mhic fuair an phian,
in ainm an Spioraid Naoimh le neart,
4 Muire 's a Mac linn ag triall.

Mícheál feartach ár gcuid stóir,
 Muire Ógh 's an dá aspal déag,
Brighid, Pádraig agus Eóin—
8 is maith an lón creideamh Dé.

Colam Cille feartach caomh,
 's Colmán mhac Aoidh, ceann na gcliar,
beid linn uile ar aon tslí
12 's ná bígí ag caoi fá dhul siar.

Nach dtuigeann sibh, a bhráithre gaoil
 cúrsaí an tsaoil le fada buan?—
gé mór atá 'nár seilbh,
16 beag bhéas linn ag dul san uaigh.

Uirscéal as sin tuigthear libh:
 clann Israel a bhean le Dia,
san Éigipt cé bhí i mbroid,
20 furtacht go grod a fuair siad.

Do-chuadar tríd an mhuir mhóir,
 go ndearnadh dhóibh ród nár ghann,
gur éirigh an fhairrge ghlas
24 mar charraig 'mach os a gceann.

Iar ndul dhóibhsin fó thír
 fuair siad cóir ó Rí na rann,
furtacht, cabhair agus biadh
28 ón Dia bhí riamh is tá ann.

Fuaradar ó neamh mar **lón**
    cruithneachta mhór—stór nár bheag—
mil dá chur mar cheó,
32   uisce go leór ag teacht as creig.

Amhlaidh sin do-ghéanfar libh:
    do-ghéabhaidh sibh gach maith ar dtús;
atá bhur ndúithche ar neamh,
36   's ná bígí leamh in bhur gcúis.

A chlann chroí, déanaidh seasamh,
    's ná bígí ag ceasnamh le hanró;
Maoise a fuair ar agaill—
40   cead a chreidimh ó Pharó.

Ionann Dia dhúinn agus dhóibh,
    aon Dia fós do bhí 'gus tá;
ionann Dia abhus agus thiar,
44   aon Dia riamh is bheas go bráth.

Má ghoirthear dhaoibhse Páipis,
    cuiridh fáilte re bhur ngairm;
tugaidh foighead don Ardrí—
48   *Deo gratias*, maith an t-ainm.

A Dhia atá fial, a thriath na mbeannachta,
féach na Gaeil go léir gan bharanta;
má táimid ag triall siar go Connachta,
52 fágmaid 'nár ndiaidh fó chian ar seanchairde.

29

Truagh mo thuras ó mo thír

Pádraig Ó Duincín

Truagh mo thuras ó mo thír
    go crích Mhanannáin mhín mhic Lir,
idir triúr Piúratán—meabhal géar—
4   gearr mo shaol más buan na fir.

Áireamh na hAoine ar an dtriúr;
    Hamilton ó Dhún na gcliar,
tháinig chugainn sonn tar lear
8   ó chrích Alban, fear den triaï.

Máistir Loe is Máistir Brún,
    Rí na ndúl go holc don dís;
annsa leo Parlaimint ná Rí—
12   olc an chríoch orthu bhíos.

Claon a gcogús, saobh a gciall,
    easpag ná cliar ní mian leo;
ní abraid paidir ná cré—
16   freitim féin bheith dá sórt.

Troscadh ná féilte na naomh—
    olc an taom—ní chongbhaid siad;
ní mó leó Muire nó brobh,
20   pór gan mhodh nár bheannaigh Dia.

Fuath leo baisteadh, cros is ceall,
    bunadh na bhfeall; truagh, a Dhia,
creideamh Phádraig do dhul ar gcúl
24   's creideamh gan stiúir a bheith dá thriall.

Deir gach bodach ceannchruinn cruaidh
    'díbirt bhuan ar Chlanna Néill
's ar shíol ríogh, ughdar gach uilc'—
28   is leó do thuit mo mhuintir féin.

Briste mo chroidhe in mo chliabh
   ó bheilleán an triair is olc méin
in aghaidh mo thíre 's mo thriath;
32   furtaigh, a Dhia, orm ón phéin.

Dá maireadh Fearghas mac Róigh,
   nó Cú Chulainn dar chóir grádh,
nó Murchadh mac Briain, ceann na sluagh,
36   do chiorróidís go luath mo chrádh.

Nó Seán mac Cuinn na mbreath saor,
   nó mac Aodha mhic Dhomhnaill Óig,
nó sliocht an Bharúin Í Néill,
40   ní fada bheinn féin gan chóir.

A theachtaire théid ar tuinn,
   innis do shliocht gCuinn na ruag,
's do shíol ríogh dá leanann séan
44   mo mhairg, mo léan is mo ghruaim.

Dá gcluineadh Eóghan mac Airt,
   nó ua Éinrí, searc na sluagh,
nó sliocht Aodha Buidhe Í Néill,
48   nó rí Banna na gcéim gcruaidh,

nó Sabhaoise ó Loch Cuan,
   nó sliocht Fheidhlim na ruag ngarg,
nó Ruiséalaigh, m'olc is mo bhruid,
52   d'éireódh a bhfuil is a bhfearg.

Iarla Dairbí, leóghan fial,
   ardrí Mhanannáin, triath na mbuadh,
mur' bheith onóir is uaisle a ghráidh,
56   is fada ó thiocfadh mo lá truagh.

30

Muire mo stór

Do chuireas mo dhóigh san ainnir óig
    do mhéadaigh glóir fhlaithis Dé,
Muire mo lón, bean chuiridh mhóir,
4   loinneartha an ógh máthair Dé.
Ní deirge an rós tig as an bpór
    ná drud cóir glan a béil;
déad chailce is nó tá ag an óigh,
8   is gasta an seórt scáile a déad.
Dearcann gan ceó is glaise ná an reó
    d'iompair i móid máthair Dé,
Is míne í ná an sról, is fírbhinn a glór,
12   is aoibhne ná an t-ór dath a céibh.
Muire mo stór, gloine gan smól,
    is gile go mór a corp ná an ghéis;
buime 'ní treóir don chruinne neóid,
16   réidheas gach ród don uile ghéin.
Is innealta an ógh rug iomad slógh
    san gcathraigh mhóir fhairsing fhéil.

31

An Spiorad Naomh

A Íosa, a Naoimhspioraid, a Athair, is a Uain,
tug fíorfhuil do thaoibh ghil dár gceannach go cruaidh,
bí 'om dhídean, bí 'om choimhdeacht, bí ar m'aire gach uair,
4 más luí dhamh, más suí dhamh, más seasamh nó suan.

Ísligh mo dhíoltas, m'fhearg is m'fhuath,
is díbir mo smaointithe mallaithe uaim;
leig braon beag ón Naoimhspiorad bheannaithe anuas
8 do chloífeas an croí-se atá 'na charraig le cruas.

32

Róise

Coisc do dheór, a mhacaoimh mná,
    's ná creid go bráth lucht na mbréag;
ní bhfuil bean ar a bhfuil mo ghrádh,
4   is ní bhia, trá, acht thú féin.

Iomdha ainnir mhánla shuairc
    ar gach bruach den lochsa thíos
ag iarraidh mise do mhealladh uait,
8   is ná bíodh gruaim ortsa thríd.

Ní bhfuil bean dá háille gruaidh,
    gibé stuaim do bheith 'na méin,
do bhainfeadh mise dhíot re cluain;
12   bí go suairc is ná creid bréag.

A Róise bheag mhodhmhar is snasta guth cinn,
is glórmhar do cheólsa ar maidin 's is binn;
is mór meas do mhodha-sa dá n-aithris dar linn,
16 is más só leat mo phógsa biaidh sí agad gan roinn.

33

Rainn fhir an éada

Ní chodlann an dobhrán donn
bhíos ar íochtar na habhann,
    is gé maith cead iascaigh ann,
4   idir phiastaibh ní chodlann.

Ní chodlann an eilit mhaol
gan buaireadh fóna breaclaogh,
    is gé maith cead rabhraidh ann,
8   maidin tsamhraidh ní chodlann.

Beitheach céillidh an cú alla—
ní thig ach 'na thaomanna;
    beiridh caoirigh leis fó chrann;
12   i measc daoine ní chodlann.

Ní chodlann an míol maighe
biorach buadhach barrbhuidhe,
    is guth gadhair fóna cheann,
16   a chois chladha ní chodlann.

Ní chodlann an chorr ghréine
tar éis a céidfhir chumainn;
    is mar sin d'fhear an éada—
20   d'eagla a chéile ní chodlann.

Ní sámh mo chodladh, cé chodlaim dhá dtrian den lá,
b'fhearr nach gcodlainn ar chodlas ariamh san ghrádh,
ní dhamh codladh mo chodladh is pian dom chrádh,
24 is más sláinte an codladh, do chodlas-sa bliain 's mo sháith.

34

An Deirdre dhea-ghnúiseach

Do charas tar aon an Deirdre dhea-ghnúiseach
mhascalach mhaordha dhéidgheal ghlas-shúileach
amharach aobhdha shaorghlan shearcshúgach
4   charthanach chéillí bhéasach bhradrúnach.

Is camarsach claon is is craobhach crathurlach
taitneamhach téadach faonchas feadh-ghlúineach
leabhaircheart laobhdha slaodach sreathlúbach
8   a carnfholt caomhghlan géagach fadchúrsach.

A mama gan mhéid is iad gan bhleachtú d'fhior,
do dhallaibh is réalta, réidhiú ainiúlaigh;
is cailce 's is caol a taobh 's is cneaschumhra,
12   is ní mheasaim gur théigh re céile ag clannú ris.

Fanaid na héisc re scéimh a slatchúil chais,
is canaid an éanlaith séis ag beannú dhi,
gabhaid na déithe léi gan athchuntar,
16   's a ndeachaidh de Vénus, bréagfa' an bhean úd sin.

Do ghabhas-sa léi mar scéith dom cheartchumhdach,
cé shearg mo ghné mar aosmhar anshúgach;
is mairg don éag nach gléasann dart chugamsa
20   do chaithfeadh mo ré go réidh gan mhartrú i mbroid.

Do chealg, do chréachtghoin mé go lagthúirseach
is d'athraigh mo ghné mar naomh i nglasuaimh cnoic;
vearsaí ní léim, nó téacsa glanúdar,
24   's is dearbh nach léir an ghéis tar ghealbhan damh.

Is de gheasaibh na géise is glé-ghlan geanúil cruth
mo cheangal i ngéibheann dhaor go deacúlach,
is nach cneasta dá céimibh téacht do leasú an loit
28   do deargadh léi go héigceart athmhúltach?

Ceangal

Is maith an mhaise don ainnir chneasta a géagdhlaoi cham,
a dearca glasa, a mama geala, a géarchí gann,
a basa taise laga leabhra, a haolphíop ramhar;
32   crasaim feasta ar fhearaibh Breatain, Gael í is Gall.

35

Amhrán na bradaíle

Diarmaid Ruadh Mac Muireadhaigh

Más peaca, a bhean na malach gceart gcomhdhlúithe,
an bhradaíl is gach a mbeanann de dhrochrún di,
is é mheasaim, a dhreach mhaiseach, gur cosúil ribh,
4   bheith i nglasaibh i ngeall aisig ar ghoideabhairse.

Dar mh'fhallaing, a bhé bharrann dheas mhorshúileach,
go bhfaca mé an fadfholt cas-bhogdhlúth sin,
más cead damh a shamhailt gan choiriú libh,
8   'na ghlacaibh fó dhartaibh an *ghod* Cúpid.

Nach bradach dhuit, a ainnir an ghoib chumhra,
mar ghadais ó na beachaibh a scothchnuasach,
trér cheangail tú mé i bpeaca go rothnúthach
12   bheith ag blaiseadh bhur meala gan roidhiúltadh?

Na beacha do chreachadh gé drochmhúinte,
is measa dhuit ort aifir na gcloch gcumhdaigh
do cheangail fear san Aifric go rochlúdtha
16   bheith 'na seasamh i gcaiseal do ghoib úirghil.

Gé blasta linn a gcanair ná rogha an mhúisic,
is gé taitneamhaí a chlaistean ná soine chiúilchith,
ní fheadar cá talamh don fhoghail chiúin sin
20   munab ó Shacsaibh do bhradais an foghar liúite.

Is don tsneachta taoi ar na hAlpaibh is cosúla
na maime sin ag eascairt tríd bhrollach nua anois,
is don tseadachneas bhíos i bhfalach faoid chotúnaibh
24   do bhí sealad ag Daphnis an choirp úirghil.

Is peannaid re heala Locha an Dúin ghil,
mar bheanais a hearra 's a fothain dhlúith dhi,
's is galar léi a dath geal go solas-shnua an lil
28   d'fhaicsin i leacain do shocarghnúise.

Uch! do channarc san mbradaíl go robhrúite
an t-anam sin do bhí annam 'na chosair chrú dhuibh,
acht cheana ní haon danas don bhod ar luaisc sin
32   bheith agaibhse gion go gcadail go socúlach.

Uch! a ainnir, ná faghthar thú ar an ordú sin
acht tabhair aiseag is gach bradaíl go roiche tú nimh,
nó más leasc leat a n-aiseag 's gur docúlach,
36   maithimse gach a mbeanann den fhoghail úd duit.

36

Líon an ghrá

Do ghad mo shearc is do gabhadh mé 'na líon—
ach! is fada is galar géar an gníomh.
Is deacair a mheas leath mo phéine tríd;
4 marthain damh ní feas an féidir mí.

Is leabhair leastach fada faon a dlaoi,
is reamhar glas a dearc 's is caol a braoi,
is tana tais 's is deas a caorghoibín,
8 is sleamhain seada snasta a taobh 's is mín.

Is gartha glan 's is cailce caomh a cí,
is dalladh fear 's is leadradh laoch a lí;
ba seascair dhamh 'na ngar dá léigeadh sí;
12 gé tearc a lacht do ghlacfainn é mar dhíol.

Glaca geala seanga is séaghainn slaoi
do cheap fóm easna dairt is éigneach brí,
is aisteach ait gach stair is léir do-ní
16 ar shleasa datha brat is gréasach fí.

In aisce leat, a bhean, má théid mo dhíth,
seachain feasta m'amharc is déanam síth;
taisc, a chara, maise an chraobhfholt chlaoin,
20 is airm ghaisce, is taca tréan rem chloí.

37

De chonnradh foirceadal

Dáibhí Ó Bruadair

De chonnradh foirceadal orainn ós cíos dlitheach
túis gach sochair don Tobar ó síorthuilid,
tionscnaim tosach is toradh mo scríbhinne
4   chum lonnra A thoile 's A mholta go fírinneach.

ADORAMUS TE, CHRISTE

Adhraim thú, a thaibhse ar gcrú,
    a mhaighre an mhúir neámhdha,
d'athraigh le searc ón Athair go neart
8   dár gcabhair i gceart Mháire;
mar ghréin tré ghloin do léimeadh libh
    d'aonscrios oilc Ádhaimh,
go rugais le crann duine 's a chlann
12   a hifearn ceann Cásca.

A choinneall an chuain chuireas chum suain
    siosma na nguas ngáifeach,
achainim ort anam an bhoicht
16   caigil, is coisc Sátan;
gé mise do thuill briseadh do thaoibh
    is tuilg na dtrí dtairne,
ná dún do dhearc lonnrach leasc
20   riom, acht fear fáilte.

Tinne-de ár spéis id bhuime, a Mhic Dé,
    gur fionnadh de phréimh Dháibhí;
maighdean bhleacht do dheimhnigh reacht,
24   radharc is rath máthar;
an fhinnegheal úr do ionaghair thú,
    a linbh, i gcúil chrábhaidh,
gloine mar í níor gineadh i gclí
28   is ní thiocfa go fuíoll mbrátha.

Go brách, a Mhic rug Muire mhíorúileach
's do tháil i gcrois gan choir dom chuibhriú-sa,
i ndeáidh a dtugais d'fhuil mar íoc iontu
32   ná carnaigh cionta ár gcine i gcruinnchuntas.

Is báidheach me re buime an Rídhúilimh
i mbráithreas tug re duine an díolúnach
láidir glic do sciob a phríosúnach
36   uim Cháisc a bruid an chuithe chríonurlaigh.

Áirdhe tigid d'fhiort an Fhíorúdair
an lá ria ndul do scrios an scríobúrthaigh;
gé ábhar goil dár n-iocht a bpríomhdhúiseacht,
40   is fearrde fios gach fine a bhfoilsiúghadh.

Do dheárscnaigh duibhe ar ghile an ghaoi lonnraigh,
i gcás gur chrith an gcruinne gcraoibhiomdha;
do gháir an mhuir 'na mongar mhíchumtha
44   ag áireamh nith 'na nith a gcríoch chúncais.

A ghrásaigh ghlain do mhuidh ar mhídhúilibh,
a ndearna d'oilc 's a dtuilleamh dísmúinigh,
táth mo loit a hucht an choill chumhra
48   is máthar nirt is chirt is chaoindúthraicht.

Dúthracht silte do chuisleann, a Chríost, i gcrann
is umhlacht ionmhain tuilg do thaoibh don dall,
ionnradh ifirn, turas nár chlaoite fann,
52   i gciontaibh duine 's a chlainne ní híobairt ghann.

38

Mairg nach fuil 'na dhubhthuata

Dáibhí Ó Bruadair

Mairg nach fuil 'na dhubhthuata,
    gé holc duine 'na thuata,
i ndóigh go mbeinn mágcuarda
4   idir na daoinibh duarca.

Mairg nach fuil 'na thrudaire
    eadraibhse, a dhaoine maithe,
ós iad is fearr chugaibhse,
8   a dhream gan iúl gan aithne.

Dá bhfaghainn fear mo mhalarta,
    ris do reacfainn an suairceas;
do-bhéarainn luach fallainge
12   idir é 'gus an duairceas.

Ós mó cion fear deaghchulaith
    ná a chion de chionn bheith tréitheach,
truagh ar chaitheas le healadhain
16   gan é a-niogh ina éadach.

Ós suairc labhartha is bearta gach buairghiúiste
gan uaim gan aiste 'na theangain ná suanúchas,
mo thrua ar chreanas le ceannaraic cruaphrionta
20   ó bhuaic mo bheatha nár chaitheas le tuatúlacht.

39

Is mairg nár chrean re maitheas saoghalta

Dáibhí Ó Bruadair

An tan do thuit i loime is i ndíth costais agus fuair a phríomhchairde
go faillítheach fána fhóirithin

Is mairg nár chrean re maitheas saoghalta
do cheangal ar gad sul ndeacha in éagantacht,
's an ainnise im theach ó las an chéadluisne
4   nach meastar gur fhan an dadamh céille agam.

Do chaitheas-sa seal san gcathair ngléigilse
gan anfa easpa ar aithris Éireannaigh;
do leanas go hait an bheart be léire dhom
8   go scaipeadh na n-aingeal ghreanas géarthuigsin.

An tamall im ghlaic do mhair an ghléphingin,
ba geanamhail gart dar leat mo thréithe-se—
do labhrainn Laidean ghasta is Béarla glic
12   is do tharrainginn dais ba cleas ar chléireachaibh.

Do bheannachadh dhamh an bhean 's a céile cnis,
an bhanaltra mhaith 's a mac ar céadlongadh;
dá ngairminn baile is leath a ngréithe-sean,
16   ba deacair 'na measc go mbainfeadh éara dhom.

Do ghabhainn isteach 's amach gan éad i dtigh
is níor aistear uim aitreabh teacht aréir 's aniogh;
dob aitheasc a searc fá seach re chéile againn
20   'achainghim, ceadaigh blaiseadh ár mbéile-ne'.

Fán dtaca-sin, d'fheabhas air na bhféithleann bhfis
ba neartmhaire nath ar nasc dom réir abhus;
ní facathas damh go raibh den fhéile cuid
24   dob fhearra ná spealadh cheathra an ché ar a bhfud.

Dom aire, níor radas mana m'éilnithe,
go hanaba im cheacht gé dleacht do léighinnse,
nó gur gadadh go glan mo theastas ceirde is croidh
28   amhail do leathfadh deatach d'éadan chnoic.

Ní fada go bhfaca scabal éigin dubh
eadram eacht 's an aicme chéanna choir;
ós feasach gur scar an bleachtas bréige is mhe
32   níl teanga fá neamh ar bail ná béasa im pluc.

D'athraigh 'na ndearcaibh dath mo néimhe anois
ar aiste nach aithnidh ceart im chéimeannaibh;
ó shearg mo lacht re hais na caomhdhroinge,
36   d'aithle mo cheana is marcach mé dem chois.

Is annamh an tansa neach dom éileamhsa
is dá n-agrainn fear ba falamh a éiricsin;
ní fhaiceann mo thaise an chara chéibheann chlis
40   dar gheallamhain seal 'is leat a bhféadaimse'.

Gé dearfa an stair mo staid nár thréigeas-sa
's im aiscibh nach deachaidh athnamh éislinge,
dá dtagrainn drad gan chead i gcéill ar bith,
44   an caise thar ais do shailigh mh'éadroime.

Gé fada re sail mo sheasamh tréithchuisleach
ó mhaidin go feascar seasc gan bhéilfhliuchadh,
dá dtairginn banna sleamhain séalaithe
48   ar chnagaire leanna, a casc ní bhéarainn sin.

Is tartmhar mo thasc ag treabhadh im aonarsa
le harm nár chleachtas feacht ba mhéithe mhe;
d'atadar mh'ailt de reath na crélainne
52   is do mhartra' an feac ar fad mo mhéireanna.

Gé labhartha leasca an creatsa i bplé rem ucht
is a athardha im aice ag aslach mh'éignithe,
ba baramhail mhear tar lear go ngéillfinnse
56   do mhalartaibh breaca beart an bhréagaire.

Ní machnamh liom mh'acht is breatha Dé dom chur
go leatromach lag im spreas gan spré gan spuir,
fá tharcaisne ag fearaibh teanna is tréithe an truip
60   's an fhairrge tearc i gceanaibh clé mo choirp.

Ná mealladh mo cheasacht mearbhair aonduine
is ná gabhaid gan aga uim thabhairt bhéirdichte—
ní mairg fá deara leath a léighimse
64   acht magadh fá chleasaibh cama an fhéirfhichill.

A Athair na bhfeart do cheap na céidnithe,
talamh is neamh is reanna is réithleanna,
earrach is teaspach, tartha is téachtuisce,
68   t'fheargain cas is freagair mh'éagnachsa.

Dom chabhair go tapa tar, a réchoinneall
d'aisig mo bheatha i gceart led chréachtfhulang;
adaigh im anam acfainn fhéidhlithe
72   gan mhairg fád reacht go habaigh éifeachtach.   Amen.

Éifeacht úr údair na haoise i dtáim
is céadfaidh uird ionraic an Choimdhe cháidh,
a léirchrú súd tiomsaithe i dtoinn fhir ghráidh,
76   téid amú a phionsa gan ní ina láimh.

Gach réfhlaith fhionn urnaitheach aoibh gan táir
den tréad i bhfonn Fiontain nach íseal d'fhás
rer scéar a chúil dúchais, a mhaoin 's a stát,
80   do réir a gclú ciontach mar dtaoimse atáid.

A réithleann iúil d'iompaigh an oíche i lá
is do thréig an chrú chumhra nár thuill a tál,
ós éigean dúinn iomchar na daoirse atá,
84   réidh, a rúin, mh'iontrast i dtír na ngrás.   Amen.

40

Truagh liom gol deise go dian

Dáibhí Ó Bruadair

Truagh liom gol deise go dian
    ar th'uaigh, a shoicheallach shámh;
gach maidean is muirt im shuan
4   nuall ghuirt na lagbhan lán.

Go hailcneadh an fheartáin úd
    leachtán lér loiteadh an ród,
acht a ngníomh níor mhuidh do mhéad,
8   a ghéag do líon fuil san bhfód.

Do chodladh san gcillse thuas
    dod charaid ní cuimse an cás;
do ré níor fionnadh a raon
12   do thaobh gur bioradh re bás.

D'Uíbh nGearailt, do bhorra-Bhaidhbh,
    do hongadh an mbeartghlain mbúidh;
ar Dháil gCais do chuir a clann,
16   bann nár thais don truigh in úir.

41

Seirbhíseach seirgthe íogair srónach seasc

Dáibhí Ó Bruadair

Seirbhíseach seirgthe íogair srónach seasc
d'eitigh sinn is eibear íota im scornain feacht,
beireadh síobhra d'eitill í gan lón tar lear,
4   an deilbhín gan deirglí nár fhóir mo thart.

Dá reicinn í 's a feileghníomh do-gheóbhadh ceacht,
is beirt an tí go leigfidís im scórsa casc;
ó cheisnimh sí go bhfeirg linn is beóir 'na gar
8   don steiling í nár leige Rí na glóire i bhfad.

Meirgíneach bheirbhthe í gan cheól 'na cab
do theilg sinn le greidimín sa bpóirse amach;
cé cheilim ríomh a peidigraoi mar fhógras reacht,
12   ba bheag an díth dá mbeireadh sí do ghósta cat.

Reilgín an eilitín nach d'ord na mban
is seisce gnaoi dá bhfeicimíd sa ród ré maith;
a beith 'na daoi ós deimhin dí go deó na dtreabh
16   san leitin síos go leige sí mar neóid a cac.

42

D'aithle na bhfileadh

Dáibhí Ó Bruadair (?)

Do chlainn Chon Connacht Uí Dhálaigh

D'aithle na bhfileadh n-uasal,
    truaghsan timheal an tsaoghail;
clann na n-ollamh go n-eagna
4   folamh gan freagra faobhair.

Truagh a leabhair ag liatha,
    tiacha nach treabhair bhaoise;
ar ceal níor chóir a bhfoilcheas,
8   toircheas bhfear n-óil na gaoise.

D'aithle na bhfileadh dár ionnmhas éigse is iúl
is mairg do-chonnairc an chinneamhain d'éirigh dhúinn;
a leabhair ag tuitim i leimhe 's i léithe i gcúil
12   's ag macaibh na droinge gan siolla dá séadaibh rún.

43

De bheartaibh an tsaoghail tslim

Tadhg Ruadh Ó Conchubhair

Ar laghdú a cheathra agus a chostais agus arna thabhairt i neamh-
shuim dá charaid etc.

De bheartaibh an tsaoghail tslim
　　d'fhear shaidhbhir nach baoghal táir;
madh daidhbhir atá gan chéill—
4　　　　fáth nach téid an ceart 'na cháir.

Damhsa do fíoradh an scéal:
　　an tan dob aoibhinn mo sheól
ba mór mo chairdeas 's mo ghaol;
8　　　　ós bocht ní thig aon dom chóir.

Cé chím iad ní fhaicid mé,
　　má chíd mé ní fhaicid mé;
saoilid siad ar ndul dom spré
12　　　　gé mise mé nach mé mé.

Lá samhraidh ó éirghe do ghréin—
　　tuigeadh gach aon créad an fáth—
muna bhfaicinn mo scáth féin,
16　　　　nó scáth éin, ní fhaicim scáth.

Is é meas an tsaoghail mhóir,
　　ó bhraithid mo stór go gann,
dá dtagrainn an ceart 's an chóir
20　　　　nach bí acht glór amaide ann.

Da mba mise mise a-rís,
　　ba gile ná an ghile mo shnódh,
ciodh anois ní chuirid cás
24　　　　in mo bhás ná im bheathaidh fós.

Dá mba líonta d'ór mo thrunc
       's mo bheith gan unsa de chéill,
adéaradh an maith 's an saith
28   m'eagna tar Solamh go dtéid.

A Dhé do chuir iad san riocht
       is mise san chruth i dtáim,
cion ar chaill mise dá meas,
32   sirim ort, dom anam dáil.

44

Gaeil bhochta na glanáille

Nach léar dheitse Gaeil bhochta na glanáille,
na héachtchoin nach géilleann dá n-eascairdibh,
spréite fón Éaraip 'na sealbhánaibh,
4   gan spré ghlan, gan éadach, gan dea-tháinte?

Tá tréan acu i bhfeidhm ag an Easpáinneach
is tréanaicme shéaghainn sa nGearmáine;
ní féidir ar aon chor a ndea-áireamh,
8   an mhéid atá i gcéin díobh san Eadáine.

Gidh éifeachtach tréan-neartmhar treasláidir,
réx rathmhar réimchaithreach na Vearsáille,
do ghéabhainn uadh in éiric an aráinsa
12   mo léigean a dh'fhéachain na seanáite.

Mar éirghim gach aon mhaidin mhochthrátha
' dul d'fhéachain shéanmhaca mong Mháine
is do laghdú mo chéime is mo chonáighse—
16   ní léar dhamh rí Éirne san chomhdháilse.

45

Aisling na Binne Buirbe

Eóghan Ó Donnghaile

Tuirseach dhamh ag éirghe lae
    san mBinn Bhuirb mo ghné do mhill;
aisling oíche do-chonnairc mé—
4   táim dá héis go tréathlag tinn.

An aoinbhean dob áille gné
    do-chonnairc mé—miste dhúinn—
ar bhruach inbhir na n-éigne mbán
8   ag ní a lámh 's ag cornadh a cúil.

Folt dualach coinnleach cam,
    gach lúb ann ar lí an óir;
gruaidh lí-gheal ó ndealrann grian
12   do chloídh mo chiall—fáth mo bhróin.

Dhá rosc shuaimhneach shíthe shámh
    mar ghormoighre ag snámh ré taobh
mailghe caolchama nach léir
16   mar scríb ghéir ar mheamram mhaoth.

Déad dlúth fá dheaseagra,
    cíocha ganna cruinngheal corr,
a béal tana nár char meang,
20   a taobh seang tuinngheal trom.

Brat uaine den tsról mhaothlag
    'má taobh séaghainn sneachtaí seang;
fa lór d'uamhan a fhéachain
24   ó gach deilbh n-uathmhair mbeathach ann.

Ceinnbheirt 's ní fhidir a déanamh
    'má céibh n-álainn ndualaigh nduinn;
fa lór de shoillse i mbrugh dhorcha
28   lonnradh a cloch corrghlan cruinn.

Scabal suaithnidh faodhach fann
    go mba léir ann a hucht gan fhuath;
léine 'má cneas síothghlan séimh
32   de chlúmh géise arna ní go nua.

Gabhaim iongnadh, druidim ré,
    fiafraím féin go faiteach fann
'th'ainm bunaidh, do thír dhúthchais,
36   foilsigh dhúinn, a mhéarlag mhall'.

'Faoileann Tuinne m'ainm baistidh
    do-bheir gaiscigh i ndíth céille;
Borb na Binne m'athairse,
40   's í mo mháthair Dealradh Gréine.

'Bím seal san mBinn Bhuirbse,
    i Síth Dhuilbh 's i mBinn Éadair;
i nDún Lir do-gheibhim fáilte
44   is bím lá in Inbhear Scéine.

'Bím lá i gCnoc Máine—
    cnoc sin is áille tuairim;
bím lá lán dá n-annsacht
48   i measc bhantracht Eamhna uaine.

'Bím lá i mBrugh Naoise
    'gá mbíodh críocha fá chánaigh;
bím seal go sámhghlan socair
52   istigh i nDún Eochair Mháighe.

'Níl dúnadh nua-ghlan niamhdha
    fó iathaibh fiadh-ghlan Fiontain
nó brugh soillseach suaithnidh
56   nach gcuairtím seal dem aimsir.

'Ag sin duitse mo scéala—
    ní aimsím bréaga d'innsin;
bím seal fós go meadhrach
60   i dteaghlach aonaigh Thailtean.'

'Tug sinne, a dhearc mhálla,
    tar mhnáibh na talmhan truime
dot chéibh choinnligh chuachaigh
    tromghrádh suaithnidh suirghe.'

'San ghrádh sin ní bhfuil tádhbhacht,
    gé hághmhar imrir cleasa,
ní bhia sinne ag fear dá óige
    acht an fear fhóirfeas ar ngeasa.'

'Do gheasa leatsa sloinntear—
    ré a n-innsin ná gabh uamhan—
d'fhios an dtiocfadh uair éigin
    rér bhféidir linn a bhfuascladh.'

'Codladh ar corr gach liosa,
    gan cliseadh, re sluaghaibh diamhra:
de bhiadh fós uisce is caora
    gach n-oíche go ceann bliadhna.

'Gibé fear seang-ghlan séadach
    dhéanas a nochtaim dhíbhse,
biaidh mise ó cheann na bliadhna
    aige gan siabhradh síthe.'

D'éis an chomhráidh bhéilbhinn
    ní fhéadaim codladh sáimhe
is táim mar sin dá tóraíocht,
    mo dhóigh, le trí ráithe.

Ó, ar ghrádh adhbhal uaibhreach
    dá gruaidhibh corcra cuinnleach,
gan suan, gan codladh sáimhe,
    atáim go támhlag tuirseach.

64

68

72

76

80

84

88

46

Seán Ó Néill

Eóghan Ó Donnghaile

Ceist ar eólchaibh iath Banbha,
a bhfuil re heólas ealadhna:
    créad do-bheir, gan gleic dá chionn,
4   . Éire ar urlámh eachtrann?

Síol Néill, dar dhual gach umhla,
na fionnchroinn go gcnuasaibh cumhra—
    a dtuitim gach lá dá ngloinn ghoile
8   tug fonn Éireann in anbhfainne.

Díochur na dreime-se Síol Néill,
fiodhradh na gcrann gcaoilréidh,
    do-bheir gasradh Ghaoidheal grinn
12   ag fascnamh ó iathaibh Éireann.

A dtuitimsa mar scríobhthar linn
gé cás doiligh do-fhulaing,
    teacht uathu do shaoilfeadh cách
16   gur thuit aoinbhile Teamhrach.

Aoinbhile Teamhrach Seaán Ó Néill,
mac Cuinn Bhacaigh na n-éacht n-aidhmhéil,
    fear nár chaomhain crodh ná creach,
20   arsaidh na gcleas n-iongantach.

Fear mar Oscar uair oile,
ar áille coirp chaomhghloine;
    fear gan uamhan ag triall a-mach,
24   an mílidh mar Chonall Cearnach.

Fear fá cosmhail borrfadh is brígh
re hilchleasaibh Chon an Chleitín,
    fear gan éara um ór do neach,
28   taidhleóir tréan Tighe Teamhrach.

Fear gan scáth re hucht greise
nó re biodhbhaidh dá mhórthreise;
   fear do sheasmhadh an taobh ba troma,
   eanga na ndrong n-allmhardha.
32

Fear gan coimheas leis, dar linn,
d'óigfhearaibh iatha Éireann;
   fear dar dhual, gan gleic da chionn,
   tairseach teallaigh na Tailtean.
36

Ba dhual do Sheaán Cathair Chuinn,
Dún Áine is Dún Geanainn;
   géag d'fhionnchrannaibh Teamhrach Breagh,
   fionnchrann ba truime toradh.
40

Dual dósan Eamhain Uladh,
aitreabh saor na seanchuradh,
   dual dó, tré chéimibh uí Chuinn,
   airdcheannas ar fhearaibh Éireann.
44

Breac taoibhgheal tuinne Doire,
a thuitim is caor urbhaidhe,
   éigne Banna na n-eas n-áille,
   maighre Suca is seanMháighe.
48

Seabhac siubhlach Maighe Linne,
marcach Maighe Muirtheimhne,
   ré a thuitim—is truagh linn—
   do thuit Éire ar a huillinn.
52

Do thuit Éire, dearbhtha linn,
do thuit Seaán mac saorChuinn,
   damhna ríogh gan aon bhéim,
   den fhíorfhuil sin naoimhNéill.
56

Leónadh chlár Éireann uile
bás Sheaáin, cúis urbhaidhe,
   triath tromdha nach claon eachtrann,
   féinnidh fá cuimseach croibhneartmhar.
60

Caill báire i mbéal bearna
bás na géige fíneamhna,
   caill cluiche chlár Uladh
64   bás síthbheithre na saorchuradh.

Créacht neimhneach nach leigheas losa
bás mhic ardríogh Bhearnasa;
   do laghdaigh uaill Ultach ann
68   's do mhéadaigh uaill bhfear n-eachtrann.

Na croinn is airde toradh
dóibh is foigse airdleagadh,
   mar is léir tré éagbhás uí Chuinn,
72   féinneadha gan aonmhaith fá urraim.

Do thuit uaithne inse hAirt
in Eachdhroim—cá frithre feilbheart?—
   doilghe Seaán na sleagh neimhneach,
76   aonuaithne bhfear nÉireannach.

Aonuaithne Éireann uile
Seaán mhac Cuinn, breac buantuile,
   lámh gan choisce, gan coimheas ris,
80   ríghbheithre áigh is iongantais.

Nó go n-áirmhthear gaineamh mara
nó duille feadha fotharsna,
   ní háirmhthear gan locht gan bhéim
84   gach maith dá raibh i Seéan.

Slán feasta re gach féile,
re gaisce is re glainmhéine;
   do thuit lámh seasmha ar sochair—
88   go bráth is ceist chrua-dhochair.

47

Eibhlín, a rún

Le grá dhuit níl radharc im chionn,
 a Eibhlín, a rún!
Bheith ag trácht ort is saibhreas liom,
4 a Eibhlín, a rún!
Mo mhóráil róghrinn is tú,
sólás na soillse is tú,
mo ghreann is mo mheidhir is tú,
8 a Eibhlín, a rún!
Mo bhruinneall go deimhin is tú,
mo cholúr dá bhfuil sa gcoill is tú,
is ar mo chroí istigh níl leigheas gan tú,
12 a Eibhlín, a rún!

Le cúirtéis is clú bhéithe thú,
 a Eibhlín, a rún!
Dúrt bréag nó is liom féine thú,
16 a Eibhlín, a rún!
Is breátha ná Vénus tú,
is áille ná réilteann tú,
mo Hélen gan bhéim is tú,
20 a Eibhlín, a rún!
Mo rós, mo lil, mo chaor is tú,
mo stór dá bhfuil sa tsaol seo thú,
rún mo chroí is mo chléibh is tú,
24 a Eibhlín, a rún!

Rachainn tar sáile leat,
 a Eibhlín, a rún!
Is go deó ní fhágfainn tú,
28 a Eibhlín, a rún!
Le staraíocht do bhréagfainn tú,
do bhlaisfinn do bhéal go dlúth,
is shínfinn go séimh led chom,
32 a Eibhlín, a rún!
Thabharfainn aeraíocht duit cois abhann,
faoi ghéaga glasa crann,
ceól na n-éan os ár gceann,
36 a Eibhlín, a rún!

Le díograis tar bheatha dhuit,
    a Eibhlín, a rún!,
do luífinn ar leaba leat,
40   a Eibhlín, a rún!
D'fháiscfinn im ghéaga thú,
choinneóinn go séanmhar thú,
ghráfainn tar éinneach thú,
44   a Eibhlín, a rún!
A réilteann mhaiseach mhodhail,
sul a mbéinn duit bun os ceann
och! éagadh ba thúisce leam,
48   a Eibhlín, a rún!

48

Seán Ó Duibhir an Ghleanna

Ar m'éirí dhom ar maidin,
grian an tsamhra' ag taitneamh,
chuala an uaill á casadh
    agus ceól binn na n-éan,
broic is míolta gearra,
creabhair na ngoba fada,
fuaim ag an mac alla,
    is lámhach gunnaí tréan,
an sionnach rua ar an gcarraig,
míle liú ag marcaigh,
is bean go dúch sa mbealach
    ag áireamh a cuid gé.
Anois tá an choill á gearradh,
triallfaimíd tar caladh,
is a Sheáin Uí Dhuibhir an Ghleanna,
    tá tú gan géim.

Is é sin m'uaigneas fada,
scáth mo chluas á ghearradh,
an ghaoth aduaidh 'om leathadh
    agus bás ins an spéir,
mo ghabhairín suairc á cheangal,
gan cead lúith ná aistíocht',
do bhainfeadh gruaim den leanbh
    i meán ghile an lae,
croí na huaisle ar an gcarraig,
go ceáfrach buacach beannach,
a thiocfadh suas ar aiteann
    go lá deire an tsaoil;
is dá bhfaighinnse suaimhneas tamall
ó dhaoine uaisle an bhaile,
thriallfainn suas go Gaillimh
    is d'fhágfainn an scléip.

Táid féaráin Ghleanna an tSrotha
gan ceann ná teann ar lochtaibh;
i Sráid na gCuach ní moltar
36   a sláinte ná a saol.
Mo lomadh Luain gan foscadh
ó Chluain go Stuaic na gColm,
's an giorria ar bhruach an rosa
40   ar fán lena ré.
Créad í an ruaig seo ar fhearaibh
bualadh, buanadh is cartadh,
an smóilín binn is an londubh
44   gan sárghuth ar ghéig?
Is gur mór an tuar chun cogaidh,
cléir go buartha is pobal
á seóladh i gcuanta loma
48   i lár ghleanna an tsléibhe.

Is é mo róchreach mhaidne
nach bhfuair mé bás gan pheaca
sul a bhfuair mé scannal
52   fá mo chuid féin,
is a liacht lá breá fada
a dtig úlla cumhra ar chrannaibh,
duilliúr ar an daraigh
56   agus drúcht ar an bhféar.
Anois táim ruaigthe óm fhearann,
in uaigneas fuar óm charaid,
im luí go duairc faoi scairtibh
60   is i gcuasaibh an tsléibhe;
is mura bhfaigheadsa suaimhneas feasta
is cead fuireach aige baile,
tréigfidh mé mo shealbh,
64   mo dhúthaigh is mo réim.

49

Éamann an Chnoic

A chúl álainn deas na bhfáinní gceart,
    is breá 's is glas do shúile,
is go bhfuil mo chroí á shlad mar a sníomhfaí gad
4   le bliain mhór fhada ag tnúth leat.
Dá bhfaighinnse le ceart cead síneadh leat
    is éadrom deas do shiúlfainn,
is go réidhfinn gach scairt ag éaló lem shearc
8   ar choillte ag spealadh an drúchta.

Cé hé sin amuigh ar mhaoilinn an chnoic
    ag síorchur mo chodladh amú orm?
Tá Éamann an Chnoic, an péarla breá fir,
12   is é ag iarraidh dul ina dhúiche.
A Rí is a chuid, cad a dhéanfas mé riot
    mura dtóga mé binn de mo ghúna?
Ach tá an oíche seo fliuch is é ag síobadh anoir
16   is b'fhéidir go ndionfaí ár bplúchadh.

Is fada mise amuigh faoi shneachta agus faoi shioc
    is gan dánacht agam ar éinneach,
mo sheisreach gan scur, mo bhranar gan cur,
20   is gan iad agam ar aon chor.
Níl caraid agam, is danaid liom san,
    a ghlacfadh mé moch nó déanach,
is go gcaithfidh mé dul tar farraige soir
24   ós ann nach bhfuil mo ghaolta.

A ghrá is a chumainn is a ghrá gach nduine,
    an dtriallfá seal don Mhumhain liom,
mar a bhfaighimis go deimhin ceól agus imirt,
28   uaisle na bhfear ag súgradh,
caora cuilinn, samhadh agus biolar,
    blátha agus boladh na n-úlla?—
is go brách ní thiocfaidh an bás inár ngaire
32   i lár na coille cumhra.

Is do bhéarfainn an leabhar, **gan** bhréig duit le fonn,
    go ndéanfainn do thoghadh, a chéadbhean,
is do raghainn leat anonn tar tréanmhuir na dtonn,
36   gan éadach ar domhan ach im léine.
Mura ndéarfaidh tú in am go n-éalóidh tú leam,
    is tréith mise 's is fann gan éifeacht,
mar aongheilt i ngleann, gan éirim gan mheabhair,
40   faoi ghéaga na gcrann im aonar.

50

Mal Dubh an Ghleanna

Tá ba agam ar sliabh is gan duine agam 'na ndiaidh
    ach mise dom chiapadh leóthu,
is m'fhocal duit, a Dhia, ós ort atá mo thriall,
4   gur bhaineadar mo chiall go mór díom.
Mise a bheith liom féin—folamh, ó! ní bhéidh,
    anois agus mé i dtús m'óige,
is gur mall guth gach éin a labhras leis féin
8   ar mhala nó ar thaobh na móna.

Is ag Mal Dubh an Ghleanna tá mo ghrá-sa i dtaisce
    's í nach bhfuair guth ná náire.
Is caothúil múinte maiseach adúirt sí liom ar maidin
12   'imigh is ná féach go brách mé',
is a liacht óigfhear cneasta ó Bhaile Átha Cliath go Gaillimh,
    nó as sin go hUmhall Uí Mháille,
ag triall chun an Ghleanna ar eacha donna deasa
16   ag súil leis an mbean dubh is áille.

Dá bhfaghainnse bean ón bprionsa is bean ón impire
    is bean eile ó Rí Seóirse,
bean na n-órfholt buí a bheith agam mar mhnaoi
20   nó bean eile is míle bó léi,
iníon óg an Iarla is í ' bheith go priaclach
    dom iarraidh féin le pósadh,
mná deasa an domhain is dá bhfaghainn orthu mo roghain,
24   's í Mal Dubh an Ghleanna a thógfainn.

Siúd é thall mo theach, gan tuí air ná scraith,
    is é déanta ar leataobh an bhóthair.
Nuair a chríonann an tslat ní bhíonn uirthi meas
28   mar a bhíonn ar an gcrann is óige.
Nach críonna í an bheach tráth ' ní sí a nead
    le grian is le teas an fhómhair?
Is a chúl álainn deas a dtug mé dhuit gean,
32   cuirim slán agus beannacht go deó leat.

51

Úna Bhán

A Úna chléibh, a ghéag na n-úrchíoch tais,
na nglas-shúl claon, is a chraobhfholt trom buí deas,
dá bhfaightí spré leat, céad bó, is chúig mhíle each,
4   b'fhearr thú féin ná gach séad dá dtabharfaí leat.

A Úna, a chara, a dhalta na ndaoine suairc,
is tú is so-chaideartha dá bhfaca mé riamh ar tuath;
do bhéilín tana is lasadh ón gcaoir id ghrua;
8   is buan mo ghean ort is ní rachaidh mé choíche ar cuairt.

Dá mbeadh a fhios agam go dtug tusa grá dhom féin,
beinn dod mholadh go stopfadh an bás mo bhéal;
a phéarla an bhrollaigh ghil shochma is áille méin,
12   b'fhearr liom ' mo chodladh leat i bhfogas ná i láthair Dé.

Is geal na cosa atá ag eochair an déidghil úir
is dhá chíoch chorra ina huchtsa nár féachadh i ndrúis,
a cliathán nocht a bhéarfadh solas don ghréin ar dtús,
16   agus bíodh ormsa go molfaidh sí féin a clú.

Dá bhfeictheá-sa mo róghrá is a horla buí
is a píobán go róbhreá ar nós an aoil,
is a faoi gháire fíneálta do bhreóidh mo chroí—
20   mo dhíobháil ó chliabhán go cróchar í.

Tá folt triopallach ag titim go talamh ina taobh,
súil thirim i mogall gan chasadh gan chlaon;
mar an gcaoir chuilinn ag titim is samhail dá béal;
24   is deirim, ní cheilim, do mhearaigh tú mé.

A Úna Bhán, ní háil liom féin ach thú,
tar go dána, a chlár an éadain úir;
is tú ba háille bhreátha céibh is cúl,
28   anois ó tharla i lár na léine thú.

Shiúil mé na cúigí de mháirseáil chrua
agus dhiúltaigh an cúpla mo lámh bhreá shuairc;
úrscoth na Búille dob fhearr faoi bhuaibh
32 nárbh fhiúntaí a cumhdach ná bás d'fháil uainn?

A Úna mhilis, is deimhin is éadáil thú
is ó aois an linbh a hoileadh mar bhréagán thú;
aon do gineadh ó bhile na ngéagán úr,
36 a phlúr na cruithneachta is tú d'ullmhaigh mo ghné don úir.

A Úna, a rúin, is tú a mhearaigh mo chiall,
a Úna, a rúin, is tú a chuaidh eadar mé is Dia,
a Úna, a rúin, a lúib chumhra chasta na gciabh,
40 b'fhearr dhamhsa a bheith gan súile ná t'fhaicsint ariamh.

Mo scrúdadh thú, a Úna Nic Dhiarmada Óig,
a chraobh chumhra na ndúilbheart is na mbriathar ceóil;
do bhéal siúcra mar an leamhnacht mar fhíon is mar bheóir,
44 do chos lúfar a shiúlfadh gan fiar ina bróig.

A shúil is glaise ná ligean anuas an bhraoin,
a bhéal is binne ná ceiliúr na gcuach ar craoibh,
do thaobh is gile ná coipeadh na gcuan seo thíos,
48 a chuid is a chumainn is minic mé ar buaireamh thríot.

Do chúl geal fáinneach bláthcheart ba órga
nár chuir spás i gcás na droch-chomhairle;
féachaidh, a mhná, cé b'fhearr ná an t-ochón seo
52 aon liú amháin ag Áth na Donóige?

52

Dónall Óg

Tá mo ghrá-sa ar dhath na sméara
is ar dhath na n-airní lá breá gréine,
ar dhath na bhfraochóg ba dhuibhe an tsléibhe,
4 's is minic a bhí ceann dubh ar cholainn ghléigeal.

Tá mo chroí-se chomh dubh le hairne,
nó le gual dubh a dhóifí i gceárta,
nó le bonn bróige ar hallaí bána,
8 is tá lionn dubh mór os cionn mo gháire.

A Dhónaill Óig, b'fhearr duit mise agat
ná bean uasal uaibhreach iomarcach;
chrúfainn bó is dhéanfainn cuigeann duit,
12 is dá mba chruaidh é bhuailfinn buille leat.

A Dhónaill Óig, má théir thar farraige,
beir mé féin leat is ná déan mo dhearmad;
beidh agat féirín lá aonaigh is margaidh
16 is iníon rí Gréige mar chéile leapa agat.

Má théir anonn tá comhartha agam ort:
tá cúl fionn is dhá shúil ghlasa agat,
dhá chocán déag i do chúl buí bachallach
20 mar bheadh béal na bó nó rós i ngarraithe.

Is déanach aréir a labhair an gadhar ort,
do labhair an naoscach sa churraichín doimhin ort;
tú id chaonaí uaigneach ar fuaid na gcoillte,
24 is go rabhair gan chéile go héag go bhfaighir mé.

Gheall tú dhomsa, is rinne tú bréag liom,
go mbeifeá romham ag cró na gcaorach;
lig mé fead is dhá ghlao dhéag ort
28 is ní bhfuair mé romham ach na huain ag méiligh.

Nuair a théimse féin go Tobar Phádraig
ag tabhairt an turais ar son mo ghrá ghil—
níl mo shúil leat inniu ná amárach,
32   a mhuirnín dílis, mo mhíle slán leat.

Gheall tú dhomsa ní ba dheacair dhuit,
loingeas óir faoi chrann seóil airgid,
dhá cheann déag de bhailte margaidh
36   is cúirt bhreá aolta cois taobh na farraige.

Ní raibh id ghrá-sa ach mám den tsneachta gheal,
nó gaineamh i dtrá i lár na farraige,
nó feóchan gaoithe thar dhruim na ngarraithe,
40   nó tuile thréan do bheadh t'réis lae fearthainne.

Dúirt mo mháithrín liom gan labhairt leat
aon lá den tseachtain ná Dé Domhnaigh;
is olc an tráth ar thug sí rabhadh dhom—
44   's é fál ar an ngort é i ndiaidh na foghla.

Is mithid dom féin an baile seo a fhágáil;
is géar an chloch 's is fuar an láib ann;
is ann a fuaireas guth gan éadáil
48   agus focal trom trom ó lucht an bhéadáin.

Fuagraim an grá—is mairg a thug é
do mhac na mná úd ariamh nár thuig é;
mo chroí ' mo lár gur fhág sé dubh é
52   is ní fheicim ar an tsráid seo ná in áit ar bith é.

Bhain tú thoir dhíom is bhain tú thiar dhíom,
bhain tú an ghealach is bhain tú an ghrian díom,
bhain tú an croí geal a bhí ' mo chliabh dhíom
56   's is rí-mhór m'fhaitíos gur bhain tú Dia dhíom.

53

An Chúileann

Bhí mé lá geimhridh ar bhinse cois Bóinne
agus tharla dhamh an mhaighdean le soillse an tráthnóna,
fá na heachraí a bhí riabhach agus diallaide órbhuí,
4   is bhí ceólta go meidhreach le maighre an chúil ómra.

Dá bhfeictheá an spéirbhean is í taobh leis an toinn,
fáinne óir ar gach méir léi is í ag réiteach a cinn;
's é dúirt caiptín Rí Séamas leis an *mate* ar an loing
8   go mb'fhearr leis aige féin í ná Éire gan roinn.

'S í mo shiúr í, 's í mo rún í, 's í mo ghrá is mo dhalta,
's í grianán na bhfear óg í gach aon lá den tseachtain;
tá a grua mar an rósa is a píob mar an eala,
12   is mo chumha gan mé im chónaí mar a gcóiríonn sí a leaba.

Do b'fhéidir go mbeinnse agus maighre an chúil ómra
ag súgradh is ag éisteacht le haifreann ár bpósta,
ach más ní nach rachaidh ar aghaidh é is deimhin go mbead
        brónach,
16   im gheilt ar fud coillte le soillse an tráthnóna.

54

An raibh tú ar an gCarraig?

An raibh tú ar an gCarraig nó an bhfaca tú féin mo ghrá,
nó an bhfaca tú gile nó finne nó scéimh na mná,
nó an bhfaca tú an t-úll ba chumhra is ba mhilse bláth,
4   nó an bhfaca tú mo vailintín nó an bhfuil sí á cloí mar táim?

Bhíos-sa ar an gCarraig is channaic mé féin do ghrá,
channaic mé gile agus finne agus scéimh na mná,
channaic mé an t-úll ba chumhra is ba mhilse bláth,
8   channaic mé do vailintín agus níl sí á cloí mar táir.

Nuair a bhímse im chodladh bíonn osna gan bhrí im chliabh
is mé im luí idir chnocaibh go dtige an ghrian aniar;
a rúin ghil 's a chogair, níl furtacht mo chúise ach Dia,
12   's go ndearnadh loch fola de sholas mo shúl id dhiaidh.

Is go dtige an Cháisc ar lár an fhómhair bhuí
is Lá Fhéile Pádraig lá nó dhó ina diaidh,
go bhfása an bláth bán trí lár mo chomhra chaoil,
16   páirt ded ghrá go bráth ní thabharfad do mhnaoi.

Siúd í thíos an ríbhean álainn óg
a bhfuil a gruaig léi scaoilte síos go barr a bróg;
is í an eala í mar an lítis a shíolraigh ón tsárfhuil mhór—
20   a chara ghil mo chroí, céad míle fáilte romhat.

55

An droighneán donn

Shílfeadh aonfhear gur dil dó féin mé nuair a luíonn dom mionn,
is go dtéann dhá dtrian síos díom nuair a smaoiním ar do
    chomhrá liom;
sneachta síobtha is é á shíorchur faoi Shliabh Uí Fhloinn
4   is go bhfuil mo ghrá-sa mar bhláth na n-airní atá ar an
    droighneán donn.

Shíl mé féin nach ag ceasacht spré orm a rachadh grá mo chroí
is nach bhfuígfeadh sé ina dhiaidh mé mar gheall ar mhaoin;
fa-raor géar nach bhfuilim féin is an fear a chráigh mo chroí
8   i ngleanntán sléibhe i bhfad ó éinneach 's an drúcht 'na luí.

Tá féirín le mo chéadsearc i mo phóca thíos
is fearaibh Éireann ní leigheasfaidís mo bhrón fa-raor;
nuair a smaoinímse ar a chúrsaí is ar a chúl breá donn
12 bím ag géarghol os íseal is ag osnaíl go trom.

Go bhfaighe mé féirín lá an aonaigh ó mo bhuachaill deas,
is comhrá séimhí ina dhéidh sin ó phlúr na bhfear;
fa-raor géar nach bhfuileam féin is an sagart 'mar gcionn
16 go ndúblaímis ár gcúrsaí sul fá dtéid sé anonn.

Pé 'narbh olc leis é, molfaidh mise grá mo chroí,
is pé 'narbh olc leis é, suifidh mé lena thaoibh,
is pé 'narbh olc leis é, míle arraing trí lár a chroí;
20 is a réalta an tsolais i mbéal an phobail, is tú a bhreóidh mo chroí.

Is a Dhia dhílis, céard a dhíonas mé má imíonn tú uaim?—
níl eólas chun do thí agam, chun do thine ná do chlúid.
Tá mo mháithrín faoi leatrom is m'athair san uaigh,
24 tá mo mhuintir go mór i bhfeirg liom is mo ghrá i bhfad uaim.

Tá smúid ar mo shúile is níor chadail mé néal
ach ag smaoineamh ortsa, a chéadghrá, má b'fhada an oíche
    aréir.
Faoi do chúrsaí do dhiúltaigh mé an domhan go léir,
28 is a chraobh chumhra cad as a dtabharfá do leabhar i mbréig?

Is fear gan chéill a bheadh ag dréim leis an gcladh a bhíonn ard,
is cladh beag íseal lena thaoibh sin ar a leagfadh sé a lámh;
cé gur ard an crann cárthainn bíonn sé searbh ina bharr
32 is go bhfásann sméara is sú craobh ar an gcrann is ísle bláth.

Dhá chéad slán is duit a bhéarfainn, a mhíle grá,
is ó lucht na mbréag ní maith fhéadaim do thaobhacht d'fháil;
níl coite agam a chuirfinn i do dhiaidh ná bád
36 is go bhfuil an fharraige ina lán mara romham is nach eól dom
     snámh.

Tabhair mo bheannacht chun an bhaile úd thiar na gcrann,
nó chun an bhaile a bhfuil mo tharraingt go luath is go mall;
is iomaí bealach fliuch salach agus bóithrín cam
40 atá ag dul eadar mé 's an baile a bhfuil mo stóirín ann.

Is a ógánaigh a chóiríonn do chúl go deas,
is ní deise ná mar a chóireófá srian ar each,
tá na hógmhná dá shíor-rá liom gur tú mo shearc,
44 is lá léin orthu, is lách éadrom atá mo dhíobháil leat.

Tá cluanaí beag de bhuachaill ró-dheas ins an áit,
a bhfuil a chúilín deas dlúth air is é fite go barr;
níl ach díomhaointeas dom dhaoine ina bhfuil siad a rá—
48 's é mo mhian é is bíodh na mílte céad fear ar an tsráid.

56

Cé sin ar mo thuama?

'Cé sin ar mo thuama
    nó an buachaill den tír thú?'
'Dá mbeadh barra do dhá lámh agam
4   ní scarfainn leat choíche.'
'A áilleáin agus a annsacht,
    ní ham duitse luí liom—
tá boladh fuar na cré orm,
8   dath na gréine is na gaoithe.'

'Tá clog ar mo chroí istigh,
    atá líonta le grá dhuit,
lionndubh taobh thíos de
12   chomh ciardhubh le hairne;
'Má bhaineann aon ní dhíot
    is go gcloífeadh an bás tú,
beadsa im shí gaoithe
16   romhat thíos ar na bánta.'

'Nuair is dóigh le mo mhuintir
    go mbímse ar mo leaba,
ar do thuama a bhím sínte
20   ó oíche go maidin,
ag cur síos mo chruatain
    is ag crua-ghol go daingean,
trí mo chailín ciúin stuama
24   do luadh liom 'na leanbh.'

'An cuimhin leat an oíche úd
    a bhíos-sa agus tusa
ag bun an chrainn droighnigh
28   is an oíche ag cur cuisne?
Céad moladh le hÍosa
    nach ndearnamar an milleadh,
is go bhfuil mo choróin mhaighdeanais
32   'na crann soillse ós mo choinne.'

'Tá na sagairt is na bráithre
gach lá liom i bhfearg
de chionn a bheith i ngrá leat,
36   a Mháire, is tú marbh.
Dhéanfainn foscadh ar an ngaoith dhuit
is díon duit ón bhfearthainn,
agus cumha géar mo chroí-se
40   tú a bheith thíos ins an talamh.

'Tabhair do mhallacht dod mháithrín
is áirighse t'athair,
is a maireann ded ghaolta
44   go léireach 'na seasamh,
nár lig dhom thú a phósadh
is tú beó agam id bheatha,
is ná hiarrfainn mar spré leat
48   ach mo léintín a ghealadh.'

Went with him
Not long since she left him
a muintir ag labhairt amach lé
ag siúl ar bóthar 1870

57

Eóchaill

Maidin Domhnaigh is mé ag dul go hEóchaill
    casadh an óigbhean orm sa tslí.
Bhí scáil ar lasadh 'na leacain ró-dheas
4   is ba bhinne a beól ná na ceólta sí.
Leag mé lámh ar a bráid le mórtas
    is d'iarr mé póigín ar stór mo chroí.
Is é dúirt sí 'Stad is ná strac mo chlóicín,
8   is gan fios do ghnó aige bean do thí'.

'Ag seo mo lámh dhuit nach bhfuilim pósta
    is gur buachaill óg mé thug gean dod ghnaoi,
is dá dtiocfá liom ar dtús go hEóchaill
12   go bhfaighfeá ómóid mar gheóbhadh bean tí;
chuirfinn culaith shíoda i gceart is i gcóir ort,
    gúna, clóca is caipisín;
bheadh siopa dram agat den fhíon is den bheóraigh
16   is do leanbh óg deas ag siúl an tí.'

'Tá mé in amhras go bhfuil tú pósta
    is ná cuir aon stró orm ag siúl na slí;
fill ar ais chun na tíre is cóir dhuit—
20   is ann is dóigh liom atá do mhaoin. *bhean*
Óir gach a ngeallair ní dhéanfá a chomhalladh,
    is ní shiúlfá an ród liom ach seal den oích',
ach scaoilfeá abhaile mé gan fiú na bróige,
24   is fuair mé comhairle gan bheith id líon.'

'Níl sé ach tamall beag ó d'fhág mé Eóchaill
    is ní ligeann an brón dom filleadh arís;
do bheadh mo mhuintir i bhfeirg mhóir liom
28   is ní bhfaighinnse fóirthin óm chairde gaoil;
leath a n-abair siad ní dhéanaim a gcomhairle
    ach buailim an bóthar de ló is d'oích';
is cailín scaite mé atá ag siúl an bhóthair
32   ag iarraidh an eólais ar Cheapach Chuinn.'

58

Caiseal Mumhan

Phósfainn thú gan bha gan phunt gan áireamh spré,
agus phógfainn thú maidin drúchta le bánú an lae.
'S é mo ghalar dúch gan mé is tú, a dhianghrá mo chléibh,
4 i gCaiseal Mumhan is gan de leaba fúinn ach clár *bog* déil.

Siúil, a chogair, is tar a chodladh liom féin sa ghleann;
gheóbhaidh tú foscadh, leaba fhlocais is aer cois abhann;
beidh na srotha ag gabháil thorainn faoi ghéaga crann;
8 beidh an londubh inár bhfochair is an chéirseach dhonn.

Searc mo chléibh a thug mé féin duit is grá trí rún,
's go dtaga sé de chor sa tsaol dom bheith lá 'gus tú
is ceangal cléire eadrainn araon is an fáinne dlúth;
12 is dá bhfeicfinn féin mo shearc ag aon fhear gheóbhainn bás le
cumha.

59

Cormac Óg

Táid na coilm ag súgradh is an samhradh ag teacht,
is an bláth ag briseadh trí mhullaí na gcrann amach,
ar toinn tá an biolar go triopallach glúineach glas,
4 is na coirceóga ag sileadh le hiomad de shú na mbeach.

Is iomdha toradh is meas ar an gcoill seo thuas,
is óigbhean mhaiseach cheart an tseang-choirp shuairc,
céad bó bhainne, capall groí agus uan,
8 cois Laoi na mbreac—mo chreach mé ar díbirt uait.

Táid na héin ag déanamh gotha agus ceóil,
táid na laoigh ag géimneach go tréan chun sochair na mbó,
táid na héisc ag réabadh coradh ar an bhfeór,
12 is mise féin im aonar is Cormac Óg.

60

Ceó meala lá seaca

Ceó meala lá seaca ar choillte dubha daraí,
is grá gan cheilt atá agam dhuit, a bháinchnis na ngealchíoch,
do chom seang, do bhéal tana is do chúilín a bhí cas mín,
4   is a chéadsearc, ná tréig mé is gur mhéadaigh tú m'aicíd.

Dá bhfeictheá-sa an chúileann is í ag siúl ar na bóithre,
maidin lae samhraidh is an drúcht ar a bróga;
's í mo shearc í, 's í mo rún í is níl tnúth aici le hóige
8   is rug sí barr múinte ar chúig cúigí na Fódla.

An cuimhin leat an oíche a bhíomar ar an bhfuinneóig,
a rug tú ar láimh orm is gur fháisc tú orm barróg?
Shíneas-sa síos leat is ' mo chroí ní raibh urchóid,
12   is bhí mé ' do chomhluadar nó go gcuala mé an fhuiseóg.

Níl airgead, níl ór agam, níl cóta, níl léine,
níl pingin ' mo phóca is go bhfóire Mac Dé orm.
Do gheall mé faoi dhó dhuit sul ar phóg mé do bhéilín,
16   a mhaighre an chúil ómra, nach bpósfainn lem ré thú.

A stór dhil mo chroí istigh, bí dílis is bí daingean,
is ná tréig rún do chléibh mar gheall ar é a bheith dealamh.
Bhéarfainn duitse an Bíobla, a bhfuil faoi agus thairis,
20   go dtabharfadh Dia dílis cuid na hoíche dhúinn le caitheamh.

A mhuirnín is a annsacht a mheall mé i m'óige,
le do chluainíocht mhín mheantlach gur gheall tú mo phósadh,
má thug mo chroí gean duit, dar leamsa gur leór sin,
24   is gur fhág tú mé i leanndubh ar theacht an tráthnóna.

61

Róisín Dubh

A Róisín ná bíodh brón ort fár éirigh dhuit—
tá na bráithre ag dul ar sáile is iad ag triall ar muir,
tiocfaidh do phardún ón bPápa is ón Róimh anoir
4   is ní spáráilfear fíon Spáinneach ar mo Róisín Dubh.

Is fada an réim a lig mé léi ó inné go dtí inniu,
trasna sléibhte go ndeachas léi is mo sheólta ar muir;
an Éirne scoith sí de léim í cé gur mór é a sruth;
8   is mar cheól téad ar gach taobh di a bhíonn mo Róisín Dubh.

Mhearaigh tú mé, a bhradóg, is nár ba fearrde dhuit,
's go bhfuil m'anam istigh i ngean ort is ní inné ná inniu.
D'fhág tú lag anbhann mé i ngné is i gcruth;
12   ná feall orm is mé i ngean ort, a Róisín Dubh.

Shiúlfainn féin an drúcht leat is fásaigh goirt
mar shúil go bhfaighinn rún uait nó páirt ded thoil;
a chraoibhín chumhra, gheallais damhsa go raibh grá agat dom,
16   is gurb í plúrscoth na Mumhan í mo Róisín Dubh.

Dá mbeadh seisreach agam threabhfainn in aghaidh na gcnoc
is dhéanfainn soiscéal i lár an aifrinn do mo Róisín Dubh;
bhéarfainn póg don chailín óg a bhéarfadh a hóighe dhom
20   is dhéanfainn cleas ar chúl an leasa le mo Róisín Dubh.

Beidh an Éirne 'na tuilte tréana is réabfar cnoic,
beidh an fharraige 'na tonnta dearga is an spéir 'na fuil,
beidh gach gleann sléibhe ar fud Éireann is móinte ar crith,
24   lá éigin sul a n-éagfaidh mo Róisín Dubh.

62

Bean an fhir rua

Beir litir uaim scríofa síos go baile cois cuain,
chuig an gcailín beag caomh a bhfuil an ghnaoi ag lasadh ina
    grua.
Mheallfadh sí an saol—tá na mílte fear léi á lua;
4 glac misneach, a Bhríd, i dtús oíche go ngoilfidh an fear rua.

Thug mé naoi mí i bpríosún ceangailte crua,
boltaí ar mo chaola is míle glas as sin suas.
Thabharfainnse síthe mar dhíonadh an eala ar an gcuan
8 le fonn a bheith sínte síos le bean an fhir rua.

Shíl mé, a chéadsearc, go mbeadh aontíos eadar mé agus tú,
agus shíl me 'na dhéidh sin go mbréagfá mo leanbh ar do ghlúin.
Mallacht Rí néimhe ar an té a bhain díom mo chlú,
12 sin agus uile go léir lucht bréige a chuir eadar mé agus tú.

Tá crann ins an ngairdín a bhfásann air an bláth buí;
nuair leagaim mo lámh air is láidir nach mbriseann mo chroí.
'S é an sólás go bás is é a fháil ó Fhlaitheas anuas,
16 aon phóigín amháin is é a fháil ó bhean an fhir rua.

63

Caoineadh Chill Chais

Cad a dhéanfaimid feasta gan adhmad?
    Tá deireadh na gcoillte ar lár;
níl trácht ar Chill Chais ná ar a teaghlach
4   is ní bainfear a cling go bráth.
An áit úd a gcónaíodh an deighbhean
    fuair gradam is meidhir thar mhnáibh,
bhíodh iarlaí ag tarraingt tar toinn ann
8   is an t-aifreann binn á rá.

Ní chluinim fuaim lachan ná gé ann,
    ná fiolar ag éamh cois cuain,
ná fiú na meacha chun saothair
12   thabharfadh mil agus céir don tslua.
Níl ceól binn milis na n-éan ann
    le hamharc an lae a dhul uainn,
ná an chuaichín i mbarra na ngéag ann,
16   ós í chuirfeadh an saol chun suain.

Tá ceó ag titim ar chraobha ann
    ná glanann le gréin ná lá.
Tá smúid ag titim ón spéir ann
20   is a cuid uisce go léir ag trá.
Níl coll, níl cuileann, níl caor ann,
    ach clocha is maolchlocháin,
páirc an chomhair gan chraobh ann
24   is d'imigh an géim chun fáin.

Anois mar bharr ar gach míghreann,
    chuaidh prionsa na nGaíol thar sáil,
anonn le hainnir na míne
28   fuair gradam sa bhFrainc is sa Spáinn.
Anois tá a cuallacht á caoineadh,
    gheibheadh airgead buí agus bán;
's í ná tógfadh seilbh na ndaoine,
32   ach cara na bhfíorbhochtán.

Aicim ar Mhuire is ar Íosa
    go dtaga sí arís chugainn slán,
go mbeidh rincí fada ag gabháil timpeall,
36   ceol veidhlín is tinte cnámh;
go dtógtar an baile seo ár sinsear
    Cill Chais bhreá arís go hard,
is go bráth nó go dtiocfaidh an díle
40   ná feictear é arís ar lár.

64

A ógánaigh an chúil cheangailte

A ógánaigh an chúil cheangailte
    le raibh mé seal in éineacht,
chuaidh tú aréir an bealach seo
4   is ní thainic tú dom fhéachaint.
Shíl mé nach ndéanfaí dochar duit
    dá dtagthá agus mé d'iarraidh,
is gurb í do phóigín a thabharfadh sólás dom
8   dá mbeinn i lár an fhiabhrais.

Dá mbeadh maoin agamsa
    agus airgead ' mo phóca,
dhéanfainn bóithrín aicearrach
12   go doras tí mo stóirín,
mar shúil le Dia go gcluinfinnse
    torann binn a bhróige,
's is fada ón lá 'nar chodail mé
16   ach ag súil le blas a phóige.

Agus shíl mé, a stóirín,
    go mba gealach agus grian thú,
agus shíl mé ina dhiaidh sin
20   go mba sneachta ar an tsliabh thú,
agus shíl mé ina dhiaidh sin
    go mba lóchrann ó Dhia thú,
nó go mba tú an réalt eólais
24   ag dul romham is ' mo dhiaidh thú.

Gheall tú síoda is saitin dom
    callaí agus bróga arda,
is gheall tú tar a éis sin
28   go leanfá tríd an tsnámh mé.
Ní mar sin atá mé
    ach ' mo sceach i mbéal bearna
gach nóin agus gach maidin
32   ag féachaint tí mo mháthar.

65

An goirtín eórnan

Is buachaillín fíor-óg mé, is go bhfóire orm Rí na ngrás,
thug searc do chailín óg i dtigh an ósta le comhrá gearr.
Ní raibh hata uirthi ná húda ná búclaí buí déanta ' phrás,
4   ach téip i gcluais a bróige, 's í mo stór í go bhfaighe mé bás.

Móra dhuitse, a éinín, ag léimnigh ó thom go tom,
dá neósainn brí mo scéil duit dob fhéidir go ndéanfá rún.
Beir litir uaim faoi shéala go cúl craobhach na bhfolta fionn
8   go bhfuil mo chroí á chéasadh is nach féidir liom codladh ciúin.

Tá gaoth aneas is toirneach is mórshruth le habhainn na Laoi
sneachta ar na bóithre is mórshioc á mheascadh thríd.
Ní fhanann fuaim ag rónta ná ceólta ag éin ar chraoibh
12   ó chailleas-sa mo stóirín, 's í a thógfadh an ceó dem chroí.

Ní dod ghoirtín eórnan, a stóirín, a thugas grá,
ná dod chúpla cóifrín den ór buí dá mbeidís lán;
do chapaill ná do bhólacht go deó deó ní chuirfinn i bhfáth,
16   ach blas do chúpla póigín, ba dhóigh liom gurbh iad ab fhearr.

66

Stuairín na mbachall mbreá réidh

Táid na réalta ina seasamh ar an spéir
  an ghrian is an ghealach 'na luí;
tá an fharraige tráite gan braon
  is níl réim ag an eala mar bhíodh.

Tá an chuaichín i mbarra na ngéag
  á shíor-rá gur éalaigh sí uaim,
stuairín na mbachall mbreá réidh
8   d'fhág Éire faoi atuirse chruaidh.

Trí ní a chím trés an ngrá,
  an peaca, an bás is an phian,
is m'intinn á insint gach lá
12   m'aigne gur chráidh sí le ciach.

A mhaighdean do mhill tú mé im lár,
  is m'impí óm láimh ortsa aniar
mo leigheas ó na saigheada seo im lár
16   is go bhfaighe tú na grása ó Dhia.

NÓTAÍ

1

Foinsí: Leabhar Uí Chonchubhair Dhoinn (C), 408a (*c.* 1631); RIA 23 D 4, 115 (17ú haois); 23 M 16, 213 (1767-76); 23 L 17, 151 (1774-5).

Meadaracht: deibhí.

In eagar cheana, L. Mac Cionnaith, *Dioghluim dána* (Baile Átha Cliath 1938) uimh. 115.

Tá an dán seo leagtha ar Aonghus Ó Dálaigh in C agus ar Fhear Flatha Ó Gnímh in D agus M; níl ainm aon údair leis in L.

1-4.   Tá deireadh le filí na hÉireann: ní mhaireann díobh ábhar saoi ná draoi (cúis bhróin é) ná duine ar fiú teideal ollaimh é.

3, 7, 9, 21. *ní mhair*, ní mhaireann.

11, 15. *tug*, thug (sé).

11.   chuir sé ceo bróin faoi mo chroí.

16.   is géibheann bróin don mheanma (don spiorad) é.

19.   Tagairt é seo don nós a chleacht na filí, gur ina leapacha sa dorchadas a chumaidís a ndánta.

24.   *do-chuadar*, fuair said bás.

25.   a ngéilleadh na filí dóibh.

27.   *nach marad*, nach maireann siad.

31-2.   Is mór an scéal é nach maireann scoileanna na bhfilí; cloíonn sé na mothúcháin iad a bheith scortha.

34-6.   Is beag saoi nó file (mo léan is mo bhrón) a mhaireann de shliocht na n-ollamh.

37-40. An daoscarshlua a bheith in uachtar faoi deara na filí a fhógairt agus droim láimhe a bheith á cur leis an bhfilíocht.

42.   *'gá mbí*, ag a mbíonn.

43.   *dheid*, duit.

Malairtí: 2 nó] na C   8 an társain DML   10 ná] nó C a *om.* LSS   16 fa a L   19 both] sgol DM   21 ná] nó C   24 uile chineadh C   25 dadhraidís DM   33 mac D   34 nó] na CD   35 acceo D.

91

2

Foinsí: Lámhscríbhinn atá anois ag Sir Con O'Neill i Londain (N), 103 (1681) [féach *Éigse* 13 (1970) 143-52]; TCD H.5.13, 105 (*c.* 1700); RIA 23 I 4, 69 (*c.* 1730); 23 A 8, 171 (1746). (Tá sé le fáil i lámhscríbhinní ón 19ú haois chomh maith.)

Meadaracht: rannaíocht mhór (aicleach), ach tá ocht siolla i gcuid de na línte (16, 43, 44). Foghar /é/ atá ag an bhfocal *fheidhm* (: *dhéirc*) i líne 51. Aicill idir *í* agus *ia* in 23-4, idir *é* agus *ao* in 42-4, idir *ua* agus *ú* in 43-4 agus idir *ao* agus *ia* in 61-2.

Níl ach na ceithre rann tosaigh in N, LN G 357 agus BM Eg. 174. Seacht rann fichead ar fad atá sa dán, ach tá deich gcinn fágtha ar lár san eagrán seo toisc go mbainid d'aontas an dáin nó toisc gur deacair ciall a bhaint astu. Fágadh ocht rann ar lár anseo idir 12 agus 13, rann amháin ar lár idir 28 agus 29 agus ceann eile idir 64 agus 65. Eagrán iomlán in *Dán na mBráthar* (1967) uimh. 30.

2.	*isan*, ins an.
7.	*ní chuire*, ní chuireann tú.
7-8.	Ní líonann tú an mainséar, bíodh nach leor duit neamh ar fad.
8.	*nach bhfagha*, nach bhfaghann tú.
9, 20.	*dhíbh*, duit (iolra an ómóis).
10.	*a-nos*, anois.
15.	*nó*, ná.
18.	*atú*, táim.
22.	An focal *pápa* mar théarma ómóis do Chríost; nó b'fhéidir go bhfuil an focal SeanGhaeilge *popa*, 'master', i gceist.
26.	i.e. in éineacht leis an asal agus an damh (cf. 37).
28.	*ar*, ár (=mo; iolra don uatha).
33.	*do-ghéan*, déanfaidh mé.
41.	*do-bhéar*, tabharfaidh mé.
46.	*dá dtuga*, má thugann tú.
49.	*biad*, beidh mé; *'gan bhiadh*, ag an bhia.
51.	ó tá mo chabhair ag teastáil go géar uathu.
52.	*fair*, air.
52, 56.	*triúr*, *trír*, an file, an bhó agus an t-asal, is dócha.
56.	*glacaidh*, glacaigí (=glac; iolra an ómóis).
62.	*faghaidh*, faighigí.
64.	Tagairt ag an bhfile dá áit dhúchais, Dún Pádraig.
67.	ó ghlac sé an dá nádúr (Dia agus duine).

Malairtí: 1 naoidhean naomh HA   2 san mainséar do chlaon do chorp H 7 nior chuir HA ní chuir I 10 anocht I 12 anois H 22 naomh LSS 43 do dhéanfad H   50 is mo dhoirseoir H   51 mfhéim go mór HA   56 mar liagh air ttrír A   mar 1[. . .] tt[. . .] H (*ach mo luach le léamh i nóta doiléir faoin líne*) 59 do chlí H   60 Brighíd H   63 mar *om.* LSS.

3

Foinsí: Leabhar Uí Chonchubhair Dhoinn (C), 79 (*c.* 1631); RIA 23 A 8, 264 (1746); BM Eg. 195, 57 (19ú haois).

Meadaracht: deibhí.

In eagar cheana, O. Bergin, *Ériu* 8 (1916) 195-6 [=*Irish bardic poetry* (Dublin 1970) uimh. 34]; *Dán na mBráthar* (1967) uimh. 13.

1.	*chuireas*, a chuireas (a chuireann).
2.	cé bheidh beo ag baint a úll? (*bhus*, fáistineach 3ú uatha na copaile).
3–4.	an bhfuil sé deimhnitheach go bhfeicfidh tú an chraobh ghéagach gheal nuair a fhásfaidh sí?
4.	*daoibh*, duit (iolra don uatha)
5–7.	Smaoinigh nach bhfanfaidh tú lena bhláth a bhaint. . . .
12.	nach bhfuil (de bharr an bháis) cinnteacht saoil i ndán dó.
14.	*'gá mbí*, ag a mbíonn.
16.	*agad*, agat.

4

Foinsí: RIA 23 F 16, 214 (*c.* 1659); 23 M 29, 309 (*c.* 1684); TCD H.5.13, 53 (*c.* 1700); H.6.7 (H$_1$), 220 (1737); RIA 23 N 15, 21 (1740); TCD H.4.4 (H$_2$), 192 (*c.* 1750); LN G 32, 83 (*c.* 1750); BM Eg. 146, 111 (19ú haois); Eg. 122 (E$_1$), 108 (19ú haois); agus lámhscríbhinní eile ón 19ú haois.

Meadaracht: deibhí.

In eagar cheana, P. Walsh, *Gleanings*[2] (1933) 3–11; G. Murphy, *Éigse* 6 (1949) 8–13.

Níl aon údar luaite leis an dán sna lámhscríbhinní is luaithe. In H$_2$ agus G deirtear gurbh é Uilliam Nuinseann a chum é agus sna lámhscríbhinní déanacha leagtar ar Ghearóid Nuinseann go minic é agus ar na filí seo chomh maith: Gofraidh Fionn Mac an Bhaird, Fearghal Óg Mac an Bhaird, Maolmhuire Ó hUiginn, Séathrún Céitinn. Ghlac an tAth. Pól Breathnach leis gurbh é Gearóid Nuinseann an t-údar, ach thaispeáin Éamonn Ó Tuathail (*Éigse* 2 (1940) 13-14) agus Gearóid Ó Murchú (*Éigse* 6 (1949) 8-13) gur dóichí gurbh é Uilliam Nuinseann a chum é. 'Uilliam mac an Bharúin Dealbhna' atá mar cheannscríbhinn in H$_1$.

Níl ach 5 rann in M,H$_1$ agus i roinnt de na lámhscríbhinní déanacha, 6 rann in N agus roinnt lámhscríbhinní déanacha; agus in H$_2$, G agus RIA 23 C 28 leanann naoi rann eile an dán seo. Dhein Gearóid Ó Murchú amach (*loc. cit.*), áfach, gur dán eile ar fad iad sin, ón údar céanna.

Leanadh ord na rann mar atá in HH$_2$GEE$_1$ anseo; i gcuid de na lámhscríbhinní eile tagann 25-8 roimh 21-4.

7-8. do scar mo chroí liom is mé ag tosnú ar an mbóthar; níor ghráigh sé aon tír eile ach Éire.

17-20. Dá ndeonfadh Dia dom dul ar ais go dtí mo thír dhúchais, ní ghlacfainn le cuireadh ó na Gaill dul ar cuaird go clanna uaisle Shasana.

19. *ní ghéabhainn*, ní ghlacfainn (coinníollach an bhriathair *gabh*).

21. *dá mbeith*, dá mbeadh.

21-4. Fiú amháin mura mbeadh aon bhaol mara sa triall ó Éirinn, ní féidir a shéanadh go mbeadh m'aigne fós ag dul siar chuici; ní féidir scaradh le Dealbhna.

24. Bhí an teideal Barún Dealbhna ar mhuintir Nuinsinn.

27-8. *dámh* . . . *dream* atá i bhformhór na lámhscríbhinní, ach deineadh an dá fhocal sin a mhalartú san eagrán seo, mar a mhol R. A. Breatnach, *Éigse* 3 (1941) 143, de ghrá na meadarachta.

Malairtí: 8 nár char H_1 ní cara H_2 ní car EE_1 10 is iasgmhuire abhann E is lia iasg ar abhann H_1 11 beartach] bleachtach *i gcúpla ceann de lámhscríbhinní déanacha* (RIA 24 M 43, Má Nuad M 1)   18 dom] an FME don H dhúithche dhuthchas H_2G 19 angallaibh H_2G 20 acclannaibh H_2G 21 dá mbeinn gan H_2G 22 ag fagbháil lios a Laoghare H_2G [27-8: *féach nótaí.*]

5

Foinse: Leabharlann na bProinsiasach A 20 (b), 94 (17ú haois).

Meadaracht: séanna.

In eagar cheana, P. Walsh, *Gadelica* 1 (1913) 249-50 agus *Gleanings*[2] (1933) 86-7; *Dán na mBráthar* (1967) uimh. 46.

Ní fios cérbh é an 'bráthair bocht' a chum an dán seo, ná cérbh é an 't-iarla' a d'eitigh é. Tá Cnoc Samhraidh (Summerhill) in Kent, i Sasana, agus sa chéad leath den 17ú haois bhí iarlaí de mhuintir de Búrca a raibh an teideal Clann Riocaird orthu ina gcónaí ann. B'fhéidir, más ea, gur duine acu sin atá i gceist—Uileag de Burca († 1657), an cúigiú hiarla, nó a athair, Riocard († 1635).

5. *go mbiadh*, go mbeadh.

8. ba bheag an chuid dem chruatan é sin.

9. Nuair a d'aithin muintir an dúna mé.

15. *oirne*, orainne (=ormsa; iolra don uatha).

14. ba lag an chúis é sin [chun duine a chur ó dhoras], ach ba leor de leathscéal im choinne-se é.

19. *baoi*, bhí.

20. níor cuireadh olc riamh ina leith.

22. *uaidhe*, uaidh.

25. *dá mbeith*, dá mbeadh.

27.   *go bhfuighinn*, go bhfaghainn.

32.   *turas Ghóidrisc*, turas gan tairbhe. Mar le tagairtí eile do Ghóidrisc i litríocht na Gaeilge, féach *Gadelica* 1 (1912-13) 172, 303; ITS XVIII (1917) 73 n. 6; féach leis M. MacNeill, *The festival of Lughnasa* (Oxford 1962) index *s.v.* Deódruisg.

6

Foinsí: RIA 23 D 4, 226 (17ú haois); TCD H.5.1, 3 (1703); RIA 23 B 38, 152 (1778-9); F v 5, 288 (1787). (Cóipeanna eile ann ón 19ú haois.)

Meadaracht: ae freislí.

In eagar cheana, *Measgra dánta* (1927) uimh. 9.

Leanadh ord na rann in H agus D anseo; sna lámhscríbhinní eile tagann 17-20 roimh 13-16. Tá 9-12 ar lár in H. Tá an dán leagtha ar Chearbhall Ó Dálaigh in B agus in RIA F vi 2, ach ní móide gurbh é a chum.

2.   *bhíos*, a bhíonn.
10.   *ní thabhair*, ní thugann sé; *uadha*, uaidh.
11.   *do-bheir*, a thugann sé; *ní mó do-bheir dá aire*, ní mo a bhacann sé le.
17.   *Do-bheir sé*, tugann sé (caitheann sé).
18.   *go mbinne*, le binneas.

Malairtí: 4 gur LSS *ach* D 6 air na tighearna DH air ag tighearna BF 14 attúis F 17 dob ait leis BF 18 choimhbhinne BF 20 na mná finne BF.

7

Foinsí: RIA 23 L 17, 141 (18ú haois); Coláiste Ollscoile Bhaile Átha Cliath C 18, 36 (19ú haois).

Meadaracht: séanna.

In eagar cheana, *Measgra dánta* (1927) uimh. 17.

5.   Mná pósta nach n-admhódh go raibh siad ag féachaint ort.
8.   *ag déanaimh*, ag déanamh.

Malairtí: 2 ad rosg LSS 5 aidmheochaidh C 7 dheadhfholt L deagh-fhuilt C 8 déanamh LSS.

8

Foinsí: RIA 23 D 4, 96 (17ú haois); E iv 3, 173 (1727); TCD H.6.7, 16 (1737); LN G 351 (gan uimhriú leathanach; 1758); RIA 23 C 23 (18ú haois). (Timpeall le fiche cóip eile le fáil.)

Meadaracht: rannaíocht mhór; comhardadh lochtach, *cuir* : *dul*, 7-8. Amhrán atá i línte 41-4:

i / í / í / i / á.

Foghar /í/ sna focail *Aonmhac* (41) agus *loing* (42).

In eagar cheana, *Measgra dánta* (1927) uimh. 48.

Do réir an Athar Domhnall Ó Súilleabháin (Má Nuad M 40, 70 [1818]) is 'ar luing Dhomhnaill Chuim [Uí Shúilleabháin Bhéarra] do bhí Muiris an tráth sin, ag dul don Spáinn'. Más ea, is tar éis na bliana 1603 a thuit an eachtra seo amach. 'I bhflaitheas banríon Éilíse' adeir Mícheál Óg Ó Longáin (i gcúpla áit) a tharla sí, ach ní fios cad é an bonn a bhí aige leis an tuairim sin; dáta i dtosach an seachtú haois déag is fearr a d'oirfeadh do ré shaoil an fhile, ar aon nós.

Níl ach sé rann den dán in E (línte 9-16, 29-30, 41-4, in easnamh) agus thuairmigh an Rathileach (*Measgra dánta* ii, 199), gurbh ó chuimhne a scríobh Aindrias Mac Cruitín an chóip sin (tá 'deest aliq[uid]' aige i ndiaidh líne 36); Ó Flaithbheartaigh a thug an bád don bhfile dar leis siúd. Línte 13-16 in easnamh ar G. Más cruinn ''na bhfuile' (42)—tá ''na bhfuilim' i lámhscríbhinní déanacha—file eile a chum an t-amhrán ceangail (41-4), ag guí rath ar Mhuiris mac Dáibhí Dhuibh.

Tá dhá véarsa ceangail le leagan den dán atá i gcló ag Charlotte Brooke, *Reliques of Irish poetry* (Dublin 1789) 300, agus i gcuid de na lámhscríbhinní leis. Tá an chéad véarsa acu le fáil leis féin in ionad 41-4 anseo in H agus C agus i gcóipeanna eile.

3.   *bíd,* bídis (ordaitheach, 3ú iolra).
4.   *róinn,* romhainn.
8.   *dún,* dúinn.
14.   *ar,* ár (=mo; iolra don uatha).
24.   *budh,* modh coinníollach na copaile.
38.   *bhus,* fáistineach (coibhneasta) na copaile.
42.   *'na bhfuile,* ina bhfuil tú.

Malairtí: 8 go dul duinn G   12 ngriantsrothach LSS   *ach* H   22 cás a sgathamh D   25 grianmhágh C   26 an ghaoth H   33 brug dealbh naithreach griobhach garg D   37 tio(dh)laic DG   39 ó] tar HC   41-4 Cuirim air Íosa Críost noch . . . / . . . don bhuídhin nán loing go bhfille . . . / buille maith gaoíthe taoíde is . . . / ó imiol na Buídhe go taoíbh na cruinne don Spáinn G.

9

Foinsí: RIA 23 L 34, 215 (1711-15); 23 N 15, 132 (1740-61). (Naoi gcinn de chóipeanna déanacha le fáil chomh maith.)

Meadaracht: amhrán:

o / a / a / á é.

Foghar /o/ sna focail *cufa* (3) agus *mar* (4); foghar /é/ sa bhfocal *-tsaoilse* (9); aon siolla amháin in *-Ghaelg-* (12).

In eagar cheana, R. Mac Cionnaith, *Irisleabhar Muighe Nuadhat* 1955, 77, agus C. Mhág Craith, *Celtica* 4 (1958) 106.

Níl ainm údair leis an dán seo in L (ná in Má Nuad R 69, 28) agus tá sé leagtha ar Thadhg mac Muircheartaigh Mhic Mhathghamhna 'a tTuaghmhumhain' in RIA 23 B 35, 10, agus Coláiste Ollscoile Bhaile Átha Cliath C 14,316; Brian Mac Giolla Phádraig an t-údar do réir na lámhscríbhinní eile (gaol acu ar fad le N).

Tá línte 4 agus 8 in áit a chéile in N.

5. *lé*, le + a (lena).

Malairtí: 2 loc LSS 3 um ghlaic N 5 gan modh . . . gan sgairbh go hárd fé smeig N 8 go práisléadach N 9 cóir do lag L.

10

Foinsí: RIA 23 N 15, 132 (1740-61); 23 G 24, 386 (1798-1813). Mícheál mac Peadair Uí Longáin a scríobh N agus a mhac, Mícheál Óg, a scríobh G. (Cóipeanna eile ó Longánaigh le fáil chomh maith.)

Meadaracht: amhrán:

1-4 : á / a / a / í í é
5-8 : é / a / a / é / í
9-16 : ú / í / í / ú / á.

Foghar /í/ sna focail *Chuinn* (1), *saor-* (2), *chlainn* (2, 8), *cruinn* (3), *puinn* (4), *foinn* (5), *sinn* (6), *eing* (7), *roinn* (11); foghar /a/ sa bhfocal *thabhairt* (dhá shiolla; 2); foghar /é/ sa bhfocal *caomh* (3).

In eagar cheana, R. Mac Cionnaith, *Irisleabhar Muighe Nuadhat* 1955, 78-9, agus C. Mhág Craith, *Celtica* 4 (1958) 107.

13–14. Níl neart ná misneach fágtha sna Gaeil ach iad ag súil ó lá go lá le hathrú saoil.
15. *an mbiam*, an mbeimid; *dáibh*, dóibh.
16. *an dtiubhra*, an dtabharfaidh.
        an mbeidh cíos ag an nGael (an triús) ar an nGall (an bríste) choíche?

Malairtí: 11 rinn N ag roinn G 13 ann mac N 16 ttabra N.

11

Foinsí: BM Add. 40766, 112 (1785); RIA 24 P 20, 160 (1844); LN G 200, 267 (19ú haois).

Meadaracht: trí rainn agus amhrán. Rannaíocht mhór (aicleach) atá sna rainn (línte 8 agus 9 amháin a bhfuil seacht siolla iontu, ámh), agus seo é patrún an amhráin:

á / x / x / á / ia.

In eagar cheana, É. Ó Tuathail, *Rainn agus amhráin* (Baile Átha Cliath etc. 1923) uimh. 27.

4.   *nach bhfaghaim*, nach bhfaighidh mé; *a mhalairt*, malairt mo ghrá-sa.
10.   *bhéaraidh*, a thabharfaidh.
12.   *dhúinn*, dom (iolra don uatha).
13.   *táinte: mílte* atá sna lámhscríbhinní, ach teastaíonn an foghar /á/ ón meadaracht.
15.   *le bhfuilimse*, lena bhfuilimse.

Malairtí: 6 stáidbhean] mhéidgheal AP   9 chreidfis LSS   10 bhéaradh LSS   12 beannadh LSS   13 mílte LSS   16 ccás PG.

12

Foinse: Leabharlann Phoiblí Bhéal Feirste XXIX B, 33 (18ú haois).

Meadaracht: rannaíocht bheag (aicleach) agus í mírialta.

Is pearsa litríochta agus béaloideasa é Murchadh a bhfuil roinnt mhaith scéalta rómánsaíochta ceangailte leis. Tagann iníon rí Gréag isteach sna scéalta sin go minic.

2.   B'fhéidir gur cheart *de mhaidin* a léamh anseo (cf. malairtí).
3.   *go bhfacaidh*, go bhfaca sé (agus chonnaic sé).
5.   *Druideas*, dhruid sé.
6.   *is tráigh*, go dtí an trá.
11.   *cuireas*, chuir sí.
14.   *go dtug*, gur thug.
19.   B'fheidir gur chirte *don bhanab* a léamh.
20.   *thairngeas*, a tharraing mé.
        Is di siúd atáim ag tagairt an scéil.
21.   *Mar táinig*, mar a tháinig.
23.   *mur' dtí sí*, mura dtagann sí.

Malairtí: 2 mhaidin   19 gcuairuic leith.

13

Foinsí: RIA 23 A 12, 7 (1730); TCD H.6.11, 26 (1754); RIA 23 L 35, 111 (1782); 23 G 20, 180 (1786-1814); 23 H 30 (H₁), 124 (18ú/19ú haois).

Meadaracht: leathrannaíocht mhór (aicleach); siolla d'iomarca in 10 agus 14; r. 5 lochtach (comhardadh slán in easnamh idir 18 agus 20 agus aicill in easnamh idir 19 agus 20)—níl an rann seo in 23 H 30. Amhrán atá i línte 25-32:

*i / é é / á í ua.

Foghar /i/ i siollaí aiceanta na bhfocal *iongnadh* (27) agus *do-bheirimse* (29); foghar /é/ sna focail *raon-* (26), *thaomannach* (27); trí shiolla sa bhfocal *shéaghanta* (25).

In eagar cheana, Mac Giolla Eáin (1900) uimh. xiii agus *Dánta grádha* (1926) uimh. 100.

2.   *coingibh,* coinnigh, coimeád.
3.   *sinn,* mé (iolra don uatha).
4.   *taoi,* tá tú; *dar,* dár (=dem; iolra don uatha).
8.   *re bhfuil,* lena bhfuil.
11.   *ar,* ár.
15.   *ná bíom,* ná bímis.
23.   *do-ghéan,* déanfad.
27.   *fhásaíos,* a fhásas, a fhásann.
28,   *táig,* tóg; *táig dhíom suas,* fág id dhiaidh mé.
30.   *an tuile do léig Vénus* . . . =?
32.   gur tusa, mar bhean, an té ba rogha liom a bheith agam. (Níl an t-alt roimh *céidbhean* de bhrí nach gá é in abairt chopaile nuair atá clásal coibhneasta i ndiaidh an ainmní.)

Malairtí: 12 a shidhe bhean sheang (tseang) *etc.* LSS 13 óm béal do bhéal A 16 tteas AHG toil LSS 20 thairngios mian gach súl H 23 diongnad A dhiongnainn HL do dhéanfainn GH₁ dod ghrádh G 28 doilibh . . . diom fuath A tág L tóg HG 30 ttuile . . . ttáclaoí G faoi mo táclaidhe H₁ 31 mbuirice A mhuiriorach G bhoirceach H₁ mbá(i)nccíoch LSS *ach* H₁ 32 gur] is H.

14

Foinsí: Má Nuad C 88 (C), 511 (1704); LN G 55, 589 (1727-31); TCD H.6.7, 112 (1737); RIA 23 C 16 (C₁), 193 (1767-8); 23 M 16, 96 (1767-76); TCD H.6.21 (H₁), 163 (1774-81). (Breis agus leathchéad cóip ar fad ann.)

Meadaracht: rannaíocht bheag (aicleach).

In eagar cheana, Mac Giolla Eáin (1900) uimh. ii.

4.   cé gur maith ab eol dom a sléibhte dearga. Leasú ar a bhfuil sna lámhscríbhinní is ea *deanna*: cf. malairtí.

11.   *innti*, inti.
20.   Na craobhacha ag lúbadh faoi ualach a dtorthaí.

Malairtí: 4 teanna(dh) LSS *ach* HC_1 [*athraithe go* tteanna GM] ceadna
H aiteanna C_1 6 cleirchaibh *etc.* LSS 11 *athrú go* té atá inntibh G 18
fós] uaim H_1 21 fraoc(h)da CM 24 sgríbhinn LSS.

15

Foinsí: RIA 23 M 30, 454 (1693); TCD H.5.13, 101, 151 (dhá chóip, *c.*
1700?); 23 L 37, 168 (1708/9); 23 G 3, 235 (1715); 23 L 32 (L_1), 41 (1716-
17); Stoneyhurst, Coláiste na nÍosánach, A II 20 [1] (S), 96 (1733). (Os
cionn trí fichid cóip ar fad le fáil.)

Meadaracht: amhrán:
ó / á / á / o / í.
Foghar /o/ agus dhá shiolla sna focail *mhodhail* (6), *Chobhthaigh* (10),
Logha (13), *bodhar* (15), *chomhall* (20), *dtoghail-* (24); foghar /ó/ sna focail
fhoirneart (26), *mór* (27); dhá shiolla in *rófhada* (3), *Eóghain* (15), *beódha*
(21), *leóghain* (22), *námhad* (26); ceithre shiolla in *coigcríche* (8) agus
gcoigcríochaibh (16).

In eagar cheana, Mac Giolla Eáin (1900) uimh. iii.

Línte 21-8 in easnamh ar L; 17-20 in easnamh ar G agus 13-16 roimh
9-12 inti.

3-4.   Cé go raibh laochra na hÉireann mar chlaí cosanta don tír ar feadh
        i bhfad, d'éirigh le heachtrannaigh ar deireadh briseadh isteach
        agus lonnú inti, mar a d'fhásfadh cogal i ngort arbhair.
5.   *díbhse*, duitse (iolra an ómóis).
17-20. Gearaltaigh Laighean cloíte ar fad, cé gurbh éachtach mar a
        chuiridís cathanna—ba ghnách leo bheith ina mbuíonta cogaidh os
        comhair na Pálach féin; níorbh aon náire dóibh é, toisc gan beann
        a bheith ag aon duine ar dhlithe.

Malairtí: 1 Óm sgeól do chráidh Magh Fáil *etc.* HGL_1 (ón *ceartaithe go* óm
ach on sgeol air ⁊c. *i ndiaidh an dáin in* L_1; *an líne mar atá anseo ar dtúis
in* G *ach athraithe go dtí* Ón sgeól so chráidh . . *ina dhiaidh sin*) 2 phobuil
GS dílsi H a phobal dílios L_1 4 tríotha MLGS 6 mhogail H mogal L_1
9 dar thogair L_1 10 hórshlios L_1 hóirshliocht L Chaoilbhreigh H Chaoil
mBreagh L_1 11 ba leó LG air ghunnadh bhruighne L_1 nionad bruighne
G 12 's gach] gach *formhór na* LSS náitibh] nabhuigh L_1 13 Logha]
leóghainn M loghan L 14 rothlo stile H rollus díle G stílle L_1 sdíle S 17
na león attásg L_1 18 gér] geadh MH giodh LS ágh] ágha M áigh L_1 ard S
laimhe H 19 ag coga L 21 beofadh H bheódhgha S beó LSS *eile* 23
níor bhfáth M níor dóth gur báit G 24 bhfollus díbirt GL_1 is tochul
díbirt H 27 dom cháirdibh a bhfosgadh dileann L_1 28 amháin LSS *ach* S
tar mongaibh Cliodhna H.

16

Foinse: RIA 23 N 13, 266 (18ú haois). (Dhá chóip eile ann a chin ó 23 N 13.)

Meadaracht: deibhí.

In eagar cheana, T. Ó Donnchadha (1916) uimh. lii agus M. Ní Cheallacháin (1962) uimh. xiii.

1.   *isan,* ins an.
3.   Is beag mo ghrá dá réir sin do bheith im dhúiseacht.
4.   'Is é mo shíor-aidhm bheith ag sniogadh (crú) an tsuain (d'fhonn an diúir dheiridh a bhaint as)' is dócha is brí leis an líne seo, mar atá léirithe ag D. A. Ó Cróinín, *Éigse* 11 (1964) 34.
3–4.   *ar, ár* (=mo; iolra don uatha).

Malairt: 4 suan LS.

17

Foinse: TCD H.5.10, 62 (*c.* 1703).

Meadaracht: amhrán:
            1-4 :   ua / é / é / ó / á
            5-8 :   a   / o / o / *i á i.
Foghar /é/ sna focail *caomhsa* (1) agus *ceird* (3); foghar /o/ sna focail *dhoirt* (5), *thoilse* (5) agus *loisc* (8); /*i/ i gcéim dheiridh gach líne; dhá shiolla sna focail *luaidheam* (2), *léigheann* (2) agus *chomhall* (6).

In eagar cheana, T. Ó Donnchadha (1916) uimh. vii agus M. Ní Cheallacháin (1962) uimh. viii.
Cuid de dhán eile é seo do réir na lámhscríbhinne agus is leis an gceann eile (*Ag ríoghraidh cé bhínnse de bharr ar chéad*) a ghabhann an cheann-scríbhinn.

2–4.   *luaidheam, léigeam, buaileam, déanam,* briathra sa mhodh ordaitheach, céad phearsa iolra.
3.   tugaimis faoi mhalairt cheirde (chleachta) ar nós gach duine eile.
6.   nár chuir freagra dá laghad chugam mar chomhlíonadh muintearais.
7.   An file féin 'an bathlach beag bocht gan chothrom compánaigh'.
8.   Is mairg a chaith a raibh aige ar bhur son. Níl brí na cainte seo lánsoiléir; cf. *Éigse* 1 (1939) 143-5, 223-4, agus **27**, 12, anseo.

18

Foinsí: TCD H.5.10, 54 (*c.* 1703); RIA 23 N 15, 103 (1740-61). (Dhá chóip eile ann chomh maith.)

Meadaracht: amhrán:
é a / a / é / í (líne 8 begán lochtach).

Foghar /é/ sna focail *taobhsa* (1), *gcaomh-* (2), *chaomhthach* (3), *daor* (4), *aos* (7), *laochra* (7), *m'aon-* (9); foghar /í/ i bhfocal deiridh gach líne; trí shiolla sna focail *d'fhanamhain* (1), *ealadhan* (7), *anbhfann* agus *baramhail* (10); dhá shiolla sna focail *léighinn* (4) agus *samhail* (8); béim ar shiolla tosaigh an fhocail *agamsa* (12).

In eagar cheana, T. Ó Donnchadha (1916) uimh. viii agus M. Ní Cheallacháin (1962) uimh. xii.

Ó H don cheannscríbhinn; 1632 an dáta ann, ach is sa bhliain 1633 a tháinig Strafford go hÉirinn. 'A Moirlios san mBreatain mBig go hEirinn iar clos tionsgnamha bruide na hEagailse innte .1632.' atá in N.

4. *ceannaithear*, a cheannaítear; *ceannaithear . . . linn*, a cheannaímse.
5. Is é an spré a adhnann tine mo ghrá-sa do chéile Chuinn (d'Éirinn) ná. . . .
8. *gan samhail a séad i suim*, gan a gcomhfheabhas (de mhná) le fáil.
9. *m'aonchara-sa*, Éire.
10. *go ngléas anbhfann*, cloíte, i ndroch-chás.
11–12. ba thrua dá dtiocfadh feabhas ar a cás gan mise a bheith páirteach san ainnise a rug uirthi, do réir mo chinniúna.

Malairtí: 8 i] dá H aséada suim N.

19

Foinsí: TCD H.5.10, 55 (*c.* 1703); Stoneyhurst, Coláiste na nÍosánach, A II 20 [1] (S), 22 (1733). (Dhá chóip eile ann chomh maith.)

Meadaracht: séanna; uaim cheangail lochtach idir 5 agus 6.

In eagar cheana, T. Ó Donnchadha (1916) uimh. xliv agus M. Ní Cheallacháin (1962) uimh. xi.

5. *romham*, atá le teacht sa dán seo uaim.
8. *Toighe*, gin. an fhocail *Teach*.
11–12. an bua atá ag Éirinn (an geall a rug sí), níl a leithéid le fáil ag muintir aon tíre eile ar fud an domhain.
14. *éintír*, aon tír.
15. *tulaigh*, tabh. uatha don ainmneach.
27. *dom bhuainse*, 'om shnoí, 'om ghearradh.

28. *do-bhéar*, tabharfad.
    rachaidh mé ar ais chugat an babhta seo.
31. *mar aon*, mar dhuine.
32. *a-muich*, amuigh.
33. *ní bhiad*, ní bheidh mé ('i gcríochaibh ciana').
34. *sul n-imghead d'éag*, sula bhfaighead bás.
45. *Éamann*, Éamann 'an chuirnín' Buitléar, 3ú Barún Dhún Búinne, cara mór don Haicéadach.

Malairtí: 6 slios mín S 7 a rannaibh S 21 mith(ch)id LSS.

20

Foinsí: TCD H.5.10, 59 (*c.* 1703); Stoneyhurst, Coláiste na nÍosánach, A II 20 [1] (S), 22 (1733); TCD H.4.19 (H₁), 59 (*c.* 1750).

Meadaracht: amhrán:

ua / é / é / í.

Foghar /é/ sna focail *maothlach* (1), *saor-* (4), *d'éirgheadh* (7), *bhaoghal* (8), *faobhar* (8), *saobhadh* (9), *thaobh* (10), *mblaoscaibh maola* (11), *chaolraigh* (15); foghar /í/ i gcéim dheiridh gach líne; dhá shiolla sna focail *nuadhacht* (2), *bhaoghal* (8), *faobhar* (8), *saobhadh* (9).

In eagar cheana, T. Ó Donnchadha (1916) uimh. iii agus M. Ní Cheallacháin (1962) uimh. lii.

Chuir ardmháistir na nDoiminiceánach litir go dtí proibhinsial na hÉireann ar 1 Lúnasa 1654 á rá nár iarr agus nach bhfuair an tAthair Haicéad cead chun rud ar bith a fhoilsiú agus má bhí a leithéid déanta aige gur cheart gach cóip den leabhar a bhaint de agus é féin a chur fé ghlas. Más leabhar filíochta a bhí i gceist, tharlódh go bhfuil baint ag an dán seo leis an gcúrsa.

1. *do chuala*, chuala mé.
5. *ní bhuaileabh*, ní bhuailfead.
5-7. Ní rachaidh mé san aighneas leo, ó d'imigh an t-am ina bhféadfainn focal cóir a chur ar gach smaoineamh a d'éiríodh im intinn. . . .
16. an fuath atá acu dom mhuintirse.

Malairtí: 4 saor na séimhfhear S 12 inntlighe H (ginntlighe H₁ [*a leanann* H *de ghnáth*] *agus* gintlidhe *ag M. Ní Cheallacháin*).

21

Foinse: RIA 23 N 12, 1 (*c.* 1763). (Trí chóip eile ann, ach is ó 23 N 12 a chineadar.)

Meadaracht: deibhí; comhardadh lochtach in 7-8 agus 23-4; rinn agus ardrinn lochtach in 17-18.

In eagar cheana, Ua Duinnín (1903, 1934) uimh. v. Fágadh rann doiléir ar lár idir línte 8 agus 9 san eagrán seo; doiléire ag baint le cúpla líne eile chomh maith.

5.   *inn*, sinn (=mé; iolra don uatha).
10.   *rom-mheall*, a mheall mé.
13.   *dámadh*, dá mba.
15.   *ní bhiadh*, ní bheadh.
19.   *dar*, dár.

Malairtí: 11 nach] a 13 aithne 16 reanaithris 19 re dair 20 in innleacht 26 ingill 27 fear ndaordhuan ffrithir ufór 28 naolghruagh . . . ceartan.

22

Foinsí: lámhscríbhinn a bhí ag J. Vendryes, Paris [*Revue Celtique* 48 (1931) 235-78; miocrascannán p. 465 sa Leabharlann Náisiúnta] (V), 234 (1714); RIA 3 B 9, 283 (1810-14). (Mícheál Óg Ó Longáin a scríobh 3 B 9 agus tá seacht gcóip eile ann a scríobh sé sin nó daoine muinteartha leis; mar a chéile iad.)

Meadaracht: rannaíocht mhór (aicleach); línte 27-8 lochtach.

In eagar cheana, Ua Duinnín (1903) uimh. xii, (1934) uimh. x; *Dánta grádha* (1926) uimh. 26; leagan 3 B 9 etc. atá sna háiteanna sin agus ní mar a chéile é agus leagan V, a bhfuil an t-eagrán seo bunaithe air. Is iad 29-32 na línte in B a fhreagraíonn do 25-8 in V agus cuireadh san eagrán seo iad de bhrí go bhfuil dúnadh an dána iontu, ní atá in easnamh ar V; níl 33-6 ach in V amháin. Níl aon údar curtha síos don dán in V, ach 'Captaen Piaras Feiritear cct. 1547' [*sic*] atá in B.

3.   *muna léige*, mura ligeann tú.
8.   *nach léig*, nach ligeann; *nach léig . . . as*, nach scaoileann slán gan a leonadh.
18, 19, 24. *ná faiceadh*, ná feiceadh.
26.   *cé shaoile*, cé go síleann tú.
27.   *folaighthear*, folaítear; *folaighthear leat*, cuirse i bhfolach.
28.   *ná déana* ná dein.

29–32. Más leor leat ar fhágais de dhaoine lag gan bhrí (má tá do dhóthain scriosta déanta agat), leag uait na hairm sin sula gcuirtear mise san uaigh (ded dheasca).
30. *sinn*, mise (iolra don uatha).
31. *rem ro-chlaoi*, 'om chloí thar fóir. (Tá cuma thruaillithe ar an líne seo.)
35–6. B'fhéidir gur (*H*)*usae* (*us* [sloinneadh]+*ae*) atá i gceist anseo. Bhí muintir Husae láidir i gCorca Dhuibhne tráth agus bhí Piaras Feiritéar mór le cuid acu; cf. dán 21. (B'fhéidir chomh maith gur *Ursula* (*ur* [an litir *u*]+*soil* [an litir *s*]) a hainm baistí, ach níl aon chinnteacht sa scéal.)
36. *dá mbeith*, dá mbeadh.

Malairtí: 2 fear(r)de LSS 3 an tarm sin V na hairm sin B 4 band ÷ e don rí V bannighe dairighthe B 5 an tarm V 7 bhraigh V bhrághaid B 8 nár B 11 mín] ríghin B 13 féin] acht B giodh V 14 dar fós acht B giodh úr V 15 do lot gach naon dá bhfacuidh iad B 16 fear V fearadh dhuit sgiath ┐ gai B 17 foilig orm hocht B 18 nách faicthear fós do thaobh geal B 21 foilig orm do rosg ríghin B do] an V 22 riamh] díobh B 23 dúin V 24 feiceadh aon do dhéid gheal B 31 ream ró chlaoídh B.

23

Foinsí: 23 N 12, 49 (18ú haois); 23 E 15, 276 (1810). (Tá téacs 23 N 12 ábhar doléite, ach is cóip de atá in 23 E 15.)

Meadaracht: deibhí; uaim in easnamh ar 2–3 agus siolla in easnamh ar 19; comhardadh lochtach idir 35–6 agus 39–40; rinn agus ardrinn lochtach in 37–8.

In eagar cheana, Ua Duinnín (1903, 1934) uimh. vi.
Fágadh trí rann ar lár anseo idir línte 28 agus 29 de bharr iad a bheith doiléir dothuigthe. Níl ainm Eóin Uí Challanáin tabhartha in N ná E; in M 3, lch 107, i Má Nuad amháin atá sé (Mícheál Óg Ó Longáin, scríobhaí E, a scríobh an chóip sin leis).

1. *a Eóghain.* Dhá ainm ar leith is ea Eóin agus Eóghan ó cheart, ach tá Eóghan á úsáid anseo agus i líne 6 de bhrí go dteastaíonn dhá shiolla do réir na meadarachta—féach líne 40, mar a dteastaíonn an fhoirm cheart d'ainm an té atá i gceist anseo.
4. *ina rabhmairne*, ina rabhamarne (=ina rabhas-sa; iolra don uatha).
6. *ó chlos th'éaga.* Ní foláir nó bhí ráfla ann go raibh Eóin marbh.
9. *Athar*, ginideach tuarascála; cf. *Muire Mháthar, an tiarna easpaig*, etc.
12. nach ag gol id dhiaidh atáim.
15. *ní mheall*, ní mheallann.

24.   Is dócha go raibh gaol ag an bhfile le hEóin ó thaobh a mháthar;
       cf. líne 39.
       meise, mise.
28.   *dar libh*, dar leat (iolra don uatha). Ní mar seo atá sna lámh-
       scríbhinní; féach malairtí.
       dar le duine gurbh ionann leis do bhás-sa agus a bhás féin.
29-32. Dá mba dhochtúir gach duine in Éirinn, fiú amháin, agus go
       dtabharfá-sa freagra orthu, fútsa a fágfaí poncanna léinn agus
       eagnaíochta a mhúscailt (agus a réiteach).
29.   *gémadh*, cé go mba.
32.   *lat*, leat.
33-6. Fuairis, mar ba cheart, céim ard i measc dochtúirí na hÉireann;
       mhol sárúdair an chraobh duit.
37.   *do tharla-sa*, tharla mise.
38.   *mo chrádhsa*, an crá a dhein ráfla do bháis dom.
39.   *is dem fhuil*, a bhfuil gaol agat liom; cf. an nóta ar líne 24.

Malairtí: 4 iona rabamuir   5 mé] meise   7 tromshluagh   8 ghil ghníomh-
ach   13 aoinneach   15 eile   19 fhoile] feile   24 ní mac   25 aoinneach
26 fós   27 ní luidh   28 is da leath do bhas dá bháisin (?)   [*An bhun-
scríbhinn doiléir de bharr ceartú a deineadh uirthi.*]   29 nduine   33 Banba
36 adhadhoigh   37 riot   40 Eógain.

24

Foinsí: LN G 433, 168 (18ú haois); Leabhar Dearg Chlainne Raghnaill
(C) (18ú haois) [an téacs i gcló ag A. Cameron, *Reliquiae celticae* II
(Inverness 1894) 289-90]; RIA 3 B 9, 285 (1810-14). (Trí chóip eile ann
ó Mhícheál Óg Ó Longáin, scríobhaí 3 B 9.)

Meadaracht: rannaíocht mhór; uaim in easnamh ar 44.

In eagar cheana, Ua Duinnín (1903) uimh. xiii, (1934) uimh. xi;
Dánta grádha (1926) uimh. 66.

Piaras Feiritéar an t-údar in G agus B etc.; 'don mhnaoi chéadna'
[Meig Ruiséil] a chum sé é do réir B. 'Cathal' [Mac Muireadhaigh] an
t-údar atá curtha síos don dán i Leabhar Dearg Chlainne Raghnaill;
línte 1-8, 17-20, 13-16, 21-4, 45-8, amháin atá sa chóip sin.

3.   *ní bhí*, ní bhíonn.
4.   *nach fóir*, nach fóireann (nach leigheasann).
6.   *'nar mbun*, inár mbun, ag gabháil dom (iolra don uatha).
7.   *do-chóidh is-teagh*, do chuaidh isteach.
8.   *ler dóigh mo dhul*, lenar dóigh (dócha) mo bhás.
11-12. chuireas im long (im chroí) oiread agus a líonfadh í (de ghrá); ní
       leor liom grá srianta (teoranta).
       sinn . . . linn, iolra don uatha.

14.   *le mbeirthear*, lena mbeirtear; *ar*, ár (=mo; iolra don uatha); *le mbeirthear ar mbuaidh*, a bheireann bua orm (a chloíonn mé).
15.   *tug soin*, thug sin; *ar*, ár (=mo; iolra don uatha).
       D'fhág sin mé 'om chaitheamh go cnámh (ag an ngalar seo an ghrá).
20.   *is-toigh*, istigh.
23.   *dúin*, dúinn (=dom; iolra don uatha).
24.   *dár*, dom (iolra don uatha).
29.   *is*, foirm choibhneasta láithreach na copaile.
30.   *tug*, thug.
34.   =?
38.   *uam*, uaim.
39–40. *sinn . . . linn*, mé . . . liom (iolra don uatha).
46.   *lé*, léi.

Malairtí: 1 teacht LSS   2 c(h)ar GB chur C   3 ní hé C   11 sin LSS   12 lín G   13 tseirce C tríom GB   15 sníomh GB   17 mile faobhar C   19 ní fhéidir teacht saor C   20 sneimh on toil san taobh C   22 chor G cioth fa fuil da chur C   24 gar faguil C dar bhfághain G   28 ndealbhaim LSS   33 muaidhe LSS   34 gar LSS   ghuaill*ibh* G   37 maigheadh G mallann B   39 sin LSS   40 lín G   44 óir LSS   47 coimhdhe LSS   ga cor C.

25

Foinsí: RIA 23 E 16, 34 (1797-1800); 3 B 9, 297 (1810-14); Cambridge University Library Add. 4182 (C), 62 (1825) [an téacs i gcló ag G. Ó Catháin, *Irisleabhar na Gaedhilge* 14 (1905) 756]. (Cúig chóip ar fad ar eolas, ach ba é Mícheál Óg Ó Longáin nó daoine muinteartha leis a scríobh iad go léir.)

Meadaracht: séanna (scaoilte); siolla in easnamh ar 9 agus 17, agus ceann d'iomarca in 16, mura dtógtar *righin* ina fhocal aonsiollach; aicill in easnamh idir 15 agus 16.

   In eagar cheana, *Dánta grádha* (1926) uimh. 24; Ua Duinnín, *Dánta Phiarais Feiritéir* (1934) uimh. xvii.
   RIA 3 B 9 an t-aon lámhscríbhinn ina bhfuil an dán seo curtha i leith Phiarais Feiritéir agus is é a theideal ansiúd ná 'An fear ceadna [*sc.* Captaen Piaras Feiritéar] chuim na mná céadna' [*sc.* Meig Ruiséil]; 'n'fheadar cia chan na rainnse' an cheannscríbhinn in 23 E 16; gan aon ainm údair leis atá sé i dtrí cinn eile de chóipeanna; agus Cearbhall Ó Dálaigh an t-údar do réir M 2, 213, i Má Nuad—é sin go léir ar shon gurbh iad an dream céanna a scríobh na cóipeanna ar fad.

2.   níor thuigeas é go ceann i bhfad.
3.   *ní bhiad*, ní bheidh mé.
5, 9. *tugas*, thugas.

9.   *gion go n-admhaim*, cé nach n-admhaím.
17. *romhainn*, romham (iolra don uatha); *roimhe* atá sna lámhscríbhinní.
19. *ní bhfuil, ní bhiaidh*, níl, ní bheidh.
20. *ghoid*, a ghoid.

Malairtí: 1 foilig EB folaigh C   4 foilig EB   6 cochallach LSS   7 dá rosg gorm [*sic*] LSS   8 tais] gheal B   14 sgamal(l)ach EC sgamaladh B   15 dá troighthe slimcheart trácht(h)ana LSS   16 tais BC   17 roimhe LSS.

26

Foinsí: TCD H.2.5, 340 (1712); BM Eg. 133, 76 (*c.* 1720); Má Nuad B 6, 10 (18ú haois?); RIA 23 N 11, 134, agus 23 N 15, 213 (1740-61) [dhá chuid den téacs céanna]; 23 B 38 (B₁), 68 (1778-9); 23 L 13, 42 (1782). (Suas le fiche cóip ar fad le fáil.)

Meadaracht: caoineadh; gan ach trí chéim i gcuid de na líne (e.g. 14, 24, 30). Ochtfhoclach i línte 121-8:

í ú / a / í ú / a // í ú / a / ó.

Foghar /a/ i siollaí tosaigh na bhfocal *againn* (18), *agamsa* (27), *adhbhar* (27), *chaitín* (60), agus sa dara *ar* in 43.
Foghar /é/ sna focail *daonnacht* (16), *n-aos* (21), *gaol* (86), *Aonmhac* (91), *maothchás* (101), *claochlá* (104), *éirgheas* (106), *saoghail* (108), *aon* (111).
Foghar /í/ sna focail *grinn* (10), *Gaill* (51), *toinn* (52), *tinn* (61), *Chuinn* (62, 66), *gclainn* (64), *chuimhne* (66), *tsinsir* (77), *suim* (78), *laghdú* (121), *gheimhliú* (123), *foilsiú* (124), *dhroim* (126), *maothú* (128).
Foghar /ú/ in *fonn* (57) agus *tonn* (126).
Foghar /ó/ i siolla leathdheiridh gach líne (ach amháin i gcorrlínte an cheangail).
Foghar /ai/ in *leigheas* (6), *adhnadh* (6), *teadhma* (8), *treighde* (8), *cainteach* (56), *sainteach* (56), *naimhead* (75), *chaill* (75), *sainte* (84), *caillte* (84).
Foghar /ou/ in *mheabhair* (4), *ghreann*(4), *teann* (32), *nGall* (32), *scannradh* (35), *clann* (35), *ceall* (82), *feall* (82), *bhfann* (83), *chabhair* (83), *eangsa* (89), *teann* (89), *leabhair* (90), *nGallsa* (90).
Dhá shiolla atá in *adhbhar* (27), *beó againn* (29), *Eóghain* (37, 62), *bheódhacht* (38), *bhfómhar* (43), *leóghan* (53), *sádhail* (54), *leó againn* (59), *oghaim* (70), *gcomhfhocal* (71), *cómhaill* (78), *Óighe* (91), *thóbhacht* (95), *saoghail* (108), *rófhada* (108); trí shiolla in *marbhadh* (37).
Béim ar shiollaí tosaigh *againn* (18) agus *agamsa* (27).

In eagar cheana, P. S. Dinneen (P. Ua Duinnín), *Dánta Aodhagáin Uí Rathaille* eag. 1 (ITS III, 1900) uimh. xxxiv, *Dánta Phiarais Feiritéir* (1903, 1934) uimh. ii.

Níl aon údar luaite leis an dán seo in H ná B₁, ná ní raibh in L ar dtúis, go dtí gur ghabh an scríobhaí (Peadar Ó Conaill) tríd an gcóip sin arís, á ceartú, nuair a chuir sé ainm Phiarais Feiritéir léi; as N a baineadh an cheannscríbhinn atá anseo againn. Mar seo atá in E: 'Séafra Ó Donnchadha cct.; cuid eile adeir gurb é Seán an Fhíona .i. Ó Conchubhair Carraige Phoill do chum é' (an fear céanna, Diarmaid Ó Conchubhair, a scríobh

H agus E; difríd thall agus abhus, áfach). 'An fear céanna' [Séafraidh Ó Donnchadha?] a chum é do réir B. Maidir le cóipeanna nach bhfuil áirithe anseo againn, leanann lámhscríbhinní an Chláir L agus lámhscríbhinní Chorcaí N, don chuid is mó; ní cosúil go bhfuil aon chóip ó Chiarraí ar marthain.

'Cumha caointe air Éirinn, 1692' tuairisc an dána seo in RIA 23 C 8, 38, ach ós rud é gur chuir scríobhaí na lámhscríbhinne sin (Mícheál Óg Ó Longáin) an dáta 1693 le *Mo lá leóin lem ló go n-éagad*, a cumadh *c.* 1658, beagán leathanach ina dhiaidh sin agus gur ó 23 N 15 don téacs atá aige do réir dealraimh, ní gá aon cheann a thógaint den mhéid sin. Is mó an dealramh atá aige leis na dánta a cumadh ar chás na hÉireann aimsir Chromail (féach C. O'Rahilly, *Five seventeenth-century political poems*, Dublin 1952).

Tá 109-110 idir 104 agus 105 in E agus dhá líne eile ('Fuair an daonnacht céim is dóigh liom / cúrsaí crá is báis go deó dhamh') ina n-ionad; 118-19 in easnamh ar an gcóip seo leis. Líne 9 in easnamh ar B agus líne eile (''s an t-iarmhar mhaireas ag Gallaibh dá leónadh') i ndiaidh 12 inti; 30 roimh 19 sa chóip seo chomh maith agus ceangal eagsúil ('an tslat cheangail') leis an dán inti:

A Rí na n-aingeal 's a phearsa na Tríonóide,
trínár gceanaibh do greadadh 's a chroí beó i gcrois,
díon ár n-anam ar mheabhal an Mhillteóra
is díol ar Ghallaibh na bearta ' níd oirne.

Línte 19-20, 67-8, in easnamh ar N agus 100 idir 96 agus 97 inti; línte 5-8, 57-60, 105-8, agus an ceangal in easnamh ar B; 58-9, 105-8, in easnamh ar L, agus is sa cheartú a cuireadh 5-8 agus an ceangal léi; an ceangal in easnamh ar H agus E leis.

1. *do chuala*, chuala mé.
20. níl aon duine dá aoirde (dá mhórdhacht) i mbun an mhaith a dhéanamh.
21. *créad do-ghéanaid*, cad a dhéanfaid (an briathar san iolra bíodh gur focal san uimhir uatha *aos*).
29, 44, 99. *dá mbeith*, dá mbeadh.
30. *do thréigeadh tóra*, nach leomhfadh aon bhuíon a leanúint (fiú amháin tar éis dó a gcreach a thógáil).
31. *do róchur*, a chur (a throid) le fuinneamh.
32, 39, 41-3. *bhiadh*, bheadh.
35. *ler*, lenar.
63. *Suas . . . ag luí le*, ag luí suas le.
63-4. *ag luí le deóraibh . . . pósta*. Téama coitianta ag na filí é gurb amhlaidh a thréig Éire a céile dlistineach agus a clann, gur ghabh sí le heachtrannaigh.
71. *fáidh foirtil na gcomhfhocal*. Tagairt é seo do Theagasca Chormaic, comhairle adeirtear a chuir Cormac le chéile dá mhac, Cairbre Lifeachair.
98. ag tabhairt breis dóchais dúinn go léir.
112. *noch do-bhéaradh*, a thabharfadh.

Malairtí: 1 Do chualas B sgéala H gach] as E air N   2 do chuir] tug (?) N   3 dfág N leag B₁ léig L   7 athnuagadh E athnuadh *etc.* BNL   10 lagú] díothúghadh B   12 bhfearanna(ibh) cearta B₁L   13 an sgéal EBN féidir NB₁L fhol(l)ong BN   14 ndíothadh do ríomha *etc.* EBN   15 fhéile] daon(n)acht HBB₁L léan EBN   16 daonnacht] fhéile HBB₁L   19 leanbhaibh BB₁L   20 mhórdha H móruibh B   21 dheanfud E dhéanfaidh B dhéanfadh N naosa B óga BNL   24 prusáil B preasáil L   25 gearán N m(h)aigne HEB buidhne L na sgeól EBN   27-8 ordaigh *agus* deónaigh *in áit a chéile* N   30 thréig(h)e BB₁ thréighidfeadh N   33 cár ghabh Art N ba char(r) don EB₁L   34 accomhlann NB₁L   39 thar cheart BN   42 reacht] ceart H feas E acht B₁L farródh aguinn B   43 ar] arbhar B   44 triathaibh BN   48 a cCluain Tarbh *etc.* EBN   49 tráth] tan HBB₁L   50 's an] do(n) HNL   52 nó láithir teorann N *líne* 12 *anseo arís in* HB₁L   53 (is) táid HEL   54 sádhail] sásta B sallbhrogmhar N   55 biadhmhar] bíadhtach E briathrach] biatach B₁L   58 bporuibh BL   59 ríghdeach H ríghtheach leosan E ríghdeach N ríghe reo L bhíos go caoin dár ndóithne B   60 súgradh chluithidhe an chuitín (chaitín) NL   61 len fhólang B   63 suas] í B siad (*ceartaithe go* suas) L noídhche HE   65 teach EBN   67 F(h)éidhlim(e) Lss 69 Eochaidh Art HB₁ achadh] cuid E priomhchuid B maigh N   72 fána onnchath N deóra] ghlórach B fórsa B₁L   75 namhad *etc.* Lss gall B   76 díoltas D(h)ia atá andiaigh *etc.* Lss *ach* N Dé tá ar Éirinn fhódghlais N   78 cómhal(l) B₁L   79 briste *etc.* HL   81 táire H   89 ad(t)órmach B₁L ag fóguirt N   90 láimh ghall san amso is núadh E   92 is cóir dho E   93 cás] bás N   96 reó san HEB₁ 97 ó ló Lss 98 dá ccur attuile N   99 go mbiadh E   100 sgan acht soinn untill HB₁ sgan ann acht til E until B is gan ann acht till further order do chairde ó ló go ló acu N   102 daorbháis N   104 eagla(dh) HB₁ (*agus ceartaithe go* eaglais *in* L) air shórduibh B₁   106 san eclips H san teiclips B is fé eclips ó eirge N   107 spéirthe N   108 ná(ch) Lss 111 ar mo chongus E   113 aon chomhachta B   114 tréinmhic B gile glóire B₁   116 sibhse is sinne BB₁L sibhse is mise N   117 (is) aitchim ENB₁ itchim B   124 ar neart óirne L.

27

Foinsí: RIA 23 M 23, 23 (1718-31); 24 C 39, 53 (18ú haois); 23 N 33, 375 (*c.* 1850).

Meadaracht: trí rainn agus amhrán. Rannaíocht bheag (aicleach) sna rainn agus an patrún seo san amhrán:

o / i / i / á / ua.

Má bháitear *ar* tar éis *-adh* (10) beidh seacht siolla i ngach líne; an guta /i/ atá in *oineach* (13) agus *chiotha* (15).

In eagar cheana, G. Murphy, *Éigse* 1 (1939) 1, agus C. Mhág Craith, *Dán na mBráthar* (1967) uimh. 68.

Tá na ceannscríbhinní seo ag dul leis an dán sna lámhscríbhinní: 'Upon Mr Patrick Durry's refusal to entertain Father Bonaventura Collyn the Provincial and Father Anthony Cullean Secretarius the said Father

Anthony extemporally bestowed this fellow a satire' (M); 'Ag seo mar dubhairt dís bráthar do ráinic chum tí fir de mhuintir Dhorrachaidh ag iarraidh caomhnadh air in aimsir pianbhrú na hEaglaise, acht do rinne doicheall rompu agus do dhíbir uaidh iad' (N); agus in C deirtear gurbh é an tAth. Gearailt Ó Cuileáin a chum é. Aon duine amháin iad, is cosúil, Antaine agus Gearailt Ó Cuileáin (Gearailt a ainm baistí). Bhí an tAth. Antaine Ó Cuileáin ina ghairdian i gcoinbhint na bProinsiasach i mBaile an Mhóta sa bhliain 1703 agus bhí an tAth. Bonaventura Ó Cuileáin ina phroibhínseach idir 1700 agus 1703. Thug an bheirt acu turas ar Phádraig Ó Dorchaí uair ag lorg dídin is d'eitigh sé iad. Ní fios go cruinn cérbh é an Pádraig Ó Dorchaí seo, ach deir an tAth. Mhág Craith go raibh duine den ainm is den sloinneadh sin ina chónaí i nGoirtín, Co. Mhaigh Eo, sa bhliain 1703.

2–3.   Tá imeartas focal ar siúl anseo ag an bhfile idir an sloinneadh *Ó Dorchaí* agus an aidiacht *dorcha*. Tá a fhios aige gur ón aidiacht a tháinig an sloinneadh.

5.   In ainneoin an fhéile a dhíbirt.

6.   tar éis a daoine a chailliúint (tar éis do na daoine a chleachtadh an fhéile bás a fháil).

10.   gan cleamhnas a dhiúltadh.

11.   *agad*, agat.

12.   ó thréig an fhéile tú; ó thug sí droim láimhe duit. Féach *Éigse* 1 (1939) 143-5, 223.

16.   *uaid*, uait.

Malairtí: 2 dho do CN   5 ar son] i nd(i)aigh CN   6 do challadh M do chaitheadh CN   7 í bheith CN a bheith M   10 do dhiultadh M a dhiultadh N   12 s do loisg MC   15 chithche *etc*. LSS id dháilse M do dháil N.

28

Foinsí: BM Eg. 187, 12 (1686); RIA 23 K 36, 201 (1704); TCD H.5.2, 79 (1721); H.5.18 (H₁), 4 (1736); agus cheithre lámhscríbhinn eile (ón 18ú agus ón 19ú haois) san RIA.

Meadaracht: rannaíocht mhór (aicleach) sna rainn, ach amháin in 37-40 mar a bhfuil rannaíocht bheag agus 45-8 mar a bhfuil meascán. Tá ocht siolla in 3, 13, 32, 34, 38, agus níl ach chúig shiolla in 31 agus sé shiolla in 25, 35. Tá an t-amhrán ceangail mírialta leis:

        49, 51-2 :   x / ia / ia / a
        50   :   é / é / é / a.

Foghar /a/ sa bhfocal *Connachta* (51).

In eagar cheana ag É. Ó Muirgheasa in *Amhráin Airt Mhic Chubhthaigh* II (eag. 2, Dún Dealgan 1926) 20-22 agus *Dánta diadha Uladh* (Baile Átha Cliath 1936) uimh. 28.

Sna ceannscríbhinní deirtear gurbh é Fear Dorcha Ó Meallaín a chum an 'marbhnaoi' seo 'ar (an) díbirt go Connacht'. Tagann na lámhscríbhinní luatha le chéile ar fad beagnach, ach tá malairt foirmeacha i lámhscríbhinn déanach, RIA 3 B 38, 191 (1846); is ar an lámhscríbhinn sin a bhunaigh Ó Muirgheasa a eagrán sin.

17.   *tuigthear libh*, tuigigí.
33.   *do-ghéantar*, a dhéanfar.
34.   *do-ghéabhaidh sibh*, gheobhaidh sibh.
37, 46, 47. *déanaidh, cuiridh, tugaidh*, briathra sa mhodh ordaitheach, 2ú iolra.

Malairtí: 8 ldón creidimh EK a ldhón a creidimh H a gcreideamh H_1 12 ag *om* LSS fána ndol HK   13 coimhneach libh H_1 15 a bhíos ann mur seilbh H_1 20 groid EKH   24 mar chaortha H_1 29 afuaradar KHH_1 a bhfuaradar ann mar lón E   31 inthil E mthil K   32 ag *om*. LSS   34 gach *om*. EHH_1 35 is tá LSS   38 bigce H_1 ag *om*. LSS.   52 go dian an maitheas E go dian H.

29

Foinsí: RIA 23 B 38, 150 (1778-9); 20 B 5 (B_1), 11 (19ú haois).

Meadaracht: rannaíocht mhór (aicleach). Níl ach sé shiolla i gcuid de na línte (12, 16) agus tá ocht siolla i gcuid eile acu (2, 11, 23, 28 etc.).

In eagar cheana, É. Ó Muirgheasa, *Dhá chéad de cheoltaibh Uladh* (Baile Átha Cliath 1934) uimh. 1.

Tá an nóta seo ar an dán in B: 'Being the composition of a Protestant minister, viz., Mr. Patrick Dungin, bred in the College of Dublin, who in the tyrannical time of Governement was banished out of his native soil, the County Downe to the Isle of Man by three Presbyterian ministers, viz., Hamilton, Loe, and Brown and being somewhat settled in Man among his other amusements he sung the above consoling Irish *dán* or poetical verses'; agus tá nóta mar é sa lámhscríbhinn eile. B'fhéidir nach é Ó Duincín a chum an dán seo, ámh. Leagtar dán eile ar Ó Duincín a deirtear a chum sé 'iar dteacht dó as Inis Manainn agus é i ngéibheann ann' in TCD H.4.19, 40.

5.   *triúr*, Hamilton, Ló is Brún, triúr ministir preispitéireach a bhí ina gcónaí i gCo. an Dúin ag an am (féach thuas).
12.   *bhíos*, a bheidh.
16.   diúltaím gabháil leo.
18.   *ní chongbhaid siad*, ní choinníonn (choimeádann) siad.
19.   *nó*, ná.
49, 51. *Sabhaoise, Ruiséalaigh*, dhá threibh Normannacha a lonnaigh i gCo. an Dúin san 12ú haois.
55.   *mur' bheith*, mura mbeadh.

Malairtí: 11 parlament na rígh B pairlimint an rígh B₁ 12 bhéas B bhéidheas B₁ 16 freithim LSS 34 grádh] gean LSS 37 mhic B 46 Ó Éinridhe B ó Eirídhe B₁.

30

Foinse: Leabharlann na bProinsiasach A 25, 122 (17ú haois).

Meadaracht: ochtfhoclach:

x / ó / x / ó // x / ó / x / é.

In eagar cheana, C. Mhág Craith, *An Sagart* Earrach 1958, 4.
Is léir nach bhfuil iomlán an dáin anseo againn, ach níl aon chóip eile de le fáil.

15.   '*ní treóir*, a thugann treoir.
18.   ar neamh (*san*, isteach san).

Malairtí: 1 innir og   3 mór   4 m(h?)athar   8 an seord sgeala dead 10 diomchair a móid   14 nó   16 réidhis . . . gein   18 san ccathruidh amor fhairsinn.

31

Foinse: Rouen, Labharlann na Cathrach, LS 1678, 63 (17ú haois) [an téacs i gcló ag J. Vendryes, *Revue Celtique* 45 (1928) 301-2].

Meadaracht: amhrán:

í / í / a / ua.
Foghar /í/ atá sa bhfocal *braon* (7).

In eagar cheana, T. Ó Rathile, *Búrdúin bheaga* (Dublin etc. 1925) uimh. 38 (ó lámhscríbhinní eile).
Tá na véarsaí seo (i measc véarsaí eile) an-choitianta i lámhscríbhinní ón 18ú agus ón 19ú haois agus leagtar go minic ar Chathal Buí Mac Giolla Ghunna iad. Is léir, ámh, ar dháta na lámhscríbhinne seo nach é a chum iad.

2.   *tug*, a thug.
8.   *do chloífeas*, a chloífidh.

Malairtí: 1 spiorad naomh   6 smuaintighthe   7 broén on spiorad naóimh 8 le] re.

32

Foinsí: RIA 24 P 29, 355 (1789); 3 B 38, 175 (1854).

Meadaracht: trí rainn agus amhrán; rannaíocht mhór (aicleach) sna rainn agus an patrún seo san amhrán:
ó / ó / a / i.

Béim ar shiolla tosaigh an fhocail *agad* (16); foghar /ó/ sna focail *mhodhmhar* (13), *mór* (15), *mhodha-sa* (15); foghar /i/ i bhfocail deiridh línte 13-16.

In eagar cheana, É. Ó Tuathail, *Rainn agus amhráin* (Baile Átha Cliath etc. 1923) uimh. 31, agus T. Ó Rathile, *Dánta grádha* (1926) uimh. 12. Níor glacadh anseo leis an leasú a chuir an Rathileach i bhfeidhm ar líne 7 toisc gan údarás lámhscríbhinne a bheith leis.

4. *ní bhia,* ní bheidh.
10. *do bheith,* a bheadh.
15. Is mór an meas a bhíonn ort nuair a bhíonn do bhéasa á luadh.
16. *biaidh sí agad,* beidh sí agat.

Malairtí: 15 do mhosa P   do bheasa B.

33

Foinsí: BM Add. 40766, 79 (17ú haois); RIA F v 3, 22 (1788); leabharlann na bProinsiasach A 33 (A₁), 112 (18ú haois); LN G 200, 314 (19ú haois).

Meadaracht: deibhí i línte 1-16 agus rannaíocht bheag (aicleach) in 17-20. An patrún seo san amhrán ceangail:
á / o / o / ia / á (23 mírialta).

Ní mar a chéile líon ná ord na rann sna lámhscríbhinní go léir agus is iad A agus G a leanadh anseo. Tá 13-16 roimh 9-12 in G; tá 5-8 ar lár in F agus 23 roimh 22 inti; 13-16, 1-4, 17-20, atá in A agus an rann breise seo leo nach bhfuil in aon lámhscríbhinn eile:

Scéal fhir an éada go donaidhe:
dá bhfaiceadh sé carr ar choinín
níor dhócha é gan áine
do dhéanamh gáire nó gol tríd.

2. *bhíos,* a bhíonn.
11. *beiridh,* beireann sé.
20. ar eagla go n-imeodh sí uaidh.
23. *ní dhamh codladh,* ní codladh dom.

Malairtí: 4 eadra phiasda F iasguibh A₁ 9 ní chodhlann an cú luath alla F
12 eadra dhaoine F 13 míol na mang AG an míol buidhe A₁ a míolin
síth F 14 gidh ádhbhol éadtrom baruidhe A₁ 15 gadhair faoina F
deagla an fhia do bheith san ngleann A₁ 16 maidin ghréine A₁ luib
cladha F 18 fana cead eun F déis a céad searc A₁ 22 bfhearr dhamh
. . .san ngrádh F sa ghrádh G 23 go de ni maith dhamh colladh collamh
F.

34

Foinsí: RIA 24 P 9, 145 (*c.* 1651); TCD H.5.28, 164 (1679); LN G 137, 80
(1736); RIA 23 L 32, 29 (1717); 23 M 46, 15 (18ú haois); 23 N 32, 123
(1829-31); 23 E 12, 165 (1846); 24 B 33, 446 (19ú haois); Ollscoil Dhún
Éideann Db.7.1 (D), 386 (1841-4).

Meadaracht: amhrán:

1-28 : a / é / é / a ú
29-32 : a / a / a / a / é í ou.

Foghar /a/ sna focail déshiollacha *leabhair* (7), *gabhaid* (15), *ghabhas* (17),
agus in *leabhra* (31); foghar /é/ in *aon* (1), *mhaordha* (2), *aobhdha* (3),
shaor (3), *claon* (5), *craobhach* (5), *faon-* (6), *laobhdha* (7), *caomh-* (8), *iad*
(9), *caol* (11), *taobh* (11), *aosmhar* (18), *naomh* (22), *dhaor* (26), *aol-* (31);
foghar /ú/ in *chugamsa* (19), sa dara siolla de *gealbhan* (24) agus in *-uaimh*
(22); foghar /ou/ i siollaí deiridh línte 29-32.

In eagar cheana ag E. Mac Giolla Eáin, *Dánta, amhráin is caointe
Sheathrúin Céitinn* (Baile Átha Cliath 1900) uimh. iv, agus in *The Shamrock*
30 March 1872.

In D deirtear gurbh é Tomás [Mac Gearailt], séú hIarla Deasmhumhan,
a chum an t-amhrán seo do Chaitríona Nic Cormaic timpeall na bliana
1400, agus in N leagtar ar Shéathrún Céitinn é. Ní dócha gurbh é a
chum é, ámh.

An chéad véarsa amháin atá in P agus níl ach sé véarsa (1-20, 24-8) in
HGLM.

Is sna lámhscríbhinní déanacha amháin atá an séú véarsa (ENBD) agus
an ceangal (NED), ach glacadh leo san eagrán seo, toisc go gcuirid le
haontas agus le substaint an amhráin. Tagann 17-20 roimh 13-16 in HGD
agus malartaíonn 17-20 le 21-4 in N.

16. Meallfaidh sí ar theip ar Vénus a mhealladh.
23. *vearsaí,* véarsaí.
27-8. Nach deas di, ag teacht chun an créacht a dhearg sí féin a chneasú?
32. Ní thugaim cead do fhearaibh Breatain, do Ghaeil, ná do Ghaill í
a bheith acu.

Malairtí: 20 gan cathú nirt N ionann dúinn é ní ghéillfidh an bhean úd
damh BED 28 athmhultach HGM athúmh(a)lta NEB.

35

Foinsí: TCD H.2.6, 30 (1716); Coláiste Ollscoile Bhaile Átha Cliath M 8, 128 (1733); BM Eg. 172, 51 (1759); Eg. 127 (E₁), 27 (1775); RIA F v 3, 206 (1778); 24 B 7, 19 (19ú haois); Manchester, John Rylands Library, LS Ghaeilge 72, 23 (19ú haois).

Meadaracht: amhrán:

a / a / o ú.

Foghar /a/ sa bhfocal *samhailt* (dhá shiolla; 7); foghar /o/ sna focail dhéshiollacha *rogha* (17), *fhoghail* (19, 36), *foghar* (20) agus in *gcomh-* (1) agus *ordú* (33); foghar /ú/ sa dara siolla de na focail *ghoideabhairse* (4), *scothchnuasach* (11), agus sna focail *nua* (22), *shnua* (27), *luaisc* (31); béim ar shiolla tosaigh an fhocail *agaibhse* (32).

Tagann 25-8 roimh 21-4 in FBE agus 9-12 roimh 5-8 in H agus tá 17-20 ar lár in M agus E (an duine céanna a scríobh an dá lámhscríbhinn sin).

3.　　*ribh*, libh (=leat; iolra don uatha).
4.　　*ar ghoideabhairse*, ar ghoid sibhse.
13-16.　Tagairt é seo dá fiacla, ar geall le clocha luachmhara iad ina seasamh ina béal. Deir an file gur mó fós an díoltas a bhainfear di as iad seo a ghoid ón bhfear san Aifric a chuir i bhfolach iad.
17.　　*linn*, liom (iolra don uatha).
21.　　*taoi*, foirm a úsáidtear uaireanta in áit *tá*.
21-2.　Is leis an sneachta atá ar na hAlpaibh is cosúla do chíocha atá ag fás ar t'ucht.
29.　　*do channarc*, chonnaic mé.
30.　　*annam*, ionnam.
32.　　*gion go gcadail*, bíodh nach gcodlaíonn.
33.　　*faghthar*, faightear.
34.　　*is gach*, ins gach.

Malairtí: 7 choireadh ME　chorruidhe H　chorrughadh F　10 sgoth-chnúisge FBE₁　12 blaisdion FBE₁　do bhruth meala M　do bhrugh meala E　gan dóigh dhiúltadh H　28 do shochair ghnúis ghil E₁　do shochair ghnúise LSS *eile*　29 na chosair chruibe H　na cosgar chrúdhubh B　31 ni he an danus don bhodar luisg sin FEBE₁　ni headh an donus don bhodarlúisgne M　ní don donas ar bhadar luisg H.

36

Foinsí: TCD H.5.18, 165 (1679); BM Eg. 118, 56 (19ú haois).

Meadaracht: amhrán:

a / a / a / é / í.

Focail dhéshiollacha iad *gabhadh* (1), *leabhair* (5), *reamhar* (6), *sleamhain* (8), *m'amharc* (18), agus an guta /a/ sa siolla tosaigh díobh agus in *d(h)amh* (4, 11); foghar /é/ sna focail *faon* (5), *caol* (6), *caor* (7), *taobh* (8), *caomh* (9), *laoch* (10), *chraobh-* (19).

In eagar cheana, M. Mhac an tSaoi, *Celtica* 1 (1946) 155-6.

17. más cuma leat mo chás.
18. *déanam*, déanaimis.
19-20. cuir i leataobh áilleacht do ghruaige agus na hairm ghaisce atá mar thaca tréan agat chun mé a chloí.

Malairtí: 11 budh LSS 13 séaguinn H seanguinn E 18 dénuim LSS 19 taisce LSS.

37

Foinsí: LN G 114, 162 (1703); G 429 (G), 42 (1722); Manchester, John Rylands Library, LS Ghaeilge 93 (M), 46 (1736); Má Nuad R 76, 166 (1766-70); LN G 430 (G$_1$), 97 (18ú haois). (Na ceithre véarsa deiridh stractha amach beagnach go hiomlán as G 114, ach is cosúil gurbh as an lámhscríbhinn sin a baineadh téacs G 429. Os cionn fiche cóip ar fad le fail.)

Meadaracht: amhrán:

    1-4 : ú / o / o / í
    5-28 : ochtfhoclach breachtach, e.g.

      5-6 : ai / ú / ai / ú // ai / ú / á
      7-8 : a / a / a / a // a / a / á
      9-10 : é / i / é / i // é / i / á
      11-12 : i / ou / i / ou // i / ou / á
    29-48 : á / *i / *i / í ú
    49-52 : i / *i / í / ou.

Foghar /a/ sa bhfocal *gcabhair* (8).
Foghar /i/ sna focail *ghloin* (9), *oilc* (10, 46), *glaine* (27), *cionta* (32), *me* (33), *goil* (39), *n-íocht* (39), *duibhe* (41), *ghlain* (45), *ionmhain* (50), *chlainne* (52).
Foghar /o/ in *foirceadal* (1), *tosach* (3), *thoile* (4), *bhoicht* (15), *coisc* (16).
Foghar /é/ in *d'aonscrios* (10).
Foghar /í/ in *thuill* (17), *choill* (47).
Foghar /ú/ in *chonnradh* (1), *tionscnaim* (3), *lonnradh* (4), *lonnrach* (19), *riom* (20), *iontu* (31), *lonnraigh* (41), *ionnradh* (51), *gciontaibh* (52).
Foghair /í ú/ in *chuibhriú-sa* (30), *gcruinnchuntas* (32), *chríonurlaigh* (36), *bhfoilsiúghadh* (40), *gcraoibhiomdha* (42), *mhíchumtha* (43).
Foghar /ai/ in *adhraim* (1), *thaibhse* (1), *mhaighre* (2), *mhaighdean* (23), *dheimhnigh* (23), *radharc* (24).
Foghar /ou/ in *chlann* (11), *ceann* (12), *gcrann* (49), *dall* (50), *fann* (51), *ghann* (52).
Dhá shiolla sna focail *gcabhair* (8), *Ádhaimh* (10), *báidheach* (33), *duibhe* (41), *turas* (51); trí shiolla sna focail *ionaghair* (25) agus *bhfoilsiúghadh* (40); béim ar shiolla tosaigh an fhocail *tosach* (3).

In eagar cheana, Mac Erlean I (1910) uimh. iv.

1–2.   Ós cíos cóir orainn do réir choinníollacha an scrioptúir [Seanráite iii.9] tosach gach tabhartais dá bhfaighimid a bhronnadh ar an Té óna dtagann siad ina dtuilte de shíor. . . .

8.   *dár gcabhair*, chun cabhrú linn.

9.   *mar ghréin tré ghloin.* Maidir leis an samhlaoid seo, cf. L. McKenna, *Dán Dé* (Dublin [1922]) xv. *do léimeadh libh*, léimis (iolra an ómóis).

13.   *chuireas*, a chuireann.

28.   *ní thiocfa*, ní thiocfaidh.

30.   a dhoirt [do chuid fola] ar an gcrois agus gan aon choir a bheith déanta agat, d'fhonn mise a shnadhmadh leat féin.

31.   *a dtugais*, ar thugais.

34.   *tug*, a thug; *i mbráithreas tug re duine*, a d'aontaigh [Críost] i gceangal le nádúr an duine (mar phearsa den chine daonna).

35–6.   An ruathar a thug Críost ar ifreann tar éis aiséirí dó; cf. líne 51.

38.   an lá sular chuaidh sé chun an tÁirseoir a scrios.

39.   bíodh gur cúis ghoil dúinn (le cómbáidh) na nithe faoi deara ar dtús iad. . . .

41.   chloídh dorchadas solas na gréine.

42.   *an gcruinne gcraoibhiomdha*, tuiseal cuspóireach.

46.   ná cuimhnigh ar mo dhrochghníomhartha ná ar a dtuilleann siad (de phíonós). *a ndearna*, a ndearna mé,

47–8.   cneasaigh mo chréachta ar son Chríost (an coll cumhra) agus Mhuire (máthair nirt . . .).

50.   *an dall*, an saighdiúir a chuir a shlea i gcliabh Chríost ar an gcrois; seanchas coiteann in Éirinn é gurbh fhear dall é.

51.   Féach an nóta ar línte 35-6.

Malairtí: 3 et mo ghníomh uile *mar bhreis* (*malairt leagain*) *san imeall in* G 114   4 mola G₁   13 na ccuan M   22 fuineadh G₁ 25 dionaghair G₁ 27 gloine] gile M   30 dár saoirsiúghadhna G₁   42 an] na G an chruinne chraoibhiomdha G₁M   44 chúngcais R   ifearnn G ifrinn LSS *eile.*

38

Foinsí: lámhscríbhinn i leabharlann an Royal Dublin Society (R), lch 32 (1762); RIA 23 N 15, 202 (18ú haois). (Deich gcóip eile le fáil, ach dealraíonn sé gur ó 23 N 15 a chineadar.)

Meadaracht: ae freislí (an-scaoilte); siolla d'iomarca i línte 9, 15. Amhrán atá i línte 17-20:

ua / a / a / ua ú.

Foghar /a/ sa bhfocal *labhartha* (trí shiolla; 17); foghar /ú/ sa bhfocal *-phrionta* (19).

In eagar cheana, Mac Erlean I (1910) uimh. xiii; línte 13-16 in eagar leo féin ag T. F. O'Rahilly, *Dánfhocail* (Dublin 1921) uimh. 36.

1, 5   *nach fuil,* nach bhfuil.

1-4.   Is trua nach tuata me, cé nach bhfuil tuataí le moladh, mar ansin d'fhéadfainn bheith istigh le daoine gan léann gan tabhairt suas.

10.   dhíolfainn an suairceas (an fhoghlaim) leis.

11.   *do-bhéarainn,* thabharfainn.

13-14. Ós rud é gur mó an meas a bhíonn ar fhear de bharr éadaí galánta a bheith air ná de bharr a fheabhas a bheadh sé de dhuine. . . .

Malairtí: 1 *agus* 5 Is mairg ᴌss   1 ná fuil R   4 daoine R   6 edraibh R 7 chugaibh R   9 bhfághair R   14 de chionn] ó N   15 mo thruagh ᴌss le] re N   16 anium R umam N   17 búir ghiústa N   18 aitios na labhairt N 20 le] re N.

39

Foinsí: RIA 23 L 37, 151 (1708/9); Má Nuad M 95, 103 (1754-5). (Cóip is aosta ná iad sin in RIA 23 M 34, 611 (1707), ach í a bheith stractha agus doiléir; 15 chóip eile ann chomh maith.)

Meadaracht: amhrán:

                  1-72 : a / a / a / é
                  73-84 : é / ú ú / í / á.

Foghar /a/ sna focail *labhrainn* (11), *damh* (13, 23), *mbainfeadh* (16), *ghabhainn* (17), *d'fheabhas* (21), *air* (21), *raibh* (23), *amhail* (28), *deatach* (28), *bail* (32), *fhaiceann* (39), *thaise* (39), *caise* (44), *sleamhain* (47), *treabhadh* (49), *labhartha* (53), *gabhaid* (62), *thabhairt* (62), *chabhair* (69).
Foghar /é/ sna focail *saoghalta* (1), *ceirde* (27), *caomhdhroinge* (35), *aonduine* (61).
Foghar /í/ in *Choimdhe* (74), *dtoinn* (75), *thuill* (82).
Foghar /ú/ in *uird* (74), *ionraic* (74), *tiomsaithe* (75), *phionsa* (76), *fhionn* (77), *bhfonn* (78), *Fiontain* (78), *ciontach* (80), *d'iompaigh* (81), *iomchar* (83), *mh'iontrast* (84).
Dhá shiolla sna focail *ghabhainn* (17), *amhail* (28), *sleamhain* (47), *treabhadh* (49), *gabhaid* (62), *thabhairt* (62), *chabhair* (69); trí shiolla sna focail *saoghalta* (1), *labhrainn* (11), *léighimse* (26), *gheallamhain* (40), *labhartha* (53), *baramhail* (55), *léighimse* (63); béim ar shiollaí tosaigh na bhfocal *bhanaltra* (14), *deatach* (28), *marcach* (36), *earrach* (67), *teaspach* (67).

In eagar cheana, Mac Erlean II (1915) uimh. vii.

As M a baineadh an cheannscríbhinn; ceann Béarla atá in L: 'Composed on his own worldly reducement'. Na focail 'Dáibhí Ó Bruadair, Satharn Cásca Anno Domini 1674' i ndiaidh an dána in L.

2.   *sul ndeacha,* sula ndeachaidh; *sul ndeacha in éagantacht,* sular chuaidh dá chéill, mar gurb ionann do dhuine bheith bocht agus meas amadáin a bheith air.

8. *scaipeadh*, an t-ainm briathartha; *ghreanas géarthuigsin*, atá greanta le géarthuiscint (*géarthuigsin* ainmní na habairte).
13. *do bheannachadh*, bheannaíodh.
16. ba dheacair leo mé a eiteach.
19. comhrá muinteartha grách a bhíodh againn lena chéile.
21-4. San am sin, de bharr a raibh de staidéar déanta agam, bhí anghreim agam ar chúrsaí léinn agus tuisceana; níor tuigeadh dom go raibh cuid ba thábhachtaí den bhféile ná maoin an tsaoil a scaipeadh go rábach i measc na haicme seo.
27. *mo theastas ceirde is croidh*, an teist a bhí orm i gcúrsaí filíochta agus i saibhreas.
29. *go bhfaca*, go bhfaca mé.
30. idir mé agus iad.
31. *is mhe*, agus mé.
39. *ní fhaiceann*, ní fheiceann.
40. *dar gheallamhain*, arbh é a geallúint.
42. agus nach ar an lag a dhíríos faobhar mo dhánta riamh.
44. *an caise thar ais*, an freagra a gheibhinn.
48. *ní bhéarainn*, ní bhéarfainn (ní bhfaighinn).
53. Cé gur leamh an chaint í an phlé a bhíonn ag mo cholainn lem ucht. . . .
59. faoi tharcaisne ag gach duine, idir láidir agus lag.
62. *ná gabhaid*, na gabhadh siad (ord. 3ú iol.).
67. Ceithre ráithe na bliana atá i gceist anseo.
69. *dom chabhair*, chum cabhrú liom.
73. *i dtáim*, ina bhfuilim.
78. de na Gaeil.
79. *rer scéar*, lenar scar (i.e. a chaill).
80. *mar dtaoimse*, mar atáimse; tá an t-urú mírialta.
83. *iomchar*, iompar; *atá*, atá orainn.
84. tabhair áit ar neamh dom.

Malairtí: 5 chathair ghleigilsi M   15 ngréithesi M   18 um L   19 ashearc M   23 abhféile M   24 ná] ionnás L   25 mhéilingthe M   31 mhi L   34 aithnid M   38 fear] neach M   42 aisge . . . éislingthe M   44 tar M   45 seal M   46 seasgair M   47 ttagaruinn M   48 accasg ní bhearfuinnse M   49 sa tasg me M   50 mhi L me M   51 de] ó M   52 mharbh a feac L   53 ceartso M   56 bearta M   62 gabhadh M bheirdite L   63 ndeara M   66 réaltanna M   68 teargain LSS   71 éilighthe M   72 haibidh M   74 choimhge L choimhdhe M   78 bhFiontainn M   79 chúl M   81 reilthionn L réaltann M i] ó M   84 réig arúin duinne go haoibhneas árd M.

40

Foinsí: RIA 23 L 37, 221 (1709); 23 N 11, 150 (18ú haois). (Trí chóip eile ann, leis.)

Meadaracht: rannaíocht mhór; siolla in easnamh ar 4; 13 lochtach.

In eagar cheana, Mac Erlean II (1913) uimh. xiii.

Níl ainm an údair leis an dán in N, ach tá an méid seo in L (ón scríobhaí, Seán Stac):

This 16th of May 1675, written by David Bruodair on the death of Elizabeth Agheiran, *alias* Fitzgerald. Tuig, a léathóir gur lingeas tar 9 rainn Bhéarla agus gur scríobhas na 4 rainn Ghaeilge so im dhiaidh, óir is iad is ró-ionmhaine liom; agus mar [an] gcéanna gaibh mo leithscéal ar son mo leabhráin do shalcha ó thúis le Béarla.

5–6.   [Tugadh] ualach mór cloch (a loit an bóthar) chun carn a thógáil os cionn na huaighe sin. . . (?).

6.   *lér loiteadh*, lenar loiteadh (a loit).

11–12.   Níor tuigeadh a fheabhas a chaithis do shaol go dtí gur cailleadh tú.

13–16.   Breith agus baisteadh, pósadh (15) agus bás Éilís Nic Gearailt atá i gceist sna línte seo.

14.   *an mbeartghlain mbúidh*, tuiseal cuspóireach.

15.   Le fear de mhuintir Eichthigheirn a bhí sí pósta, agus brainse de Dhál gCais iad sin.

Malairtí: 3 maidin L   5 feartán N   6 loitheadh L   13 do (U)íbh LSS do borradh bhaidhbh L   do bharradh baídhb N   14 mongadh a . . . mbúdh N.

41

Foinsí: RIA 23 L 37, 197 (1708/9); Má Nuad M 95, 101 (1754-5). (Cóip de théacs 23 L 37 in Má Nuad M 86(a), 180 (1775-6); seacht gcóip eile ann, ach iad a bheith gaolmhar le cóip M 95 do réir dealraimh.)

Meadaracht: amhrán:

e / í / e / í / ó / a.

Foghar /e/ sna focail *bheag* (12), *deimhin* (15); foghar /í/ sna focail *sinn* (2, 10), *linn* (7); foghar /ó/ sna focail *scornain* (2), *d'ord* (13); dhá shiolla sna focail *gheóbhadh* (5), *deimhin* (15).

In eagar cheana, Mac Erlean II (1913) uimh. xxxi.

Na focail 'finis go salach ciodh suairc' i ndiaidh an amhráin in L.

2, 10.   *sinn*, mé (iolra don uatha).

6.   *beirt an tí*, an bheirt ar leo an tábhairne.

7.   *go bhfeirg*, agus fearg uirthi; *linn*, liom (iolra don uatha).

14.   *sa ród re maith*, ar bhóthar na maitheasa.

Malairtí: 2 sgornaidh L   5 sa bhfeile ghníomh L   7 linn] rinn M   8 steilinn L   9 beirbhe L   10 san M   12 do] don M   14 seisce] deisi L bhfeicmaoid L   15 a beith] bheith L   16 leigeadh M.

42

Foinsí: RIA 23 M 31, 503 (1693); LN G 546, deire (1729); RIA 23 N 11, 122 (18ú haois). (Timpeall 15 chóip ar fad le fáil.)

Meadaracht: rannaíocht bheag (aicleach). Amhrán atá i línte 9-12:

a / *i / *i / é / ú.

Foghar /é/ sa bhfocal *d'éirigh* (10); foghar /a/ sa bhfocal *leabhair* (dhá shiolla; 11); foghar /i/ sa bhfocal *leimhe* (11); trí shiolla sna focail *ionnmhas* (9) agus *chinneamhain* (10).

In eagar cheana, Mac Erlean III (1917) uimh. ii.

Níl aon údar luaite leis an dán seo in N ná i lámhscríbhinní atá gaolmhar léi; tá sé ceangailte le dán a chum Conchubhar Ó Dálaigh i lámhscríbhinn amháin (RIA 23 O 25, 106).

10.   *do-chonnairc*, a chonnaic.

Malairtí: 3 go neagnamh MG   6 gan treabhair GN   7 cheal G   8 na ngaoisi G   9 dár bhionnamhuin . . . iuil N   11 accúl G   12 ag *om.* G rún] rúin G súd N.

43

Foinsí: LN G 429 (N), 43 (1722); RIA E iv 3, 175 (1727); Má Nuad M 95, 75 (1754-5); lámhscríbhinn ag an Royal Dublin Society (R), lch 40 (1762); Cambridge University Library Add. 4207 (C), 19b (1791); RIA 23 G 23, 197 (1794-5); 23 H 30, 124 (18ú/19ú haois); r. 4 leis féin in A 26, clúdach cúil (1726), i leabharlann na bProinsiasach. (Tuairim deich gcóip eile le fáil.)

Meadaracht: rannaíocht mhór (scaoilte); siolla d'iomarca i línte 13, 22.

In eagar cheana, *Measgra dánta* (1927) uimh. 27. Tá freagra ar an dán seo ó Sheán Mac Criagáin (nó Ó Criagáin, Ó Riagáin) i gcuid de na lámhscríbhinní (in eagar *ibid.*).

Baineadh an cheannscríbhinn as M, atá ar aon dul le N ó thaobh téacsa de (an fear céanna, Seán Ó Murchú na Raithíneach, a scríobh iad araon). An t-eagrán seo bunaithe ar N. Línte 21-4 in easnamh ar EH; 17-20 in easnamh ar G. Deifir mhór in ord na línte ó chóip go chéile leis: R, 1-8, 13-16, 9-12, 21-8, 17-20, 29-32, agus dhá rann nach bhfuil in aon chóip eile tar éis 20; C, 1-12, 21-4, 17-20, 25-8, 13-16, 29-32; G, 1-8, 13-16, 9-12, 21-32.

3.   *madh*, más.
9, 10. *ní fhaicid*, ní fheiceann siad.
15.   *muna bhfaicinn*, mura bhfeicinn.
16.   *ní fhaicim*, ní fheicim.
20   *nach bí*, nach mbíonn.
21.   dá mbeinn saibhir mar a bhí mé.
27.   *adéaradh*, déarfadh.
30.   *i dtáim*, ina bhfuilim.
31–2.   iarraim ort oiread cabhrach a thabhairt dom anam agus ar chailleas de mheas na ndaoine seo.

Malairtí: 1 s do chleasaibh EC do chleasaibh RGH   2 shoirbh C   3 más doirbh C   4 fa na tteid N   6 budh N mo nós RG don sort C   7 charaid LSS *ach* E   9 do R má G   10 is má fheicid mé ní fheicid mi R   11 sílid RCG   12 nách mise mé, gidh mé me E   13 do] don LSS *ach* N dá dhile don ghréin A   14 as tuigthe do gach neach créad an fáth N tuigthe dhuit féin RGH is tuigse duit féin C agus tig féin A   15 bhfaicim NE bhfaichiod mo scéil C bhfeicinn G bhfeicid A   16 sgáil CG nach ffaicinn H   18 ó] nuair RC   19 ceart agus cóir R   20 bí] fuil ER bíadh C baoi H aimid NR amuid E oinmhide C   22 ná eala CG shnódh] nós C   23 ciodh] gidheadh N bíodh CG   24 im] mo C b(h)eatha LSS   26 de] dom E don RCGH   27 an tolc is an maith E an saith] an tolc RCGH   28 Sholamh EGH Sholm R Sola C   29 A Dhia chuir iadsin as a rucht N iadsan a riocht E iad sa ríoghacht R iad as a riocht H   30 as an ccruth N san ccruith R sa gcruith C   31 dá] do EC dom RG   32 aitc(h)im ECH iaraim RG.

                                    44

Foinsí: Rouen, Leabharlann na Cathrach, LS 1678 (R), 1 (17ú haois) [an téacs i gcló ag J. Vendryes, *Revue Celtique* 47 (1940) 205-6]; BM Eg. 127, 28 (1775) [fótastat in *Cat. Ir. MSS in BM* III (1953) pl. xxiv]; RIA F v 3, 211 (1788).

Meadaracht: amhrán:
                    1-12 : é / é / a á
                    13-16: é / é / o á.
Foghar /é/ atá sna focail *bhfeidhm* (5), *éirghim* (13) agus *laghdú* (15); foghar /o/ in *mong* (14) agus *comh-* (16).
    In eagar cheana, A. de Blácam, *Gaelic literature surveyed* (Dublin and Cork 1929) 276.
    Gael éigin ó Cho. Fhear Manach, dealraíonn, a chum é seo agus é thar lear in aice le Versailles sa bhFrainc.

1.   *dheitse*, duitse.
9-12.   Bíodh gur láidir agus gur cumhachtach an rí (agus go bhféadfadh sé i bhfad níos mó a thabhairt dom), ghlacfainn uaidh in ionad an aráin seo (mo lón) mé a ligean abhaile.

11. *do ghéabhainn*, modh coinníollach an bhriathair *gabhaim. uadh*, uaidh.
12. mo ligean abhaile chun an seanfhód a fheiceáil.
    (I nGaeilge an tuaiscirt deintear *a* (*do*) a dhúblú roimh ghutaí agus *f.*)
15–16. laghdaíonn sé m'onóir is m'ádh de bhrí nach bhfuil Mág Uidhir le feiceáil agam.
18. B'fhéidir gur cheart *ar* a chur sa téacs i ndiaidh *d'fhéachain* de ghrá na meadarachta, ach níl sé sna lámhscríbhinní.

Malairtí: 2 néuchtchoin LSS 4 spréidhe acu R 5 trian LSS 12 a *om.* R 14 sheanmhacha R.

45

Foinsí: TCD H.5.28, 161 (1679); LN G 137, 77 (1730); RIA 23 O 35, 9 (1772); 24 C 57, 91 (1796); 24 C 44 (C₁), 31 (19ú haois).

Meadaracht: rannaíocht aicleach (idir bheag is mhór) is mó atá ann, ach níl aon rialtacht i líon na siollaí tríd síos. Bíodh gur seacht siolla is mó atá sna línte, is minic sé shiolla (9, 17, 20, 41, 47 etc.) agus ocht siolla (3, 7, 8, 30 etc.) iontu leis.

In eagar cheana, É. Ó Tuathail, *Éigse* 4 (1943-4) 112-17.
I gcuid de na lámhscríbhinní déanacha tá véarsaí breise curtha leis an dán, ach toisc nach gcuirid le substaint ná le déanamh an dáin níor bacadh leo san eagrán seo. Tá cuid de na véarsaí breise sin curtha in eagar ag Ó Tuathail (*loc. cit.*).

6. *dhúinn*, dom (iolra don uatha).
14. Níl brí na habairte seo soiléir.
25. Níl a fhios agam cén déanamh a bhí ar a ceannbheart.
33. *druidim ré*, druidim ina haice.
54. *nó*, ná.
61. *tug sinne*, thug mise (iolra don uatha).
67. *ní bhia sinne*, ní bheidh mise (iolra don uatha).
68. *fhóirfeas*, a fhóirfidh; *ar*, ár (=mo; iolra don uatha).
69. abair cad iad na geasa atá ort.
72. *linn*, liom (iolra don uatha).
78. *dhéanas*, a dhéanfaidh; *dhíbhse*, duitse (iolra don uatha).
85. *ó ar ngrádh* (i.e. ónár ngrá, óm ghrá) a mholann Ó Tuathail a léamh anseo.

Malairtí: 5 an *om.* HG 11 deallraigheann HG dealruigh an C₁ 14 mur an LSS re H 22 sneachtaidhe H sneachta G 24 mbeathadhach GC 25 sní idir a déanamh H idir a déanamh G 34 fiafruighim LSS 66 gidh hadhbhar HG.

46

Foinsí: RIA 23 C 19, 30 (19ú haois); Má Nuad M 14, 280 (19ú haois).

Meadaracht: deibhí (scaoilte); gan aon rialtacht i líon na siollaí sna línte. Focal déshiollach é *Seéan* in 84 agus foghar /é/ atá sa dara siolla (Se-éan), ag réiteach le *béim* (85).

In eagar cheana, E. Knott, *The Irish Nation* 2 July 1910.

Tugann an file le tuiscint gurb é Seán an Díomais (mac Cuinn Bhacaigh, 18; Seán mhac Cuinn, 78) atá á chaoineadh anseo, ach fuair seisean bás sa bhliain 1567 agus mhair an file seo timpeall na bliana 1690. (Féach an tagairt aige do chath Eachroma, 74.)

3–4. Conas a tharla sé go bhfuil Éire faoi smacht Gall agus nach raibh aon troid dá bharr?
7–8. Is é a thug Éire i laige Síol Néill a bheith ag titim gach lá sa troid.
8. *tug*, a thug.
11. *do-bheir*, a thugann.
13. *mar scríobhthar linn*, mar a scríobhaimse (iolra don uatha).
15–16. Dar le gach duine go bhféadfaidís teacht chuca féin tar éis bháis na ndaoine seo go dtí gur thit Seán Ó Néill.
19. fear a bhí fial sa roinn i gcónaí.
31. *do sheasmhadh*, a sheasadh.
43–4. Ba dhual dó, tré uaisleacht mhuintir Chuinn (i.e. mhuintir Néill), bheith ina thaoiseach ar fhearaibh Éireann.
61. cluiche iomána a chailliúint nuair a bhíothas ar tí é a bhuachaint (os comhair an bháire amach).
65. *nach leigheas*, nach leigheasann.
73–6. Fuair laoch na hÉireann bás in Eachroim—cén feall is measa? Is measa bás Sheáin (Is deacair a rá cé hé 'uaithne inse hAirt' a bhfuil tagairt anseo dó).
84. *Seéan*, Seán; cf. *Shane* sa Bhéarla
87. *ar*, ár.

Malairtí: 7 da ngloinnghoile M do ngloin ngoile C   14 dá fhullang M do fuilang C   32 eanga C eánga M   45 doír M doir C   59 na claon oct— MC   79 coímheas M cómheas C   84 Seaán MC.

47

Foinsí: RIA 23 D 35, 199 (19ú haois); 23 E 1, 301 (19ú haois); 24 B 33, 420 (19ú haois); P. Breathnach, *Ceól ár sínsear* (Baile Átha Cliath 1913) 5, 18-19; *Irish minstrelsy* I (1831) 210-15 agus leabhair eile (féach *Duanaire Gaedhilge* II [1925?] 121).

Meadaracht: amhrán:

1, 3, 5–7, 9–11	:	x / ai
2, 4, 8 etc. (luinneog)	:	ai / ú
13, 15	:	ú é / ú é
17–19, 21–3, 29–31, 41–3 :		(x) / x / é
25, 27	:	(x) / á
37, 39	:	í / a
33–5, 45–7	:	é / au

Foghar /ai/ sna focail *radharc* (1), *saibhreas* (3), *-ghrinn* (5), *soilse* (6), *deimhin* (9), *gcoill* (10), *leigheas* (11); fogar /é/ sna focail *chaor* (21), *tsaol* (22); foghar /au/ sna focail *abhann* (33), *crann* (34), *gceann* (35), *modhail* (45), *ceann* (46), *leam* (47); foghar /ú/ sna focail *chionn* (1), *liom* (3, 15), *chom* (31).

Is cosúil gurb éard atá sa leagan seo aithris ar an leagan dár tosach go coitianta *Sheólfainn féin (na) gamhna leat,* amhrán adeirtear a chum Cearbhall Ó Dálaigh d'Eilíonóir, iníon le Sir Murchadh Caomhánach. Is tráth éigin i dtosach an 17ú haois a bhí an Cearbhall seo faoi bhláth (féach R. A. Breathnach, 'The earliest version of Eibhlín a rúin', *Éigse* 2 (1940) 208-12).

5–7, 9, 10, 21, 23. *is,* an chopail.
13.   *clú bhéithe,* clú do mhná.
15.   *dúrt,* dúirt mé; *féine,* féin.
46.   *sul . . . ceann,* sul a mbeifeá réidh liom.
47.   *éagadh . . . leam,* b'fhearr liom bás a fháil.

48

Foinsí: RIA 23 E 1, 335 (*c.* 1825); 24 C 55, 583 (18ú/19ú haois); *Irish minstrelsy* II (1831) 87-92 agus leabhair eile (féach *Duanaire Gaedhilge* I (1921) 111).

Meadaracht: ochtfhoclach:

1–8	:	x / x / a // á / é (ach 4 mírialta)
9–12, 17–32 :		x / ua (ú) / a // á / é
13–16	:	x / í / a // á / é
33–48	:	x / x / o // á / é (ach 41-2 mírialta)
49–64	:	x / x / a // ú (ua)/ é (ach 52 mirialta)

Foghar /é/ sna focail *tsaoil* (28), *saol* (36); focal aonsiollach *tsléibhe* (48, 60) agus focal déshiollach *mhaidne* (49).

Do réir an tseanchais is éard atá san amhrán seo trácht ar anchaoi duine de mhuintir Uí Dhuibhir a cuireadh as seilbh (i mbarúntacht Choill na Manach i gCo. Thiobraid Árann, b'fhéidir) thart ar lár an 17ú haois. D'fhéadfadh sé nach mbeadh san amhrán anois ach ceol agus mac alla an bhunleagain.

3.   *an uaill á casadh*, an gháir fhiaigh á tógáil ag an gconairt.
25.   *croí na huaisle*, an rud is uaisle; an fia atá i gceist anseo.
27.   *a thiocfadh suas ar*, a bheadh beo ar.
33–4. Tá na féaráin ar lochta agus gan treoraí ná taoiseach eitill orthu (mar nach mbíonn rásaí colúr anois ann) . . . .
53–6. machnamh an fhile ar ghnéithe d'áilleacht a dhúiche athartha.
62.   *aige*, ag.

49

Foinsí: RIA 23 E 1, 201 (*c.* 1834); Coláiste Ollscoile Chorcaí, T.2, 52 (1896); *Irish minstrelsy* I (1831) 268-73 agus leabhair eile (féach *Duanaire Gaedhilge* I (1921) 111).

Meadaracht: ochtfhoclach:
```
 1-8          : x  /  a  /  x  /  a  //  x  /  a  /  ú
 9-16, 25-32  : x  /  *i  /  x  /  *i  //  x  /  *i  /  ú  (ach
                26, 28, mírialta)
17-24         : x  /  *i  /  x  /  *i  //  x  /  *i  /  é
33-40         : é  /  au  /  é  /  au  //  é  /  au  /  é
```
A bhéim ar an dara siolla in *agam* (18, 20, 21); foghar /é/ sna focail *raghainn* (35), *aon-* (39); foghar /i/ sa bhfocal *deimhin* (dhá shiolla; 27); foghar /ou/ sna focail *fonn* (33), *anonn* (35), *dtonn* (35), *domhan* (36), *leam* (37), *fann* (38), *ngleann* (39), *gcrann* (40).

Amhrán grá den chineál ar a dtugtar *saranáid* atá anseo (féach *An grá in amhráin na ndaoine* (1960) 61).

16.   *go ndionfaí*, go ndéanfaí.
23–4. Níl cúis a thurais soiléir as an gcaint seo.

50

Foinsí: RIA 23 E 1, 205 (*c.* 1834); 23 E 21, 122 (19ú haois); 23 H 33, 27 (19ú haois); *Béaloideas* 10 (1940) 267 (féach freisin *Éigse* 11 (1966) 253-85).

Meadaracht: ochtfhoclach:

1-4	:	x	/	ia	/	x	/	ia	//	x	/	ia	/ ó
5-8	:	x	/	é	/	x	/	é	//	x	/	é	/ ó
9-16	:	x	/	a	/	x	/	a	//	x	/	x	/ á
17-18	:	x	/	i	/	x	/	i	//	x	/	i	/ ó
19-20	:	a	/	í	/	a	/	í	//	a	/	í	/ ó
21-2	:	x	/	ia	/	x	/	ia	//	ia	/	é	/ ó
23-4	:	x	/	au	/	x	/	au	//	x	/	x	/ ó
25-6, 31-2:		x	/	a	/	x	/	a	//	x	/	a	/ ó
27-30	:	í	/	a	/	í	/	a	//	í	/	a	/ ó

Foghar /a/ sna focail *mall* (7), *labhras* (7), *gcrann* (28); foghar /i/ sna focail *bprionsa* (17), *impire* (17), *eile* (18); foghar /í/ in *grian* (30); béim ar shiollaí tosaigh na bhfocal *agam* (19) agus *leataobh* (26).

Tá 1-8, 25-32, le fáil in amhrán dár tosach *Mór na beag níor luadh mise le neach* agus is cosúla gur leis an amhrán sin a bhaineann na véarsaí sin go bunúsach. Tá véarsa as *Éamann an Chnoic* (**49**, 9-16) le fáil i roinnt leaganacha den dá amhrán eile seo agus is dócha gurb é sin an fáth go bhfuil sé ráite gurbh é Éamann an Chnoic féin a chum *Mal* (*Bean*) *Dubh an Ghleanna* (cf. J. O'Daly, *The poets and poetry of Munster* (Dublin 1849) 185). Caint mheafarach ag tagairt d'uaigneas agus d'anró an duine aonraic atá in 1-8, 25-32.

51

Foinsí: RIA 23 O 35, 186 (*c.* 1775) [i gcló, T. Ó Ceallaigh, *Ceól na n-oileán* (Baile Átha Cliath 1931) 147-55].

Meadaracht: amhrán:

1–4	:	é	/	é	/	ú í	/ a
5–8	:	a	/	a	/	í	/ ua
9–12	:	*i	/	*i	/	á	/ é
13–16:		o	/	o	/	é	/ ú
17–18:		x á	/	ó á	/	ó	/ í
19–20:		í á	/	í á	/	ó	/ í
21–3	:	*i	/	*i	/	a	/ é
24	:	e	/	e	/	a	/ é
25–8	:	á	/	á	/	é	/ ú
29–32:		ú	/	ú	/	á	/ ua
33–6	:	*i	/	*i	/	é	/ ú
37–40:		ú	/	ú	/	a	/ ia
41–4	:	ú	/	ú	/	ia	/ ó (ach *fíon* (43) mírialta)
45–8	:	x	/	*i	/	*i	/ ua / í
49--52:		x	/	á	/	á	/ o ó

Foghar /a/ sa bhfocal *samhail* (dhá shiolla; 23); foghar /é/ sna focail *chraobh-* (2), *taobh* (21), *chlaon* (22); foghar /i/ in *deimhin* (dhá shiolla; 33), *glaise* (45); foghar /í/ in *cliabhán* (20); foghar /ú/ in *trom* (2), *dtabharfaí* (4), *damhsa* (40), *leamhnacht* (43).

Is cosúil go bhfuil véarsaí as cúpla amhrán tite le chéile sna leaganacha éagsúla den amhrán dar teideal *Úna Bhán*. Do réir an tseanchais is caoineadh é a chum Tomás Láidir Mac Coisteala ar Úna Nic Dhiarmada. Bhí an bheirt seo beo in iarthar Chontae Ros Comáin thart ar lár an 17ú haois (féach M. Mac Enery, *Éigse* 4 (1944) 133-46).

16.   *bíodh . . . clú*, deirimse go bhfuil a dea-thréithe chomh maith agus atá ráite.
26, 28. Cuid den chaint seo doiléir.
27.   Is agatsa a bhí an áilleacht i do chúl breá gruaige.
30.   *an cúpla*, tagairt, is cosúil, d'athair agus do mháthair an chailín óig; níor thoiligh siad leis an gcleamhnas.
31.   An bhean uasal arbh í bláth dhúiche na Búille í agus í fial ag bronnadh bó. Tá an file ag lua sinsireacht agus uaisleacht thriath Mhaigh Luirg le Úna Bhán. Ba iníon í le Tomaltach mac Ruaidhrí mhic Bhriain († 1592) Mhic Dhiarmada. (An Brian sin a chuir Annála Locha Cé á scríobh.) Féach *Éigse* 4 (1944) 134-8, áfach.
51.   *féachaidh*, féachaigí.
52.   Do réir an bhéaloideasa ní fhillfeadh Tomás Láidir le Úna Bhán a phósadh dá ligeadh a hathair agus a máthair dó imeacht thar Áth na Donóige (féach *Abhráin ghrádha chúige Chonnacht* (1931) 36-43).
       Áth na Donóige. Tá *Áth na Tonóige* (i.e. áth na lachan) tugtha mar mhalairt sa leagan a foilsíodh in *Ceól na n-oileán*.

52

Foinsí: RIA 23 A 1, 60 (*c*. 1830); 23 H 33, 25 (19ú haois); T. Ó Ceallaigh, *Ceól na n-oileán* (Baile Átha Cliath 1931) uimh. xi, agus leabhair eile (féach S. Ó Duibhginn, *Dónall Óg*, Baile Átha Cliath 1960).

Meadaracht: amhrán.
    Níl comhfhuaim le fáil ach i gcuid de na línte, e.g.

10, 12 :	x	/	ua	/	ua	/	u
14-16 :	x	/	é	/	é	/	a
17-18 :	x	/	ú	/	ú	/	a
20 :	x	/	ó	/	ó	/	a

Foghar /é/ sa bhfocal *gcaorach* (26); foghar /ú/ sna focail *anonn* (17), *comhartha* (17), *fionn* (18); foghar /ai/ in *gadhar* (21), *doimhin* (22), *gcoillte* (23), *bhfaighir* (24); foghar /ou/ in *Domhnaigh* (42); béim ar shiolla tosaigh an fhocail *agam* (17); trí shiolla in *dhearmad* (14).

Tá leaganacha uile an amhráin seo i gcló sa leabhar thuasluaite, *Dónall Óg*. Maidir le cineál an amhráin (*chanson de jeune fille*), féach freisin *An grá in amhráin na ndaoine* (1960) 76-103.

8.　　tá brón mór faoi cheilt ag mo gháirí.
16.　　Is deacair míniú sásúil a thabhairt ar an gcaint anseo.
44.　　An bhean óg millte agus í tréigthe ag an bhfear.

53

Foinsí: RIA 24 M 5, 62 (1851-7); É. Ó Muirgheasa, *Dhá chéad de cheoltaibh Uladh* (Baile Átha Cliath 1934) uimh. 22a; *Abhráin ghrádha chúige Chonnacht* (1931) 50-51.

Meadaracht: amhrán:

1	:	x	/	í	/	í	/	ó	
2, 4	:	x	/	ai	/	ai	/	ó	
3	:	x	/	ia	/	ia	/	ó	
5-8	:	x	/	é	/	é	/	í	
9	:	ú	/	ú	/	á	/	a	
10-11	:	x	/	x	/	x	/	a	
12	:	x	/	ó	/	ó	/	a	
13-16	:	x	/	ai	/	ai	/	ó	(ach 14 mírialta)

Foghar /í/ sna focail *geimhridh* (1), *binse* (1), *toinn* (5), *cinn* (6), *loing* (7), *roinn* (8); foghar /ai/ in *mhaighdean* (2), *soillse* (2, 16), *mbeinnse* (13), *deimhin* (15), *coillte* (16).

Maidir le cineál an amhráin seo (*reverdie*), féach *An grá in amhráin na ndaoine* (1960) 195-202. (Féach freisin **60**, nótaí.)

15.　　Más rud nach dtarlóidh é (i.e. nach bpósfar sinn).

54

Foinsí: RIA 12 E 24, 51 (*c.* 1845); E. Walsh, *Irish popular songs* (Dublin 1847) 72-5, agus leabhair eile (féach *Duanaire Gaedhilge* I (1921) 95).

Meadaracht: amhrán:

1-4, 5-8	:	x	/	a	/	a	/	é	/	á
		x	/	i	/	i	/	é	/	á
		x	/	ú	/	ú	/	í	/	á
		x	/	x	/	x	/	í	/	á
9-12	:	x	/	o	/	*i	/	x	/	ia
13-16	:	x	/	á	/	á	/	ó	/	í
17-20	:	x	/	í	/	í	/	á	/	ó

Foghar /í/ sa bhfocal *dhiaidh* (10); foghar /ó/ sa bhfocal *thabharfad* (12); dhá shiolla in *fhómhair* (9).

Deir Seán Ó Dálaigh in *The poets and poetry of Munster* (Dublin 1849) 287 gur file darbh ainm Dominic Ó Mongáin, as Tír Eoghain, a chum an t-amhrán seo do Eliza Blacker a bhí ina cónaí ar an gCarraig i gCo. Ard Mhacha i dtosach an 18ú haois.

5–8.   *channaic mé*, chonnaic mé.
12.   Tá mo shúile báite i ndeora fola le brón i do dhiaidh.

55

Foinsí: RIA 23 O 79, 279 (1821-4); C. Brooke, *Reliques of Irish poetry* (Dublin 1789) 306-7, agus leabhair eile (féach *Duanaire Gaedhilge* I (1921) 96-7).

Meadaracht: amhrán, e.g.

1	:	é	/	é	/	x	/	u
2-3	:	í	/	í	/	x	/	u
4	:	á	/	á	/	x	/	u
5, 7–8	:	é	/	é	/	x	/	í
6	:	í	/	í	/	x	/	í
9-10	:	é	/	é	/	ó	/	í
11	:	í	/	ú	/	ú	/	u
12	:	é	/	o í	/	o í	/	u

Foghar /é/ sna focail *aon-* (1), *leigheasfadh* (10), *aonaigh* (13), *craobh* (32); foghar /í/ in *dhiaidh* (6, 35), *thaobhacht* (34); foghar /u/ in *mionn* (1), *liom* (2), *Fhloinn* (3), *donn* (4, 11), *trom* (12), *gcionn* (15), *anonn* (16); foghar /ú/ in *dtabharfá* (28).

2.   *go dtéann . . . díom*, téim in ísle brí ar fad.
6.   *nach bhfuígfeadh*, nach bhfágfadh.
9.   Tagairt é seo don leanbh atá ina broinn.
13–16.   Is cosúil gur mac alla atá sna línte seo ar a bhfuil in 9-10, 7-8.
15.   *'mar gcionn*, os ár gcomhair, inár láthair.
16.   *go ndúblaímis ár gcúrsaí*, go bpósfaí an bheirt againn.
      sul fá dtéid, sul a dtéann.
17, 18, 19.   *pé 'narbh olc leis*, cibé duine arb olc leis.
18.   *suifidh mé*, suífidh mé.
21.   *a dhíonas*, a dhéanfas (a dhéanfaidh).
25.   *níor chadail mé*, níor chodail mé.
28.   Cén fáth go séanfá gur tú athair mo linbh?
29–30.   Tá sí á iarraidh ar an bhfear óg gan í a thréigean anois ar mhaithe le bean bhreá éigin a fháil.

56

Foinsí: RIA 23 L 48, 45 (*c.* 1845); R. A. Breatnach. 'Roinnt amhrán ón Rinn' ['IV.—Máire 'n chúil úmair'], *Éigse* 2 (1940) 243-4.

Meadaracht: amhrán, e.g.

```
1-2 :  x  /  ua  //  ua  /  í
3-4 :  x  /  x   //  x   /  í
5-6 :  x  /  au  //  au  /  í
7-8 :  x  /  é   //  é   /  í
```

Foghar /é/ in *ghaolta* (43); foghar /í/ in *droighnigh* (27); foghar /ai/ in *soillse* (32); foghar /au/ in *annsacht* (5), *am* (6).

Ise: 1-2, 5-8, 13-16, 25-32.
Eisean: 3-4, 9-12, 17-24, 33-48.

44.   *go léireach 'na seasamh,* ar fad ina mbeatha.

57

Foinsí: RIA 24 B 33, 462 (*c.* 1849); N. Borthwick, *Ceól-sídhe* (Baile Átha Cliath 1906) 29-30.

Meadaracht: ochtfhoclach:

```
x  /  x  /  x  /  ó  //  x  /  ó  /  x  /  í
```

Foghar /í/ sna focail *gaoil* (28), *Chuinn* (32); foghar /ó/ in *mhóir* (27).

Maidir le cineál an amhráin seo (*pastourelle*), féach *An grá in amhráin na ndaoine* (1960) 14-29.

8.   *aige,* ag.
15.   Caint mheafarach faoi chúrsaí grá.
20.   Is ann atá do bhean phósta (agus do theach).
24.   *gan bheith id líon,* gan bheith id chuideachta, gan dul ar do choimirce.

58

Foinsí: RIA 24 B 33, 429 (*c.* 1849); N. Borthwick, *Ceól-sídhe* (Baile Átha Cliath 1906) 20.

Meadaracht: amhrán:

```
1-4 :   ú  /  ú  /  á  /  é
5-8 :   o  /  o  /  é  /  au
9-12:   é  /  é  /  á  /  ú
```

Foghar /é/ sna focail *tsaol* (10), *araon* (11); foghar /au/ sna focail *ghleann* (5), *abhann* (6), *crann* (7), *dhonn* (8).

Cuirtear 'An clár *bog* déil', an fonn **atá leis an** amhrán seo, mar theideal air freisin.

7. *thorainn*, tharainn.

59

Foilsithe cheana in *Irish minstrelsy* I (1831) 333 agus in *Duanaire Gaedhilge* I (1921) 30.

Meadaracht: amhrán:

1	:	x /	*i /	ú /	ú /	a		
2	:	x /	*i /	*i /	au /	a		
3–4	:	x /	*i /	*i /	ú /	a		
5–8	:	x /	x /	x /	x/	ua		
9–12	:	x /	é /	é /	o /	ó		

Foghar /ú/ sa bhfocal *samhradh* (1); foghar /é/ in *laoigh* (10).

10. *sochar na mbó*, bainne.
11. Tá na héisc chomh hiomadúil sin (i dtús an tsamhraidh) go bhfuil siad ag léimneach as an gcora aníos ar an bhféar.

60

Foinsí: RIA 23 F 22, 23 (19ú haois); *Abhráin ghrádha chúige Chonnacht* (1931) 51-2.

Meadaracht: amhrán:

1,3	:	a /	a /	x /	a í	
2	:	x /	x /	x /	á í	
4	:	é /	é /	x /	a í	
5–8	:	x /	ú /	ú /	ó	
9, 11	:	x /	í /	í /	*i ó	
10	:	x /	á /	á /	a ó	
12	:	x /	x /	x /	*i ó	
13–16	:	x /	ó /	ó /	é	
17,19,20	:	x /	í /	í /	a	
18	:	é /	é /	x /	a	
21–4	:	x /	a /	a /	ó	

Foghar /ú/ sa bhfocal *samhraidh* (6); foghar /a/ sna focail *annsacht* (21), *mheall* (21), *mheantlach* (22), *gheall* (22), *leamsa* (23), *leann-* (24).

Tá na véarsaí seo le fáil i leaganacha de *An Chúileann* (amhrán 53 anseo); féach *Duanaire Gaedhilge* I (1921) 94. Maidir le cineál an amhráin (*reverdie*), féach *An grá in amhráin na ndaoine* (1960) 195-202.

1.   Áilleacht nó aoibhneas dochreidte. Cuireann an Chúileann aoibh
       neas an tsamhraidh ar fáil i lár an gheimhridh (?).
7.   *níl tnúth aici le hóige*, tá sí óg álainn fós (?).
19.   an *Bíobla, a bhfuil faoi agus thairis*, an Bíobla agus tuilleadh lena
       chois (is é sin móide daingne agus níos mó).

61

Foinsí: RIA 23 A 1, 25 (*c.* 1830); 23 I 8, 112 (*c.* 1830); 23 D 35, 114 (19ú
haois); G. Petrie, *Ancient music of Ireland* I (Dublin 1855) 93-5, agus
leabhair eile (féach *Duanaire Gaedhilge* I (1921) 107-8).

Meadaracht: amhrán, e.g.

$$
\begin{array}{ccccccc}
1 & : & \acute{o} & / & \acute{o} & / & x & / & *_i \\
2\text{-}4 & : & \acute{a} & / & \acute{a} & / & x & / & *_i \\
5\text{-}8 & : & \acute{e} & / & \acute{e} & / & x & / & *_i \\
9\text{-}12 & : & a & / & a & / & x & / & *_i \\
\end{array}
$$

Foghar /a/ sa bhfocal *feall* (12); foghar /ú/ sa bhfocal *damhsa* (15).

8.   *ceól téad*, caint mheafarach a chiallaíonn cúrsaí grá.
13.   *shiúlfainn . . . goirt*, tagairt mheafarach do réim a gcúrsaí grá.
17-18, 20. Caint mheafarach ag tagairt do chúrsaí grá. Is dóigh gur
         truailliú atá in 18 ar chaint éigin mar 'is dhéanfainn fios scéal i lár
         an fhiorthainn do mo Róisín dubh'.
24.   *sul a n-éagfaidh: sul má néagur* atá in I agus *sul má néagfar* in A.

62

Foinsí: RIA 23 E 1, 265 (*c.* 1834); *Abhráin ghrádha chúige Chonnacht*
(1931) 62-3.

Meadaracht: amhrán:

$$
\begin{array}{ccccccccc}
1\text{-}8 & : & x & / & \acute{i} & / & \acute{i} & / & a & / & ua \\
9\text{-}12 & : & x & / & \acute{e} & / & \acute{e} & / & a & / & \acute{u} \\
13\text{-}14 & : & x & / & \acute{a} & / & \acute{a} & / & x & / & \acute{i} \\
15\text{-}16 & : & \acute{o} & / & \acute{a} & / & \acute{a} & / & \acute{a} & / & ua \\
\end{array}
$$

Foghar /a/ sa bhfocal *bhain* (11); foghar /é/ sa bhfocal *aon-* (9); foghar /í/
sna focail *caomh* (2), *saol* (3), *chaola* (6).

   Cuirtear an t-amhrán seo i leith Riocaird Bhairéad i gcuid de na
lámhscríbhinní.

2.   *ghnaoi: snua* atá sna foinsí, ach teastaíonn /í/ ón meadaracht.
7.   *dhíonadh*, dhéanfadh.
11.   *Rí néimhe*, Rí nimhe; ar son na meadarachta amháin atá an
       síneadh ar an *e*.

63

Foinsí: RIA 23 E 12, 97 (*c.* 1846); N. Borthwick, *Ceól-sídhe* (Baile Átha Cliath 1906) 49-50.

Meadaracht: rócán:

```
1-8  :   x / x / ai // x / ai / á
9-16 :   x / x / é  // x / é  / ua
17-24:   x / x / é  // x / é  / á
25-40:   x / x / í  // x / í  / á
```

Foghar /é/ sna focail *saothair* (11), *saol* (16), *chraobh(a)* (17, 23), *caor* (21), *maol-* (22); foghar /í/ sna focail *bhFrainc* (28), *timpeall* (35), *tinte* (36), *sinsear* (37); foghar /ú/ in *chugainn* (aon siolla; 34); foghar /ai/ in *adhmad* (1), *gcoillte* (2), *cling* (4), *deigh-* (5), *toinn* (7), *binn* (8); dhá shiolla in *chomhair* (23).

Caoineadh é seo ar thurnamh Chill Chais, áit a bhí ag na Buitléirigh in aice le Cluain Meala.

11.   *fiú na meacha,* na beacha, fiú amháin.

64

Foinse: Abhráin ghrádha chúige Chonnacht (1931) 34-5.

Meadaracht: rócán:

```
1-4  :   x / x / a // x / a / é
5-8  :   x / x / x // x / x / ia
9-12 :   x / x / a // (x) / x / ó
13-16:   x / x / u // (x) / x / ó
17-24:  (x) / x / x // x / ia
25-32:   x / x / x // (x) / x / á
```

Béim ar shiolla tosaigh an fhocail *agamsa* (9).

4.   *ní thainic,* níor tháinig.
30.   I mo sheasamh gan bheocht.

65

Foinsí: Irisleabhar na Gaedhilge 13 (1903) 250-51; N. Borthwick, *Ceól-sídhe* (Baile Átha Cliath 1905) 76.

Meadaracht: amhrán:

```
1-2, 4, 13-16 :  x / ó / ó / x / á
3         :      x / ú / ú / x / á
5-8       :      x / é / é / x / ú
9-12      :      x / ó / ó / x / í
```

Foghar /é/ sa bhfocal *craobhach* (7); foghar /ó/ in *mór-* (9, 10); foghar /ú/ in *tom* (5), *fionn* (7).

66

Foinsí: RIA 24 D 42, 79 (*c.* 1830); 23 E 12, 161 (*c.* 1846).

Meadaracht: rócán:

1–4	:	x	/	x	/	é	//	é	/	x	/	í	
5–6	:	ua	/	a	/	é	//	x	/	é	/	ua	
7–8	:	ua	/	a	/	é	//	é	/	a	/	ua	
9–12	:	í	/	í	/	á	//	a	/	á	/	ia	
13–16:		ai	/	ai	/	á	//	ai	/	á	/	ia	

Foghar /é/ sna focail *ghrian* (2), *braon* (3); foghar /í/ in *intinn* (11), *insint* (11); foghar /ai/ in *mhaighdean* (13), *mhill* (13), *impí* (14), *saigheada* (15), *bhfaighe* (16).

9.   *trés an,* tríd an.

FOCLÓIR

a=*as*, **37**, 12, 36, 47; **39**, 19, 48; *a hucht*, for the sake of, **37**, 47.

abaigh=*aibí*, **39**, 72.

abhall, appletree; gin. iol. *abhall*, **3**, 15.

achadh, expanse of ground, field; *achadh Airt*, 'Éire', **26**, 69.

achain(gh)im, I beseech, **37**, 15; **39**, 20.

acht (ainm), (a) act, decree; gin iol. *acht*, **26**, 124; (b) state, condition, **39**, 57.

acht=*ach*, passim; *acht cheana*, however, moreover, **35**, 31.

adhaint, adhnadh, act of kindling, arousing, **23**, 32; **26**, 6.

adhbhal, very great, vast, **45**, 85.

adhbhar, ábhar, material for, makings of, **1**, 2, 10; cause, **10**, 1; **26**, 5, 27.

adhnadh, féach *adhaint*.

aer, aeraíocht, walking for pleasure, enjoyment in the open air, **47**, 33; **58**, 6.

aerach, showy, **9**, 3.

ag sin, that is, there is, such is, **3**, 8; **19**, 17; **45**, 57; *ag so, ag seo*, this is, here is, **19**, 25; **24**, 25.

aga, interval; *gan aga*, hastily, **39**, 62.

agaill, *ar agaill*, what he asked for, **28**, 39.

agair, *dá n-agrainn fear*, were I to call on, seek, anybody, **39**, 38.

ágh, prowess, valour, triumph; **15**, 18; gin. *áigh*, **46**, 80.

ághmhar, valiant, brave, **4**, 16; **45**, 66.

aibchighthe, gin. an fhocail *aibchigheadh* (=*aibiú*); *d'éis a aibchighthe*, after its coming to maturity, **3**, 9.

aibidil, alphabet, elements, **18**, 4.

aicearrach, short, shortened (of journey), **64**, 11.

aicim (ar), I beseech, **26**, 117; **63**, 33.

aidhbhseach, large, vast, **8**, 17.

aidhmhéil, very great, outstanding, **46**, 18.

aifir, retribution, reproach, **35**, 14.

ailcneadh, act of piling up stones (?), **40**, 5.

áilim, (a) I implore, **26**, 91; (b) I long for, **21**, 6.

ailiú, *ailiú lem chroí!*, alas!, **10**, 15.

áille, (a) iolra na haidiachta *álainn* nó (b) ainm teibí uaithi, **46**, 47; cf. *glanáille*, **44**, 1.

áilleán, a beautiful thing, darling, **56**, 5.

aimsím, I aim at, attempt, **45**, 58.

aingeal, angel [bonn airgid deich scillinge a raibh íomhá Mhíchíl Ardaingil greanta air]; gin. iol. *aingeal*, **39**, 8.

ainiúlach, person lacking knowledge (of direction); gin. *ainiúlaigh*, **34**, 10.

ainmhín, rough [contrárthacht *mín*], **8**, 6.

ainséin=*ansin*, **5**, 3.

airc, strait, anxiety, **23**, 7.

aird, height, point, direction, quarter, **5**, 2.

áirdhe, signs, **37**, 37.

airdleagadh, heavy fall, **46**, 70.

aire, *dom aire*, intentionally, **39**, 25.

áireamh, act of counting, **58**, 1; *áireamh na hAoine*, judgement (?) [Is cosúil go gcreidtí go dtuitfeadh an Breithiúntas Déanach ar Aoine éigin], **29**, 5.

airgtheach, one who destroys, dispels, **21**, 22.

áir(mh)igh, count; *áirmhthear*, are counted, **46**, 81, 83; *áirighse*, count, include, **56**, 42.

airne, sloe, **52**, 5; iol. *airní*, **52**, 2.

ais, *ar mh'ais, tar mh'ais, t(h)ar ais*, back, again, **4**, 17; **9**, 6; **19**, 28; **39**, 44; *re hais*, compared with, **39**, 35.

aisc, reproach, abuse; tabh. iol. *aiscibh*, **39**, 42.

aiseag, restitution, restoration, **23**, 1, 40; **35**, 34, 35; gin. *aisig*, **35**, 4.

aisig, pay back, restore; caite 3ú uatha *aisig*, **17**, 6; **39**, 70.

aiste, (a) metre, poetic ability, **38**, 18; (b) characteristic, peculiarity; *ar aiste*, in a manner that, **39**, 34.

aistear, journey in vain, **39**, 18.

aistíocht, sport, playfulness, **48**, 22.

ait, pleasant, agreeable, **21**, 26; **39**, 7; aiteann, furze, gorse, **48**, 27.

aitheasc, address, greeting, **39**, 19.

aithle, *d'aithle*, after, in the wake of, **26**, 28; **39**, 36; **42**, 1, 9.

aithnidh=*aithnid*, known, **21**, 13; **39**, 34.

aithris (ainm), (a) act of telling, relating, **21**, 16; (b) act of imitating etc.; *ar aithris Éireannaigh*, in Irish fashion, **39**, 6.

aithris (br.), *mar haithristear*, as is related, **18**, 9.

aitreabh, dwelling-place, lodging, **39**, 18; **46**, 42.

alla, wild; *cú alla*, wolf, **33**, 9.

allmhardha, foreign, **46**, 32.

ait, (a) joint, **9**, 8; iol. *mh'ailt*, my knuckles, **39**, 51; (b) way, manner; *san alt 'nar chóir dhó*, as it ought to be, **26**, 92.

altram, act of nurturing, fosterage, **10**, 3.

amaid, fool, half-wit; gin. *amaide*, **43**, 20.

amarac, affection, regard; gin. *amaraic*, **18**, 2.

amharach, melodious, **34**, 3.

amharas=*amhras*, **3**, 12.

amhghar, distress, **5**, 8.

an=*on*, blemish, stain on one's reputation, **21**, 11.

anaba, premature, untimely, **39**, 26.

anbhfainne, great weakness; *in anbhfainne*, exhausted, **46**, 8.

anbhfann, very weak, feeble, **18**, 10; **61**, 11.

anfa, storm, terror; *gan anfa easpa*, without fear of wanting, **39**, 6.

aniogh=*inniu*, **38**, 16; **39**, 18.

anma, gin. an fhocail *ainm*, name, **1**, 4.

annsa, annsacht, love, affection, **21**, 1, 4; **45**, 47; *a annsacht*, darling, **56**, 5; **60**, 21.

annsa, more beloved, dearer, **29**, 11.

anóir=*onóir*, **23**, 35.

anshúgach, sad, cheerless [contrárthacht *súgach*], **34**, 18.

aobhdha, cheerful, pleasant, **34**, 3.

aodhaireacht=*aoireacht*, herding, **6**, 9.

aoibh, pleasant, gracious, **39**, 77.

aol-, lime-white, bright; *aolghruadh*, **21**, 28; *aolphíop*, **34**, 31.

aolta, whitewashed, bright, **52**, 36.

aon, one, someone, **13**, 32; **19**, 31; **43**, 8; **51**, 35; *tar aon*, above everybody else, **34**, 1.

aon-, (a) one, united; *d'aonscrios*, to wipe out completely, **37**, 10; *aontíos*, dwelling together, **62**, 9; (b) princi-

pal, chief; *aoinbhile*, **46**, 16, 17; *aonráith*, **19**, 23; *aonuaithne*, **46**, 76, 77; (c) *aongheilt*, féach *geilt*.

aonach, assembly; gin. *aonaigh*, **7**, 4; **14**, 19.

aos, folk; *aos seanma*, musicians, **18**, 7; *aos ónna*, the helpless, **26**, 21.

aosmhar, aged person, **34**, 18.

ar (ainm), ploughing, cultivation, **26**, 43; gin. *air*, **39**, 21.

air, iar (réamhfhocal), after, *passim*.

arm, weapon, *passim*; implement, **39**, 50.

armach, armed, warlike, **8**, 28.

arraing, sharp pain, **55**, 19.

arsaidh, veteran, hero, champion, **46**, 20.

aslach, act of instigating, suggesting, **39**, 54.

at, *d'atadar mh'ailt*, my knuckles have swollen, **39**, 51.

athardha, patrimony, inheritance, **39**, 54.

athchuntar, resistance, opposition, **34**, 15.

athmhúltach, injurious, irksome, **34**, 28.

athnamh, booty, spoils, **39**, 42.

athnuachadh, act of renewing, **26**, 7.

athraigh, *d'athraigh ón Athair*, who passed from the Father, **37**, 7.

atuirse, sorrow, affliction, **66**, 8.

bachall, curl, ringlet, **66**, 7.

bachallach, ringleted, **52**, 19.

badhbh, scaldcrow, féach *Badhbh*.

báidh, affection, partiality, **5**, 17.

báidheach, affectionate, **37**, 33.

bail, success, effect; *níl teanga ar bail [agam]*, I speak no language well, **39**, 32.

baile, *baile is leath*, exactly half (?; cf. *baileach*), more than half (?), **39**, 15.

bain, *má bhaineann aon ní dhíot*, should anything happen to you, **56**, 13; *ní bainfear*, will not be rung, **63**, 4.

báinchneas, fair-skinned girl [*bán+cneas*]; gairm. *a bháinchnis*, **60**, 2.

báire, game (of hurling), **46**, 61.

bán, plain, field; iol. *bánta, bántaibh*, **14**, 15; **56**, 16; *bánfhuinn* (gin.), of pasture-land, lea, **19**, 3.

banab (abbess), holy one (?), fairy woman (?), **12**, 19.

bann, act of advancing, **40**, 16.

banna, bond, 39, 47; iol. *bannaidhe*, 22,
4.

bantracht, company of women, 45, 48;
tabh. iol. *bantrachtaibh*, 14, 7.

baoghal=*baol*, passim.

baoghlach=*baolach*, 8, 36.

baois, folly; gin. *baoise*, 42, 6.

baramhail, fancy, hope, expectation,
18, 10; 39, 55.

baranta, warrant, protection, 28, 50.

barr, top, addition, superiority, 23, 35;
60, 8; 63, 25; iol. *barra*, 56, 3; 63,
15; 66, 5.

barr-, -headed; *barrbhuidhe*=*barrbhuí*,
33, 14; *bairrgheal*, 24, 43; *barrthais*,
of fair sod, 19, 20.

barrann, fairhaired [*barr*+*fionn*], 18,
8; 35, 5.

barróg, embrace, 60, 10.

bathlach, fop, dandy, 17, 7.

beachach, full of bees, 4, 3.

beacht, exact; *go roibheacht*, in par-
ticular, 14, 6.

béadán, calumny, 52, 48.

béal, *i mbéal*, in full view of, 55, 20.

béal na bó, cowslip, 52, 20.

bean=*bain*, 28, 18; 35, 2, 26, 36.

beann, tip, peak; iol. *beanna*, 14, 3; gin.
iol. *beann*, 4, 3; 8, 40.

beannach, gay, prancing, 48, 26.

beannbhachlach, with tapering masts
(?) [*beann*+*bachall*, staff], 8, 34.

béaraidh=*béarfaidh*, passim; *béaraidh*
go buan, will last forever, 24, 9.

beart, (a) act, deed, feat, trick, 39, 7;
40, 14; iol. *bearta*, 38, 17; gin. iol.
beart, 39, 56; *dúilbheart*, 51, 42;
tabh. iol. *beartaibh*, 43, 1; *beart-
ghlan*, (women) of noble deeds, 40,
14; (b) equipment, dress; *ceinnbheirt*,
headgear, 45, 25.

beartach, rich in sheaves, 4, 11.

beatha, *tar beatha*, 'thar fóir', excessive,
47, 37.

beathach (gin. iol.), of beasts, 45, 24;
cf. *beitheach*.

béilfhliuchadh, act of wetting the lips,
39, 46.

beilleán, reproach, fault-finding, 29, 30.

béim, blow, mark, fault, blemish, 46,
55, 83; 47, 19.

beirbhthe=*beirithe*, (boiled), touchy,
41, 9.

beirt, féach *beart* (b).

beitheach=*beithíoch*, 33, 9; cf. *beathach*

beithre, hero, champion; *sithbheithre*,
46, 64; *ríghbheithre*, 46, 80.

beódha, living, alive, 15, 21.

beódhacht=*beócht*, vigour, liveliness,
26, 38.

beól, beóil=*béal, béil*, 21, 21; 23, 39;
57, 4.

beóraigh, tabh. uatha an fhocail *beóir*,
beer, 57, 15.

bhéirdicht, verdict; gin. *bhéirdichte*, 39,
62.

bhós=*fós*, 23, 26.

biamhar, abounding in food, 26, 55.

bile, tree, scion, champion, 21, 7; 46,
16, 17; 51, 35.

binn, corner, 49, 14.

binne, melodiousness, 6, 18.

biodhbha, bíobha, enemy; tabh. uatha
biodhbhaidh, 46, 30; gin. iol. *bíobha*,
15, 3.

bior, *bioradh*, was pierced, 40, 12.

biorach, having erect (pointed) ears, 33,
14.

biseach, increase, profit, 6, 13.

bláth, smooth, beautiful, 13, 19;
briathra bláith', flattering words, 11,
5; *bláithcheart*, beautifully tressed,
51, 49.

blaosc, skull; tabh. iol. *blaoscaibh*, 20,
11.

bleacht, fruitful, 37, 23.

bleachtas, fruitfulness, success, wealth,
39, 31.

bleachtú, act of growing fruitful, being
caused to yield milk, 34, 9.

bóchna, *tar bóchna*, across the sea, 26,
24, 126.

bochtaigh, *do bhochtaigh mé*, which
impoverished me, 5, 12.

bod, penis, 35, 31.

boing, act of plucking, 3, 5.

bólacht, milch cows, cattle, 65, 15.

bolg, bulge, swell; *ó bholgaibh tonn*
from heaving billows, 8, 39.

boltaí, bolts, fetters, 62, 6.

bonnógach, leaping, bouncing, 8, 19.

bord, edge, verge; tabh. iol. *bordaibh*, 8,
40.

bordach, liberal at meals, 26, 55.

borra-, swelling (with anger, pride);
do bhorra-Bhaidhbh, 40, 13.

borrfadh, swelling (with fury), 46, 25.

both, hut, booth, cell; gin. iol. *both*, 1,
19.

brad, *do bhradais*, you have stolen, pilfered, **35**, 20.

bradach, given to thieving, dishonest, base, **10**, 6; **35**, 9.

bradaíl, act of thieving, pilfering, **35**, 2; gin. *bradaíle*, **35**, teid.

bradóg, thieving, guileful female, **61**, 9.

bradrúnach, captivating (?) [ó *brad* nó *broid+rún*?], **34**, 4.

bráighe, bráid, neck, throat, **22**, 7; **57**, 5.

braiseach, lively, fluent (of speech), **23**, 39.

braith, *ó bhraithid*, since they judge, find, **43**, 18.

bráithreas, brotherhood, **37**, 34.

branar, fallow land, **49**, 19.

braoi, eyebrow, **36**, 6.

braon, raindrop; gin, *braoin*, **51**, 45.

braonach, well-watered, **4**, 11; **19**, 15.

bratach, flag, sail; *srólbhratach* (gin. iol.), **8**, 31.

bráth, judgement; gin. *bráith*, **11**, 7; *brátha*, **37**, 28.

bráthair gaoil, dear friend, **2**, 21; iol. *bráithre gaoil*, **28**, 13.

breac, speckled, of many colours; *breaclaogh*, speckled fawn (deer), **33**, 6; *breaclong*, ship painted in many colours, **8**, 31; *do mhalartaibh breaca*, to the varied changes, **39**, 56.

bréag, coax, captivate, amuse, soothe; fáist. 3ú uatha *bréagfa'*, **34**, 16; coinníollach 1ú uatha *do bhréagfainn*, **47**, 29; 2ú uatha *go mbréagfá*, **62**, 10.

bréagaire, liar, impostor, **39**, 56.

breath, judgement; iol. *breatha*, **39**, 57; gin. iol. *breath*, **26**, 88; **29**, 37.

bréide, frieze, apparel; *bochtbhréide*, **2**, 45.

breóidh, *do* (*a*) *bhreóidh*, has enfeebled, sickened, **15**, 2; **51**, 19; **55**, 20.

brí(gh), (a) strength, **10**, 13; **26**, 4; **36**, 14; **46**, 25; **54**, 9; *brínirt* (gin.), **15**, 17; (b) sense, substance, **65**, 6.

brianach, partitioned, variegated, **19**, 15.

briathrach, wordy, garrulous, **26**, 55.

briocht, charm, spell, **23**, 3.

brod, broid, bruid, bondage, oppression, **28**, 19; **29**, 51; **34**, 20; **37**, 36; gin. *bruide*, **18**, ceannscr.

broscar, rubbish, trash; *broscar bíobha*, hostile rabble, **15**, 3.

brú, womb, hold of ship; capacious vessel, **8**, 33.

brugh, hostel, dwelling, **45**, 27, 55.

brúigh, *do mhínbhrúigh*, crushed fine, ground, **26**, 127.

bruinneall, maiden, **47**, 9; gin. iol. *bruinneall*, **26**, 79.

brúit, brute, beast, **2**, 26.

bú, ? = *búidhe*, kindness [ó *búidh*], **10**, 13. Cf. *bhiú ná bhé*, *Celtica* 6 (1963) 69.

buacach, proud, flaunting, **48**, 26.

buachaill, cowherd, shepherd; gin. iol. *buachaill*, **2**, 35.

buadhach, victorious, proud, **33**, 14.

buaibh, tabh. iol. an fhocail *bó*, **51**, 31.

buaic, pinnacle; *ó bhuaic mo bheatha*, from the beginning of my life, **38**, 20.

buaidh = *bua*, **2**, 58; **24**, 14; **28**, 1; gin. iol. *buadh*, **29**, 54.

buain, buanadh, act of reaping, cutting off, taking, **3**, 2; **19**, 27; **48**, 42.

buair-, *gach buairghiúiste*, every stolid boor, **38**, 17.

buaireadh, buaireamh, sorrow, **33**, 6; **51**, 48.

buanadh, féach *buain*.

buan, *béaraidh go buan*, will last forever, **24**, 9.

búidh, gentle gracious, **40**, 14; cf. *bú*.

buime, nurse, foster-mother, **30**, 15; **37**, 21, 33.

buinne, rush (of wind), **8**, 42.

bun, base, foundation, **19**, 18; *go bráth 'nar mbun*, always with me, **24**, 6; *bun os ceann* (*do*), at variance with, **47**, 46.

bunadh, origin, stock; *th'ainm bunaidh*, your ancestral name, **45**, 35.

burraiceach, of full figure, **13**, 31.

ca, cá, which, what, **24**, 48; **35**, 19; **46**, 74.

caibidil, (ecclesiastical) chapter, council, **6**, 7; tabh. iol. *caibidlibh*, **20**, ceannscr.

cáidh, stainless, holy, **8**, 1; **39**, 74.

caidreabh, fellowship, companionship; gin. *caidribh*, **18**, 3; cf. *so-chaideartha*.

caigil = *coigil*, preserve, spare, save, **37**, 16.

cailce [gin. an fhocail *cailc*], chalk-white, bright, beautiful, **30**, 7; **34**, 11; **36**, 9.

caill, cailleadh (ainm br.), loss, death, 27, 6; 46, 61, 63; gin. *caillte (ar)*, (who) fail, forsake, 26, 84.

caill (br.), *do chaill*, destroyed, 26, 75.

caipisín, hood, 57, 14.

cáir = *cóir*, 43, 4.

cairde, respite, 15, 27; 26, 97.

cairt, charter; gin. *cairte*, 26, 12.

caise, stream, torrent; *an caise thar ais*, reply, retort, 39, 44.

caiseal, rampart [á thagairt d'fhiacla], 35, 16.

callaí, fineries of dress, 64, 26.

calmuain, calm weather [*calm*+*uain*], 8, 16.

camarsach, twisted, curled, 34, 5.

cánaigh, tabh. uatha an fhocail *cáin*, tax, 45, 50.

caoindúthracht, piety; gin. *caoindúthraicht*, 37, 48.

caola, slender parts, ankles, wrists, 62, 6.

caolrach, tether, restriction; gin. *caolraigh*, 20, 15.

caomh, caomhthach, companion, 1, 21; 18, 3.

caomh (aid.), gentle, 62, 2.

caomh-, beautiful, gentle; *caomhdhroinge* (gin.), 39, 35; *caomhghloine* (gin.), of fair purity, 46, 22.

caomhain, spare, stint, 46, 19.

caonaí, solitary person, lone one, 52, 23.

caor, (a) (red) berry, 47, 21; 51, 7, 23; 63, 21; iol. *caora*, 49, 29; gin. iol. *caor*, 24, 35; (b) lump, mass, 46, 46; *fraschaor* (gin. iol.), of volleying shots, 8, 36.

caor-, red; *caorghoibín*, little red mouth, 36, 7.

caothúil, modest, gentle, 50, 11.

car (br.), love; caite lú uatha *charas*, 34, 1; 3ú uatha *char*, 4, 8; 26, 33; 45, 19.

car (ainm br.) = *cur*, 24, 47; cf. *cor* (*cora*).

caraid, iol. an fhocail *cara*, passim; gin. iol. *carad*, 23, 38.

carnaigh, pile up, 37, 32.

carnfholt, mass of hair, deeply-piled hair, 34, 8.

cartadh, act of clearing away, rooting out, 48, 42.

cárthann = *caorthann*, rowan tree; *crann cárthainn*, 55, 31.

cas (aid.), curly (of hair), 13, 17; 22, 6; 34, 13; *cornchas*, ringleted, plaited, 24, 31; *faonchas*, hanging in tresses, 34, 6.

cas (br.), turn away, avert, 39, 68.

cás, (a) case, matter, 11, 16; 51, 50; (b) concern, 3, 16; 43, 23; *maothchás* cause of grief, 26, 101; (c) plight, grief, 23, 27; 40, 10; (d) *bhéaraidh i gcás*, should tell, 11, 10; *i gcás gur*, with the result that, 37, 42.

casadh, act of raising (a cry), 48, 3.

casc, cask, 39, 48; 41, 6.

cathardha, civic (?), 23, 34.

cathraigh, tabh. uatha an fhocail *cathair*, 30, 18.

cé, this world; gin. *an ché*, 39, 24.

céad-, céid-, *céadbhean, céadghrá, céadsearc*, darling, 49, 34; 55, 9, 26; 60, 4; 62, 9; *céadtoil*, first love, 24, 10; *céidfhir chumainn* (gin.), first mate (of heron), 33, 18.

céadfadh, sense, feeling, understanding; 39, 74; gin. iol. *céadfadh*, 1, 32.

céadlongadh, *ar céadlongadh* = *ar céalacan*, fasting, not having eaten, 39, 14.

ceáfrach, nimble, bounding, 48, 26.

cealg (ainm), deceit; tabh. *ceilg*, 21, 12.

cealg (br.), sting, wound; caite 3ú uatha *do chealg*, 34, 21.

cealgadh, act of deceiving, beguiling, 21, 12.

ceall, cill, church, churchyard, 18, 6; 29, 21; 40, 9; gin. iol. *ceall*, 26, 82.

ceana(ibh), féach *cion*.

ceann, head: (a) *a chinn síodh*, O chief of elfmounds, 19, 39; (b) leader, 48, 34; (c) promontory; tabh. iol. *ceannaibh*, 8, 8; (d) billow, breaker, 8, 23; (e) *ceann Cásca*, at Eastertime, 37, 12; (f) *os ar gceann* = *os ar gcionn*, 47, 35.

ceannaraic, struggling, contention, 38, 19.

ceannchruinn, (roundheaded), Roundhead, Puritan, 29, 25.

ceap, *do cheap*, placed, 36, 14.

ceardcha, ceárta, forge, workshop, 1, 9; 52, 6; gin. *ceardchan*, 21, 28.

ceart (ainm), *i gceart Mháire*, by right of (the humanity of) Mary, 37, 8.

ceart (aid.), right, perfect, 35, 1; 49, 1: 59, 6; *bláithcheart*, beautifully tressed, 51, 49; *leabhaircheart*, 34, 7;

slimcheart, 25, 15; ceartchumhadach, 34, 17.

ceas, debility, affliction, grief, 26, 69, 122.

ceasacht, act of complaining, grumbling, 39, 61; 55, 5.

ceasnamh, act of complaining, grumbling, 28, 38; cf. ceisnimh.

ceathra, cattle, wealth, 39, 24; 43, ceannscr.

céibh, féach ciabh.

céibheann, fairhaired [ciabh+fionn], 39, 69.

céid-=céad- (q.v.), passim; céidnithe, elements [céad+nithe], 39, 65.

céile, spouse, 26, 38; 39, 13; 52, 16, 24; céile Chuinn, 'Éire', 18, 5; 20, 2.

ceilg, féach cealg.

ceiliúr, singing (of birds), 51, 46.

céillidh, céillí, sensible, prudent, 33, 9; 34, 4.

céim, (a) step; tabh. iol. céimeannaibh, 39, 34; (b) dignity, rank, 23, 34; gin. céime, 44, 15; (c) feat, exploit; gin. iol. céim, 29, 48; tabh. iol. céimibh, 46, 43.

ceinnbheirt, headgear, 45, 25.

céirseach, female of blackbird, songthrush, 58, 8.

ceisnimh, grumble, complain; caite 3ú uatha cheisnimh sí, 41, 7; cf. ceasnamh.

ceó, mist, gloom, sorrow, 1, 11; 65, 12; gin. ciach, 1, 35; tabh. ceó, ciaigh, 24, 2; 26, 88; 28, 31; féach leis ciach.

cheana, acht cheana, however, moreover, 35, 31.

choidhche=choíche, 6, 10.

chum=chun, 8, 13; 37, 4, 13.

ciabh, hair, tresses; ainm. céibh, 51, 27; tabh. céibh, 23, 21; 24, 31; 45, 26, 63; gin. céibh, 30, 12; gin. iol. ciabh, 51, 39; óirchiabh, 4, 14.

ciach, gloom, sorrow [gin. an fhocail ceó (q.v.) ó cheart], 66, 12.

ciaigh, féach ceó.

cian, grief, depression, 28, 52.

ciardhubh, jet black, 56, 12.

cill, féach ceall.

cinneamhain=cinniúint, fate, lot, 42, 10.

cinsealach, masterful, overbearing, 20, 10.

cíoch, breast, passim; tabh. cígh, 25,

12; iol. cí [ó cíghe], 36, 9; géarchí, 34, 30.

ciodh=cé, gé, though, 43, 23; cf. gidh.

cion, (a) offence, transgression; iolra cionta, 37, 32; tabh. iol. ciontaibh, 37, 52; ceanaibh, 39, 60; (b) share, 43, 31; (c) esteem, regard, 1, 39; 38, 13, 14; gin. ceana, 39, 36; neamhchion, scorn, 26, 81; fá róchion, held in high regard, 26, 42.

cionn, tabh. uatha an fhocail ceann, 47, 1; de chionn, because of, by reason of, 38, 14; 46, 3, 35; 56, 35; 'mar gcionn, before us, in our presence, 55, 15.

cíorach, crested, peaked, 8, 34.

ciorraigh, diminish, cut short, destroy; coinníollach 3ú iol. chiorróidís, 29, 36.

ciúilchioth, shower of music [ceól+cioth]; gin. ciúilchith, 35, 18.

cladh=claí, earthwork, wall, 55, 29, 30; gin. cladha, 33, 16.

claistean=cloisteáil, 35, 18.

clannú, act of begetting children, 34, 12.

claochlá, act of changing, transforming, bringing to nought, 26, 104.

claoine, perversity [ó claon], 26, 77.

claon (ainm), slant, defect, 51, 22.

claon (aid.), (a) prone, languid, mild, 51, 2; (b) flowing, wavy (?) [á thagairt don ghruaig], 34, 5; 36, 19; (c) perverse, wicked, 2, 44; 29, 13.

claon (br.), incline, bend down, 13, 10; nach claon eachtrann, whom the enemy does (did) not vanquish, 46, 59.

claonadh, act of bending, perverting, distorting, 26, 88.

clár, level expanse, surface (of sea), 8, 23; clár éadain, forehead, 51, 26.

clé, wicked, perverse, 39, 60.

cleachtach, wavy (of hair), 23, 21.

cleath, stake, support, prop, 3, 7.

cléibh, féach cliabh.

cléir(e), féach cliar.

cléireach, clerk, cleric; gin. iol. cléireach, 20, 10; tabh. iol. cléirchibh, 14, 6; cléireachaibh, 39, 12.

cléith, tabh. uatha an fhocail cliath, phalanx, array, 8, 3; 20, 5.

clí, body, womb, 2, 14, 59; 24, 47; 37, 27.

cliabh, breast, heart, 52, 55; 54, 9; gin. cléibh, 47, 23; 58, 3, 9; 60, 18;

a Choimdhe chléibh, dear God, **5**, 16; *a Úna chléibh*, beloved Úna, **51**, 1.

cliar, (a) clergy, **26**, 17; **29**, 14; tabh. *cléir*, **20**, 3; gin. iol. *cliar*, **28**, 10; *ceangal cléire*, the bond of matrimony, **58**, 11; (b) company, band (of poets); gin. iol. *cliar*, **4**, 13.

cliathán, side, breast, **51**, 15.

cliathbhras, of swift battles (?), **19**, 3.

cling, chime, peal, **63**, 4.

clis [gin. an fhocail *cleas*], guilesome, **39**, 39.

cliseadh, act of failing, **45**, 74.

clochán, heap of stones; iol. *maol-chlocháin*, **63**, 22.

clódh, act of overcoming, destroying, **1**, 32; **24**, 10.

clog, blister, **56**, 9.

clos, ainm br. an bhriathair *cluinim* (*cloisim*), **23**, 6.

cluain, cluainíocht, flattery, deceit, guile, **32**, 11; **60**, 22.

cluanaí, flatterer, deceiver, **11**, 3; **55**, 45.

clúid, corner, fireside, **55**, 22.

clúmh, feathers, down, **45**, 32.

cnagaire, noggin, **39**, 48.

cnead, sigh, groan, moan; gin. iol. *cnead*, **26**, 121.

cneadh, wound, **24**, 8.

cneas, skin, body, **13**, 15; **21**, 19; **45**, 31; gin. *cnis*, **39**, 13; *a bháinchnis* (gairm.), fair lady, **60**, 2; *seadachneas*, slender body, **35**, 23; *cneaschumhra*, of fragrant skin, **34**, 11.

cnuas, nuts, fruit; tabh. iol. *cnuasaibh*, **46**, 6.

cobhair = *cabhair*, **24**, 23.

cocán, curl, plait, **52**, 19.

cochlach, wavy (?) (of hair), **25**, 6.

cogal, cockle, **15**, 4.

cogar, *a chogair*, dearest, darling, **54**, 11; **58**, 5.

cogús, conscience, **29**, 13.

cóige = *cúige*, **26**, 10.

coille = *coill*, **3**, 14.

Coimdhe, Lord, God, **5**, 16; **24**, 47; **39**, 74.

coimhdeacht, act of accompanying, protecting, **31**, 3.

coimheas, comparison, **46**, 33, 79.

coimhtheach, strange, wild, fierce, **26**, 56.

coinne, *i gcoinne*, to meet, towards, **12**, 5, 22, 23; *ós mo choinne*, in front of

me, **56**, 32.

coinnleach, cuinnleach, bright, glittering, **45**, 9, 63, 86.

cointinn, contention; gin. *cointinne*, **20**, 5.

coipeadh, foaming, **51**, 47.

coir, crime, **23**, 11; **37**, 30.

cóir, cáir (ainm), (a) right, justice, what is proper; **43**, 4, 19; gin. *córa*, **26**, 12, 22, 76; (b) just treatment, attendance, **28**, 26; **29**, 40; (c) favourable wind, **8**, 16; (d) *do chóir*, near, beside, **8**, 3; **43**, 8.

cóir (aid.), right, proper; fittingly deservedly [úsáid dobhriathartha], **23**, 34.

coirceóga, beehives, **59**, 4.

coiriú, act of sinning [ó *coir*], **35**, 7.

cois, *a chois*, near, beside, **33**, 16; *dem chois*, on foot, **39**, 36.

coisce, *lámh gan choisce*, a hand which could not be hindered, an invincible warrior, **46**, 79.

coite, small boat, **55**, 35.

col, dislike; *col d'fhagháil d'ealadhain*, dislike being taken to poetry, poetry being a cause of offence, **1**, 38.

colg, bristle, peak (?); gin. iol. *colg*, **8**, 34.

coll, hazel-tree, **63**, 21; gin. *coill*, **37**, 47 [focal molta ar Chríost].

colm, dove; iol. *coilm*, **59**, 1.

colúr, dove, **47**, 10.

com, waist, body, **47**, 31; **60**, 3.

comh-, *comhdhlúth*, close, compact, **35**, 1; *comhfhocal* (gin. iol.), of the synonyms (?), **26**, 71 (cf. nóta).

comhall, comhalladh, act of fulfilling, observing, **15**, 20; **17**, 6; **57**, 21; *cómhaill*, **26**, 78.

comhar, co-operation (in farmwork); gin. *comhair*, **63**, 23.

comhlann, comhlainn, combat, **26**, 34, 48.

comhra, coffin, **54**, 11.

cómhthrom = *cothrom*, iustice, equity, **26**, 83, 116.

conách, good fortune, success, happiness, **44**, 15.

cóngas, relationship, relatives, **26**, 86.

connradh, covenant, **37**, 1.

cor, (a) twist, trick, **9**, 6; gin. *coir*, **19**, 48; **39**, 30; (b) change of fortune, vicissitude, plight, **9**, 9; **13**, 14; **19**, 22; **58**, 10.

cor, cora=*cur*, **1**, 39; **24**, 2, 22; cf. *ear*.
cora, weir; gin. *coradh*, **59**, 11; tabh. iol. *corthaibh*, **14**, 14.
corcra, bright, fair, **19**, 20; **45**, 86.
corn, coil, ringlet; *cornchas*, ringleted, plaited, **24**, 31; *cuirnín*, **19**, 48.
cornadh, act of curling, plaiting (of hair), **45**, 8.
corr (ainm), projection, rampart, cornice, **45**, 73.
corr (aid.), tapering, rounded, **45**, 18; **51**, 14; *corrghlan*, **45**, 28.
corr ghréine, heron, **33**, 17.
cosair, '*na chosair chrú*, in a gory mass, **35**, 30.
cosmhail=*cosúil*, **46**, 25; *rér cosmhaile* =*lenar cosúla*, **2**, 28.
costas, provisions, wealth; gin. *costais*, **39**, ceannscr.; **43**, ceannscr.
cothrom, *gan chothrom compánaigh*, without even a companion, **17**, 7.
cotún, clothes, raiment; tabh. iol. *cotúnaibh*, **35**, 23.
crábhadh, piety, devotion; gin. *crábhaidh*, **37**, 26.
crádh=*crá*, torment, misery, **23**, 38.
cránach, gin. an fhocail *cráin*, sow, **15**, 8.
crann, (a) the Cross, **37**, 49; (b) *crann seóil*, mast, **52**, 34; *crann soillse*, chandelier, **56**, 31; (c) lot, fate; gin. *crainn*, **18**, 12.
crannda, feeble, ignoble, **1**, 39.
crannghail, wood, (wooden) plough, **6**, 15.
craobh, branch, scion [á thagairt do bhean álainn], **51**, 42; **55**, 28; *craoibhín*, **61**, 15.
craobh-, *craobhfholt*, branching locks, **36**, 19; **51**, 2; *craoibhiomdha*, of plenteous foliage, **37**, 42.
craobhach, branching, ringleted (of hair), **7**, 3; **13**, 17; **34**, 5; **65**, 7.
craoibhín, féach *craobh*.
crasaim=*crosaim*, I prevent, forbid, **34**, 32.
crathurlach, of shaking locks, **34**, 5.
creabhar, woodcock; iol. *creabhair*, **48**, 6.
créacht, wound, scar, **46**, 65; *créachtfhulang*, endurance of wounds, **39**, 70; *do chréachtghoin*, severely wounded, **34**, 21.
créad=*céard*, what, *passim*.
crean re (le), bear the expense of,

devote one's time to; caite, 1ú uatha *chreanas*, **38**, 19; 3ú uatha *chrean*, **39**, 1.
creat, frame, body, **26**, 3; **39**, 53; *creatlom*, **8**, 32.
creig, tabh. uatha an fhocail *creag*, rock, **28**, 32.
crélann, spade [*cré*+*lann*]; gin. *crélainne*, **39**, 51.
cridhe=*croí*, **1**, 11; gin. iol. *cridheadh*, **1**, 23; *soichridhe*, goodness of heart, **4**, 28. Cf. *croidhe*.
críoch, *a gcríoch chúncais*, their ultimate vanquishing, **37**, 44.
críonna, wise, prudent, **3**, 13; **50**, 29.
críonurlach, faggot-fringed [ó *críon*, faggot, +*urla*], **37**, 36.
crithir, spark, ruddiness, **21**, 28.
cró, enclosure, pen, **52**, 26; *cró Chuinn*, 'Éire', **26**, 66.
crobh, hand, **9**, 8; **25**, 16; *croibhneartmhar*, strong-handed, **46**, 60.
cróchar, bier, **51**, 20.
crodh, cattle, wealth, **46**, 19; gin. *croidh*, **39**, 27.
croidhe=*croí*, *passim*; cf. *cridhe*.
cronnógach, pooped, having a look-out post, **8**, 20.
crú, blood, race, **37**, 5; **39**, 82; '*na chosair chrú*, in a gory mass, **35**, 30.
crua-, *crua-dhochar*, grievous harm, **46**, 88; *crua-ghlac*, hard fistful, **20**, 12; *crua-ghol*, lamentation, **56**, 22; *cruaphrionta*, difficult print, writing, **38**, 19.
cruth, appearance, state, **34**, 25; tabh. *cruth, cruith*, **19**, 30; **43**, 30; **61**, 11.
cú alla, wolf, **33**, 9.
cuach, curl, ringlet; gin. iol. *cuach*, **13**, 26.
cuachach, ringleted, **45**, 63.
cuaine, crowd, company, **17**, 1.
cuallacht, company, retinue, **63**, 29.
cuan, *im chuan*, in my company, **13**, 32; iol. *cuanta loma*, bare regions, **48**, 47.
cuas, cavity, cave; tabh. iol. *cuasaibh*, **48**, 60.
cufa, cuff, **9**, 3.
cuibhriú, act of binding, **37**, 30.
cuid, (a) share, food, **60**, 20; (b) object of affection, **21**, 23; **49**, 13; **51**, 48.
cuigeann, churn; *dhéanfainn cuigeann*, I would churn, **52**, 11.

cúil, corner, nook, **37**, 26; **39**, 79; **42**, 11.

cúileann, fair-haired girl [*cúl+fionn*], **53**; **60**, 5.

cuimse, moderate, **24**, 12; **40**, 10.

cuimseach=*cumasach*, powerful, **46**, 60.

cuimsithe, controlled, restrictive, **20**, 15.

cuing, yoke, oppression, **19**, 44; *géibheannchuing*, **18**, 9.

cuinnleach, féach *coinnleach*.

cuir, *ní chuirid cás*, they are unconcerned, **43**, 23; *ar chuiris tim*, whom you have made weak, enfeebled, **22**, 29; *do chuir a clann*, bore her children, **40**, 15.

cuire, band, company, **1**, 23.

cuireadh, hospitality, liberality; gin. *cuiridh*, **30**, 3.

cuirnín, ringlet, **19**, 48; cf. *corn*.

cuisle, vein; gin. *cuisleann*, **37**, 49; *tréithchuisleach*, with feeble pulse, **39**, 45.

cuisne, hoar frost, 56, 28.

cuithe, pit, **37**, 36.

cúl, gin. *cúil*, head of hair, *passim*; *cúilín*, **55**, 46; **60**, 3.

cumadh, act of forming, shaping, **24**, 25.

cumann, love, affection, **6**, 20; gin. *cumainn*, **25**, 18; **33**, 18; *a chumainn*, dearest, **49**, 25; **51**, 48.

cumha, melancholy, loneliness, **53**, 12; **56**, 39; **58**, 12; gin. *cumhadh*, **1**, 3, 35.

cumhdach, (a) act of safeguarding, protecting, **51**, 52; gin. *cumhdaigh*, **35**, 14; *ceartchumhdach*, **34**, 17; (b) *cloch gcumhdaigh* (gin. iol.), of ornamental stones, jewels, **35**, 14.

cumhra, fragrant, *passim*; *cumhraidhe*, **3**, 14.

cúncas, conquest, overthrowing, vanquishing; gin. *cúncais*, **37**, 44.

cur, (a) act of sowing, **49**, 19; (b) act of disposing, disposal, **26**, 113; *dom chur*, leaving me, **39**, 57; (c) *á shíorchur*, falling continually, being continually blown, **55**, 3.

curadh, warrior; gin. iol. *seanchuradh*, **46**, 42; *saorchuradh*, **46**, 64.

curraichín, little marsh, **52**, 22.

cúrsa gaoithe, favourable wind, change in circumstances, **10**, 14.

dadamh, atom, iota, **39**, 4.

dagh- deagh-, deigh-=*dea*-, **7**, 7; **23**, 14, 36; **38**, 13; **63**, 5.

daidhbhir, poor, **43**, 3.

dáil (ainm), (a) meeting; *in do dháilse*, in your company, to your house, **27**, 15; (b) condition, character (?), **21**, 13; iol. *dála*, circumstances, plight, **15**, 2.

dáil (br.), give, bestow, **43**, 32; caite lú uatha *dháileas*, **19**, 2.

dairt, féach *dart*.

dais, dash, flourish (in writing), **39**, 12.

dála, feách *dáil*.

dall, darkness, obscurity, blindness; *mo dhall ciachsa*, my blinding sorrow, **1**, 35.

dalta, foster-child, darling, **51**, 5; **53**, 9.

d(h)amh=*dom*, passim.

dámh, band of poets, company, **1**, 27; **4**, 28; **12**, 22; tabh. *dáimh*, **9**, 9; gin. iol. *dámh*, **1**, 7, 37.

damhna, material, makings, cause, **1**, 3; **46**, 55.

dánacht, familiarity, **49**, 18.

danaid, grief, regret, **49**, 21.

danair, foreigners, barbarians, **26**, 53.

danas=*donas*, **35**, 31.

daoi, dullard, **41**, 15.

daor, (a) harsh, severe, **19**, 44; **34**, 26; (b) *daordhuan* (gin. iol.), of precious poems, **21**, 27.

darach, oak tree; gin. *daraí*, **60**, 1; tabh. *daraigh*, **48**, 55.

dart, dairt, dart, arrow, **36**, 14; **38**, 19; tabh. iol. *dartaibh*, **35**, 8.

deachmhadh, tenth part, **1**, 7.

deacúlach, docúlach, hard, painful, **34**, 26; **35**, 35.

déad, set of teeth, **22**, 24; **30**, 7, 8; **45**, 17; gin. *déid*, **51**, 13; tabh. *déid*. **25**, 8; *déidgheal*, having bright teeth, **34**, 2; gin. *déidghil*, **51**, 13.

deagh-, deigh-, dagh-=*dea*-, **7**, 7; **23**, 14, 36; **38**, 13; **63**, 5.

deaghaidh, deáidh=*diaidh*, **8**, 43; **23**, 12; **37**, 31; cf. *déidh*, *deóidh*.

dealamh, poor, destitute, **60**, 18.

dealbh, shape, form; tabh. *deilbh*, **45**, 24; *dealbhnathrach*, serpent-shaped, **8**, 33; cf. *deilbhín*.

dealbhaigh, shape, fashion; *dá ndealbham dán*, for whom we (I) compose a poem, **24**, 28; br. saor caite *dealbhadh*, **24**, 42.

dealrann, shines, **45**, 11.
deanna, iol. an fhocail *dionn*, height, peak, mountain, **14**, 4 (cf. nóta).
dearbhtha=*dearfa*, **46**, 53.
dearc, eye, **36**, 6; **37**, 19; **45**, 61; tabh. *deirc*, **23**, 12; iol. *dearca*, **34**, 30; *dearcann*, **30**, 9; gin. iol. *dearc*, **26**, 128; tabh. iol. *dearcaibh*, **39**, 33.
déarca, gin. an fhocail *déirc*, **9**, 2.
dearg, make red, wound; *do deargadh léi*, she wounded, **34**, 28.
deargtha, gin. an fhocail *deargadh*, act of making red (causing to blush), **10**, 1.
deárscnaigh, *do dheárscnaigh*, surpassed, vanquished, **37**, 41.
deaseagra, *fá dheaseagra*, neatly arrayed, **45**, 17.
deibhléan, pauper; *do dheibhléan Dé*, to God's poor, **5**, 14.
déid(-), féach *déad*.
déidh=*diaidh*, **26**, 76; **55**, 14; cf. *deaghaidh* (*deáidh*), *deóidh*.
deigh-, deagh-, dagh-=*dea-*, **7**, 7; **23**, 14; **38**, 13; **63**, 5; *ó dheighfhisibh*, from (persons of) excellent knowledge, judgement, **23**, 36.
déil, *bog déil*, bog-deal, **58**, 4.
deilbh, féach *dealbh*.
deilbhín, person of miserable appearance, **41**, 4; cf. *dealbh*.
deirc, féach *dearc*.
deirglí, ruddy colour, complexion [*dearg*+*lí*], **41**, 4.
deise, féach *dís*.
deóidh, *fá dheóidh*, in the end, eventually, **15**, 4; cf. *deaghaidh* (*deáidh*), *déidh*.
deól, suck, drain; caite 3ú iol. *dheólsad*, **15**, 8.
deónachadh, fate, hurt, injury, **23**, 10.
deónaigh, *do dheónaigh*, allowed to happen, **26**, 28.
deóra(idh), stranger, foreigner; tabh. iol. *deóraibh*, **26**, 63.
dia do bheatha, welcome!, **2**, 1, 13, 14.
diamhair, mysterious, occult, fairy, **45**, 74.
dil, dear, beloved, **17**, 5; **55**, 1.
díle, deluge, the end of the world, **63**, 39; *dromchla na díleann*, the surface of the sea, **14**, 23.
dín, féach *díon*.
díobháil, spoiling, **55**, 44.
díochur, expulsion, subjugation, **46**, 9.

díog, drain out (of people); br. saor caite *díogadh*, **26**, 11.
díograis, enthusiasm, affection, **47**, 37.
díol, (a) sufficiency, one deserving of, **1**, 4; **13**, 26; (b) payment, **10**, 16; **23**, 9; **36**, 12.
díolaim, gleaning; *foscaindíolaim*, **15**, 27.
díoltach, vengeful, **15**, 26.
díolúnach, noblemen, champion [á thagairt do Chríost], **37**, 34.
diombáidh, sorrow, dejection, disappointment, **4**, 1, 2.
diomdha, dissatisfaction, displeasure, **5**, 24.
díon, shelter, protection, **2**, 48; **24**, 29; **56**, 38; gin. *dín*, **8**, 4.
díorma, band, company; tabh. iol. *díormaibh*, **15**, 19.
díorú, act of steering, directing, going, **26**, 125.
díothú, act of destroying, exterminating, **26**, 9.
dís, tabh. an fhocail *dias*, two persons, **29**, 10; gin. *deise*, **40**, 1.
dísmúinigh, forget, overlook, **37**, 46.
díth, loss, destruction, ruin, **10**, 10; **11**, 2; **26**, 14; **36**, 17; **41**, 12; **45**, 38.
diúltaigh, *do dhiúltaigh mé*, I renounced, **55**, 27.
dlaoi, lock of hair, the hair, **7**, 7; **36**, 5; *géagdhlaoi*, branching, wavy hair, **34**, 29.
dleacht, fittingly, appropriately, **39**, 26.
do(i)-, impossible; *doidhéanta*, impossible, not easy to do, **4**, 24; *dofhulaing*, insufferable, **46**, 14; *doileanta*, unapproachable, incomparable, **21**, 20.
dobhrán, otter, **33**, 1.
docht, firm, strong, **26**, 34.
docúlach, deacúlach, hard, painful, **34**, 26; **35**, 5.
doi-, féach *do(i)-*
doigh, pang, dart of pain, **24**, 16.
dóigh (ainm), (a) opinion, **15**, 23; **23**, 36; **45**, 84; (b) trust, confidence, **5**, 19; **30**, 1; *i ndóigh go*, in the hope that, so that, **38**, 3.
dóigh (aid.), likely, **24**, 8.
doilgheas, sadness, sorrow, **21**, 22.
doiligh, hard to bear, distressing, **8**, 9, 10; **13**, 14, 28; **19**, 44; comp. *doilghe*, **24**, 48; **46**, 75.
dol=*dul*, **4**, 19; **24**, 19.

domblas, bitterness, 2, 59.

do-ní, ' ní=*déanann*, 30, 15; 50, 29; 3ú iol. *do-níd*, 26, 58.

donna-bhruíne, noble, splendid dwellings, 15, 11.

dorrdha, surly, sulky, 27, 4.

dos, bush, copse; gin. iol. *dos*, 22, 20.

drad, snarl, utterance, 39, 43.

dram, dram, drink; gin. iol. *dram*, 57, 15.

draoi, poet, learned man; iol. *draoithe*, 1, 15; gin. iol. *saordhraoidheadh*, 1, 2.

dreach, face, countenance [á thagairt don duine iomlán], 23, 17; 35, 3.

dréim, act of climbing, contending, 55, 29.

dreime, gin. an fhocail *dream*, band, 46, 9.

droighneach, *crainn droighnigh* (gin.), of a sloe-tree, 56, 27.

droighneán,sloe-tree, 55, 4.

dromchla, surface, 14, 23.

drong, band, crowd, 26, 59; gin. *droinge*, 39, 35; 42, 12; gin. iol. *drong*, 46, 32.

drúcht, dew, 55, 8; 61, 13; gin. *drúchta*, 49, 8 (féach nótaí).

drud, shape, 30, 6.

duairc, gloomy, dull, 38, 4.

duairceas, gloom, stolidity, 38, 12.

dual, belonging to by right, hereditary, 46, 5, 35, 37, 41.

dualach, in tresses, 45, 9, 26.

duan, poem; gin. iol. *daordhuan*, 21, 27; *Tadhg duanscagtha Dall*, T.D., refiner of poems, 1, 13.

dubhthuata, utter boor, 38, 1.

duibhe, blackness, darkness, 7, 1; 37, 41.

dúiche, féach *dúi(th)che*.

dúil, element, creation, nature, 2, 28; gin. iol. *dúl*, 2, 31; 24, 25; 29, 10; *mídhúilibh* (tabh. iol.), wicked creatures, 37, 45.

dúilbheart (gin. iol.), of desired actions (?), 51, 42. [B'fhéidir gur *duailbheart*, 'of fitting acts', atá i gceist agus athrú sa tsiolla tosaigh ar scáth na meadarachta.]

dúileamh, creator; gin. *Rídhúilimh*, 37, 33.

duille, foliage, 46, 82.

dúiseacht, *príomhdhúiseacht*, first awakening, original cause, 37, 39.

dúi(th)che, dúthaigh, heritage, patrimony, estate, 10, 11; 19, 38; 28, 35; 48, 64; 49, 12.

dul, act of being lost, passing away, dying, 24, 8; 43, 11.

dúnadh=*dún*, fortress, castle, 45, 53; gin. *dúnaidh*, 5, 9.

dúscadh, state of being awake, 16, 1.

dúthaigh, féach *dúi(th)che*.

dúthcha, natural, 27, 9.

dúthracht, devotion, zeal, 2, 44; 37, 49; *caoindúthraicht* (gin.), of piety, 37, 48.

each, horse, steed, 51, 3; 55, 42; cnuasainm/iol. *eachraí*, 53, 3; *óigeachach*, full of young horses, 4, 4.

eacht, féach *feacht*.

éacht, feat, deed of valour; gin. iol. *éacht*, 46, 18; *éachtchoin*, warriors, 44, 2.

eachtrann, foreigner, alien, (enemy), 46, 59; gin. iol. *eachtrann*, 26, 26; 46, 4, 68.

éadáil, profit, wealth, 51, 33; 52, 47.

eadar=*idir*, 51, 38; 55, 40; 62, 9, 12,; *eadram . . . 's=idir mé agus*, 39, 30.

éadroime, frivolity, 39, 44.

éagantacht, lack of sense, silliness, 39, 2.

éagnach, complaining, lamentation, 39, 68.

eagra, arranging; *fá dheaseagra*, neatly arrayed, 45, 17.

eala, swan, beautiful girl, 53, 11; 54, 19; 62, 7; 66, 4.

ealadha, literary or poetic art; gin. *ealadhan*, 18, 7; *ealadhna*, 46, 2; tabh. *ealadhain*, 1, 38; 38, 15.

ealadhnach, poetically skilled, 1, 22.

ealta, flock, crowd; *dá ealtain*, 1, 20.

ealtach, bearing flocks of birds; *goirmealtach*, 4, 15.

éamh, calling, crying out, 26, 83; 63, 10.

eang, piece of land, plot, 26, 89; tabh. *eing*, 10, 7; gin. iol. *eang*, 4, 4.

eanga= ?, 46, 32.

éar, *nár éar*, who did not refuse, 12, 22.

éara, act of refusing, refusal, 39, 16; 46, 27.

earra, clothes, dress, 35, 26.

easbhaidh, easpaidh=*easpa*, passim.

eascairt, act of growing, budding, swelling, 35, 22.

eascara, enemy [contrárthacht *cara*]; tabh. iol. *eascairdibh*, **44**, 2.

easpaidh, féach *easbhaidh*.

eibear, apex; *eibear íota*, fierce thirst, **41**, 2.

éidir, *ní héidir*=*ní féidir*, **26**, 13.

éigean, (a) violation, rape, **26**, 79; (b) difficulty, distress; tabh. *éigin*, **18**, 11.

éigne, (a) salmon; gin. iol. *éigne*, **45**, 7; (b) hero, champion, **46**, 47.

éigneach, violent, oppressive, **34**, 14.

éignithe, gin. an fhocail *éigniú*, act of compelling, overpowering, **39**, 54.

éigse, poetry, learning, poets, **1**, 1, 6; **9**, 11; **14**, 8; **19**, 42; **42**, 9.

éileamh, act of seeking, calling on, visiting, **39**, 37.

eilit, hind, doe, **33**, 5; *eilitín* [á thagairt do bhean], **41**, 13.

éilnithe, gin. an fhocail *éilniú*, act of defiling, dishonouring, **39**, 25.

éimigh, *nár éim'*, who did not refuse, **10**, 6.

eing, féach *eang*.

éinneach, anybody [*aon*+*neach*], **23**, 13, 25; **26**, 111; **47**, 43; **49**, 18.

éirghe=*éirí*, **43**, 13; **45**, 1; *d'éirgheadh* =*d'éiríodh*, **20**, 7; *éirgheas*=*éiríos*, *éiríonn*, **26**, 106; *éirghim*=*éirím*, **44**, 13; *d'éirigh dhúinn*, which happened to us, **42**, 10.

éiric, recompense, **39**, 38; *in éiric*, instead of, **44**, 11.

éis, track, trace; *d'éis*, after, **18**, 2, 3; *dá héis*, after it (fem.), **45**, 4; *tar mh'éis*, after me, **4**, 25; *tar a éis sin*, afterwards, furthermore, **64**, 27.

éislinge, insecurity, infirmity, defence-lessness, **39**, 42.

eochair, (a) sprout, young woman, **51**, 13; (b) rim, border; *eochar-aoibhinn*, fair-bordered, **15**, 12.

eól, knowledge, learning; gin. *eóil*, **21**, 22; **23**, 11; cf. *iúl*.

eólach, man of learning; tabh. iol. *eólchaibh*, **46**, 1.

eólas, knowledge of direction; gin. *eólais*, **57**, 32; cf. *iúl*.

eólchair'=*eólchaire*, grief, sorrow, **26**, 7.

fa, fá (br.)=*ba*, **19**, 47; **26**, 38, 49; **45**, 23, 27; **46**, 25, 60.

fa, fá (réamhfhocal), (a) under, **1**, 15; **15**, 19; **24**, 2; **26**, 69, 70, 72, 88, 90, 105; **39**, 32, 59; **45**, 50; **46**, 72; (b) about, concerning, because of, **5**, 20; **8**, 9; **11**, 3; **18**, 5; **20**, 8; **26**, 27; **28**, 12; **39**, ceannscr., 21, 64, 72; **48**, 52; **61**, 1; (c) along, over, throughout, **1**, 11, 16; **4**, 7; **20**, 11; **23**, 3; (d) *fá deara*, which caused, **39**, 63; *fá dheóidh*, eventually, **15**, 4; *fá mhíle*, thousandfold, **14**, 10; *fá seach*, in turn, **39**, 19; *fá thuairim*, in the direction of, to (in toast), **17**, 4; **20**, 10. Cf. *faoi*, *fó*.

fad-, *fadchúrsach*, long and flowing, **34**, 8; *fadúr*, long and fair, **8**, 29.

fagháil=*fáil*, **1**, 38.

faicsin(t)=*feiceáil*, act of seeing, **16**, ceannscr.; **35**, 28; **51**, 40.

fáidh, seer, poet, learned man, **26**, 71; *fáidhfhile*, **1**, 34.

fail, *im fhail*, beside me, with me, **23**, 19.

failgheadh, gin. iol. an fhocail *fail*, ringlet, **24**, 44.

faillítheach, neglectful, **39**, ceannscr.

faire, watching, state of being awake, **16**, 3; *síorfhaire*, **16**, 4.

fál, hedge, fence, protection, **15**, 3; **52**, 44.

falach, féach *folach*.

falamh=*folamh*, empty, **39**, 38.

fallaing, cloak; gin. *fallainge*, **38**, 11; *dar mh'fhallaing*, by my oath, **35**, 5.

fán, *chun fáin*, *i bhfán*, astray, lost, cast away, **15**, 28; **63**, 24.

fanamhain=*fanúint*, act of staying; *mé d'fhanamhain*, that I should remain, **18**, 1.

fann (ainm), weak, helpless person; gin. iol. *fann*, **26**, 83.

fann (aid.), weak, feeble, faint, **2**, 36; **37**, 51; **45**, 29, 34; **49**, 38.

faobhar, *freagra faobhair*, keen, sharp retort, **42**, 4.

faodhach= ?, **45**, 29.

faoi (ainm), voice; *faoi gháire*, laughing voice, **51**, 19.

faoi (réamhfhocal), about, around, **55**, 3; cf. *fa* (*fá*), *fó*.

faomh, *dá bhfaomhadh Dia*, if God should grant, **4**, 17.

faon, weak, limp, **36**, 5; *faonchas*, hanging in tresses, **34**, 6.

farat, with you, in your company, **10**, 7.

fásach, *fásaigh goirt,* salt deserts, **61,** 13.

fascnamh, act of going, departing, **46,** 12.

fáth, cause, reason, matter; *ní chuirfinn i bhfáth,* I would not consider important, prize, **65,** 15.

feabhas, *d'fheabhas,* because of the excellence of, **19,** 41, 42, 43; **39,** 21.

feac, handle (of spade), **39,** 52.

féach, try, tempt, **50,** 12; br. saor caite *féachadh,* **51,** 14.

féachain=*féachaint,* **45,** 23; *dul dá féachain,* to visit her, **19,** 21; cf. *féagain.*

feacht, time, occasion, **19,** 31; **39,** 50; **41,** 2; *eacht,* **39,** 30.

féadaim, *ní fhéadaim,* I am not able, cannot, **25,** 5; *is leat a bhféadaimse,* all I can (get, possess) is yours, **39,** 40.

feadar, *ní fheadar,* I do not know, **35,** 19; *nach feadair,* who does not know, **10,** 4; cf. *fidir.*

feadh, *ar f(h)eadh,* throughout, **19,** 13; **23,** 33.

feadha, féach *fiodh.*

feadhain, band, company, **4,** 25.

feadh-ghlúineach, reaching to the knees, **34,** 6.

feadhnach, commander, leader [ó *feadhain*], **19,** 35.

féagain=*féachaint,* **3,** 4; cf. *féachain.*

fear, pour forth; *fear fáilte,* welcome, **37,** 20.

fear gráidh, poet, **39,** 75.

féarán, dove, pigeon; iol. *féaráin,* **48,** 33.

feargain, wrath, **39,** 68.

fearra=*fearr,* **22,** 16; **39,** 24.

feart, miracle, power; tabh. *fiort,* **37,** 37; gin. iol. *feart,* **39,** 65.

feartach, possessing miraculous powers, wonder-working, **28,** 9.

feartán, grave-mound; gin. *feartáin,* **40,** 5.

féaruaine, green-swarded, verdant, **4,** 10.

feas, *ní feas*=*ní fios,* **36,** 4.

feascar, evening, **39,** 46.

féidhlithe, gin. an fhocail *féidhliú* (*feidhliú*), act of persisting, persevering, **39,** 71.

feidhm, service, use, need, **2,** 51; **44,** 5.

feil-, *feilbheart, feileghníomh,* evil action, **41,** 5; **46,** 74.

féil, (a) gairm. uatha an fhocail *fial,* hospitable man, **23,** 22; (b) tabh. uatha bain. na haidiachta *fial,* **30,** 18.

féin, féine, féach *fian.*

féinnidh, warrior, champion, **46,** 60; iol. *féinneadha,* **46,** 72.

féirfhicheall, fraudulent chess-game (i.e. life itself) [*fiar,* crooked,+ *ficheall*]; gin. *féirfhichill,* **39,** 64.

feirrde=*fearrde,* **5,** 30.

féithle, sinew; gin. iol. *féithleann bhfis,* of the sinews of learning, **39,** 21.

feóchan, breeze, **52,** 39.

feóir, feór=*féir, féar,* **19,** 46; **59,** 11.

fí, weaving, woof, **36,** 16; cf. *fighe, fíte.*

fiadh, land; *fiadhghlan,* **45,** 54.

fian, warrior-band; gin. *féine,* **19,** 43; tabh. *féin,* **26,** 103; tabh. iol. *fianaibh,* **19,** 11.

fianbhothach, having shelters for soldier-bands, **8,** 11.

fiar, *gan fiar,* straight, without fault, **51,** 44.

fiarlán, *ar fiarlán,* slantwise, athwart, **8,** 26.

fidir, *ní fhidir,* I do not know, **45,** 25; cf. *feadar.*

fighe, act of weaving, plaiting of hair, **7,** 6; cf. *fí, fíte.*

fine, clan, tribe, race, **1,** 20; gin. (uatha agus iol.) *fine,* **1,** 26; **37,** 40.

fíneálta, refined, **51,** 19.

finne, fair skin, fair hair, beauty [ó *fionn*], **54,** 2, 6.

finne-, féach *fionn-.*

fíoch, anger, fury, **8,** 28.

fiodh, tree; gin. *feadha,* **46,** 82.

fiodhradh (cnuasainm), wood, **46,** 10.

fionn (aid.), fair, handsome, noble, **39,** 77.

fionn (br.), *fionnadh,* was found, occurred, **25,** 17; **37,** 22; **40,** 11.

fionn-, fair, bright, handsome; (a) *finnebhean,* **13,** 25; *fionnbhan* (gin. iol.), **7,** 4; (b) *fionnchrann,* nobleman, **46,** 40; iol. *fionnchroinn,* **46,** 6; tabh. iol. *fionnchrannaibh,* **46,** 39; (c) *finnegheal,* fair, bright maiden, **37,** 25.

fíor, tabh. an fhocail *fear,* **23,** 2; **34,** 9.

fíoradh, came true, **43,** 5.

fiort, féach *feart.*

fíorú, act of confirming, sanctioning, **26,** 123.

fios, knowledge, learning; *flaith re fios,* man of learning, **21,** 3; gin. *fis,* **21,** 21; **39,** 21; tabh. iol. *deighfhisibh,* **23,** 36; *d'fhios an,* in order to see whether, **45,** 71.

fisidh, one proficient in knowledge, scholar, **1,** 34; gin. *fisidh,* **23,** 35.

fite, (a) woven, plaited, **55,** 46; (b) *le sring fhite,* with a sewing-thread, **20,** 13. Cf. *fí, fighe.*

flaith, lord, nobleman, *passim*; *ardfhlaith,* **15,** 21; *réfhlaith*=*rífhlaith,* **39,** 77; *rófhlatha* (gin.), of a strong chieftain, **6,** 5.

flaitheasfhear (gin. iol.), of chieftains, nobles, **18,** 6.

flocas, flocks, padding of wool; gin. *flocais,* **58,** 6.

fó, (a) under, **14,** 13; **28,** 52; **35,** 8; **36,** 14; (b) towards, into, throughout, **28,** 25; **33,** 11; **44,** 3; **45,** 54; (c) about, around, concerning, **33,** 6, 15. Cf. *fa (fá), faoi.*

fogas, *i bhfogas,* near at hand, **51,** 12; Cf. *foigse.*

foghail, attack, plunder, trespass, **24,** 24; **35,** 19, 36; gin. *foghla,* **52,** 44.

fógra, (a) act of proclaiming, announcing, **26,** 107; (b) act of banishing, outlawing, **1,** 37; **26,** 32, 51.

fógraim, (a) *fuagraim,* I denounce, **20,** 15; **52,** 49; (b) *mar fhógras reacht,* as law ordains, **41,** 11.

foigse, comp. na haidiachta *fogas,* near, **46,** 70.

foilcheas, act of hiding, **42,** 7.

foile, gin. an fhocail *fuil,* **23,** 19.

foileimneach, leaping, ready to leap, **8,** 29.

foilsiúghadh, act of revealing, setting forth, **37,** 40.

fóir, help, heal, relieve, **5,** 16; **24,** 4; **41,** 4; fáist. 3ú uatha coibh. *fhóirfeas,* **45,** 68; foshuiteach 3ú uatha *go bhfóire,* **60,** 14; **65,** 1.

foirceadal, teaching; gin. iol. *de chonnradh foirceadal,* by ordinance of teachings, **37,** 1.

fóir(i)thin, act of helping, relieving, relief, **39,** ceannscr.; **57,** 28.

foirneart, superior strength, oppression, tyranny, **15,** 26.

foirtil, dominant, capable, accomplished, **26,** 71.

fola, iol. an fhocail *fuil,* blood, stock, race, **1,** 40.

folach, falach, act of hiding, hidden, **25,** 5; **35,** 23; gin. *falaigh,* **25,** 1.

folaigh, hide, **22,** 6, 17, 21; láith. 3ú uatha coibh. *fholchas,* which hides, overshadows, **24,** 32.

fólang=*fulang,* act of suffering, enduring, **26,** 13.

folta, tresses, **65,** 7.

fón, *fhónas,* which is of use, avails, **26,** 118.

fónamh, use, utility, **26,** 4.

fonn, (a) soil, land, **46,** 8; *fonn Fhéidhlimidh, fonn Fiontain,* 'Éire', **26,** 67; **39,** 78; gin. *fuinn,* **1,** 1; **19,** 43; *bánfhuinn,* of pasture-land, lea, **19,** 3; (b) desire, disposition, **26,** 57; gin. *fuinn,* **10,** 5.

for= ?, **21,** 27.

fos, *i bhfos*=*abhus,* here, **2,** 33.

foscaindíolaim, winnowing and gleaning, **15,** 27.

fotharsna, bending, **46,** 82.

fraoch, fury, fierceness, **8,** 7, 28.

fraochdha, furious, fierce, **14,** 21; **19,** 48.

fraochóg (gin. iol.), of whortle-berries, bilberries, **52,** 3.

fraschaor (gin. iol.), of volleying shots, **8,** 36.

freitim, I renounce, refuse, **29,** 16.

friotal (ainm br.), act of speaking, expressing, putting into words, **20,** 6.

fríoth, *nior fríoth,* was not found, known, **19,** 11.

frithir, (a) keen, intense, **21,** 27; (b) grievous; comp. *frithre,* **46,** 74.

fuadrach, eager, vigorous, active, **26,** 29.

fuagraim, féach *fógraim.*

fuaigh, stitch, weave, create; caite 3ú uatha nár *fhuaigh,* **24,** 36; fáist. 1ú uatha *fuaifidh mé,* **20,** 13.

fuaimeant, (foundation), solidity, good sense, **23,** 15.

fuascladh=*fuascailt,* **45,** 72.

fud, *ar a bhfud,* among them, **39,** 24.

fuigheall, fuíoll, (a) judicial pronouncement, sentence; *go fuíoll mbrátha,* until the Last Judgement, **37,** 28; (b) iol. *fuighle,* discourse, conversation, **21,** 16.

fuighleach, remnant, remainder; *ár gan fhuighleach a n-ársoin,* they have been destroyed without leaving any remnant, **1,** 8.

fuireach, act of waiting, staying, **3,** 5; **48,** 62.

furtacht, help, succour, **28,** 20, 27; **54,** 11.

furtaigh, help, relieve, **29,** 32.

gabháil, act of overcoming, handling; treatment, **26,** 26.

gacha, gin. an fhocail *gach,* **45,** 73.

gad (ainm), withe, tie-rope, **49,** 3; *do cheangal ar gad,* to bind fast, **39,** 2.

gad (br.)=*goid,* **35,** 10; **39,** 27; *do ghad* =*do ghoid sí* (?), **36,** 1.

gae, gaoi, spear, javelin, shaft (of light), **24,** 21; tabh. iol. *gaethibh.* **20,** 12; *gile an ghaoi lonnraigh,* the sun's brightness, **37,** 41.

gáifeach, dangerous, fierce, **15,** 18; **37,** 14.

gairm (ainm), name, title, **28,** 46.

gairm (br.), *dá ngairminn,* were I to call, ask for, **39,** 15.

gaisceach=*gaiscíoch;* iol. *gaiscigh,* **45,** 38.

gann, spare, narrow, limited, grudging, **28,** 22; **34,** 30; **37,** 52; **43,** 18; **45,** 18; cf. *goinne.*

gaoi, féach *gae.*

gaois, wisdom, sagacity; gin. *gaoise,* **42,** 8.

gara = ?, **24,** 24.

garg, rough, fierce, **8,** 33; **29,** 50.

gart, generous, noble, **39,** 10.

gartha, warm, radiant, **36,** 9.

gártha, old (?), wrinkled (?), **11,** 15.

gasta, skilful, dexterous, sprightly, neat, **21,** 25; **30,** 8; **39,** 11; *rannghasta.* skilled in verse-making, **21,** 17.

gé=*cé,* though, *passim; gér*=*cé gur;* cf. *ciodh, gidh.*

géag, (a) branch, scion, **40,** 8; **51,** 1; gin. *géige,* **46,** 62; *géagán* (gin. iol.), **51,** 35; (b) *géaga,* limbs, **47,** 41.

géagdhlaoi, branching, wavy hair, **34,** 29.

gealath, act of whitening, washing, **56,** 48; *soighealta,* easily whitened, fair (of skin), **21,** 19.

geall, pledge, wager, **19,** 11; *laochra gill,* pledged warriors, **18,** 7; *i ngeall*

aisig, as a pledge for repayment, **35,** 4.

geallamhain=*geallúint,* **39,** 40.

gean, affection, love, **50,** 31; **51,** 8; **57,** 10; **60,** 23; **61,** 10, 12.

geanamhail, loveable, attractive, **39,** 10.

géar-, *géarchí,* féach *cíoch; géarghol,* act of lamenting, lamentation, **55,** 12; *géarthuigsin,* keen understanding, subtle skill, **39,** 8.

géibheann, fetter, bondage, captivity, **1,** 16; **34,** 26; *géibheannchuing,* **18,** 9.

géill (ainm br.)=*géilleadh,* **26,** 87.

geilt, (a) madman, **53,** 16; (b) [*geilt ghlinne*], sprite, sylph; *mar aongheilt i ngleann,* **49,** 39.

géim, game (wild animals), **48,** 16; **63,** 24.

geimheal, fetter, chain; tabh. iol. *geimhlibh,* **19,** 31.

geimhliú, act of confining in chains, imprisoning, **26,** 123.

gein, that which is born, infant, person, **2,** 59; *géin,* **30,** 16; cf. *gin.*

géis, (a) swan, **30,** 14; **34,** 24; gin. *géise,* **45,** 32; (b) beautiful woman; gin. *géise,* **34,** 25.

geóin, uproar, shouting, **15,** 24.

gér=*cé gur,* though, *passim;* cf. *gé.*

gidh=*gé,* though, **44,** 9; *gidh eadh,* however, nevertheless, **5,** 19; cf. *ciodh.*

gile, brightness, beauty [*ó geal*], **37,** 41; **43,** 22; **48,** 24; **54,** 2, 6.

gill, feach *geall.*

gin, *gineadh,* was conceived, born, descended from, **37,** 27; **51,** 35.

gion go, although . . . not, **25,** 9; **35,** 32.

giúiste, *gach buairghiúist,* every stolid boor, **38,** 17.

glac, (a) hand, **22,** 14; tabh. *laic,* **9,** 3; **39,** 9; (b) handful, fistful, **19,** 5; *crua-ghlac,* **20,** 12.

glan-, clear, full, complete; *glanáille,* **44,** 1; *glaineólais* (gin.), **23,** 2; *glainmhéine,* **46,** 86.

glasuaimh, cold, grey cave, **34,** 22.

gléas, contrivance, means, circumstances, **18,** 10; **26,** 86.

gleic, struggle, contest, **46,** 35.

gleó, fight, combat, **15,** 18.

gléphingin, bright penny, **39,** 9.

gloin (ainm), glass, crystal, **37,** 9.

gloine, clearness, beauty, purity [ó *glan*], 30, 13; 37, 27; *caomhghloine* (gin.), 46, 22.

glonn, exploit, feat, combat; tabh. *gloinn*, 46, 7.

glórach, speechful, able to speak, alive, 26, 102.

glúineach, noded, jointed, 59, 3.

gnaoi, (a) countenance, beauty, 41, 14; 57, 10; 62, 2; (b) charm, pleasure, 26, 10.

gnáth, a thing familiar (?), 14, 4, 21; 15, 19.

gné, form, appearance, countenance, 13, 27; 24, 35; 26, 107; 34, 18, 22; 45, 2, 5; 51, 36; 61, 11.

gnúiseach, *dea-ghnúiseach*, of fair countenance, 34, 1.

go (cónasc), until, 39, 8; *go bhfacaidh*, and he saw, 12, 3.

go (réamhfhocal), (along) with, *passim*.

god [an focal Béarla], dia, 35, 8.

goibín, *caorghoibín*, little red mouth, 36, 7.

goil, tabh. an fhocail *gal*, puff of wind (?), 21, 7.

goile, gin. an fhocail *gal*, valour, 46, 7.

goimh [gin. an fhocail *gomh*], bitter, venomous, angry, 8, 5.

goinne, ainm teibí ó *gann*, 8, 26.

goirt, guirt, bitter, sharp, salty, 40, 4; 61, 13.

gorm-, *goirmealtach*, blue and bearing flocks of birds, 4, 15; *mar ghormoighre*, ice-blue, 45, 14.

gósta, ghost, 41, 12.

grádh, grade, rank, order; gin. *gráidh*, 29, 55; *fear gráidh*, poet, 39, 75.

grásach, one full of grace, God; gairm. *a ghrásaigh*, 37, 45.

gráscar, struggle, fight, 15, 11.

greadaithe, gin. an fhocail *greadadh*, act of burning, fanning, kindling, 18, 5.

greadán maidne, ?=*scread maidne*, cry of grief, desolation, 26, 25. Cf. *greadán*, 'interj., the same as *mo sgala*', *Celtica* 6 (1963) 75.

greamanna, iol. an fhocail *greim*, stitch, sharp pain, 26, 102.

grein, *ghreanas*, which engraves, 39, 8.

greas, (a) attack, battle; gin. *greise*, 46, 29; (b) bout, turn, spell, 6, 17, 19.

gréasach, patterned, 36, 16.

greidimín, abuse, 41, 10.

gréithe, jewels, goods, passessions, 39, 15.

grian, sand, gravel, sea or river bottom; *grianbhádh*, immersion in the depths, 8, 25; *grianshrothach*, of clear, shallow waters [ar féidir an ghrian a fheiceáil tríothu], 8, 12.

grianán, cynosure, darling, ideal, 53, 10.

grinn, (a) pleasant, witty, 21, 25; *grinnshlitheach*, of pleasant ways, 20, 3; (b) *róghrinn*, very keen, 47, 5.

gríobhach, griffin-like, majestic, 8, 33.

gríos, glow, ruddiness, 7, 1.

griosáil, act of beating, driving, 26, 24.

grod, *go grod*, quickly, 28, 20.

gruadh, gruaidh, grua, cheek, 32, 9; 45, 11; 51, 7; 53, 11; 62, 2; *aolghruadh*, 21, 28; *a dá ghruaidh*, 24, 35; tabh. iol. *gruadhaibh*, 7, 1; *gruaidhibh*, 45, 86.

guas (gin. iol.), of dangers, perils, 37, 14.

guirt, féach *goirt*.

gurma, blueness, 7, 2.

guth, aspersion, blame, disgrace, 50, 10; 52, 47.

hob amach, be gone!, clear out!, 9, 12.

iar, ar, after, *passim*.

iath, land, territory, 2, 10; 4, 2, 3; 46, 1; gin. (nó iol.) *iatha*, 46, 34; tabh. iol. *iathaibh*, 19, 37; 26, 17, 44; 45, 54; 46, 12; *iath(a) Fiontain, iath Iúghaine, iath Néill*, 'Éire', 4, 6; 19, 14; 23, 30; 26, 68; 45, 54.

iathghlas, green-swarded, 19, 4.

ifearn=*ifreann*, 37, 12; gin. *ifirn*, 37, 51.

il-, many; *re hilchleasaibh*, to the manifold feats of, 46, 26; *ilghníomhach*, skilled in many arts, versatile, 23, 8.

imigh, *sul n-imghead=sul a n-imí mé*, 19, 34.

imlibh, tabh. iol. an fhocail *imeall*, border, 8, 44.

imshníomhach, anxious, distressed, 23, 7.

inbhear, rivermouth, estuary; gin. *inbhir*, 45, 7.

inghean=*iníon*, daughter, girl, maiden, 12, 7, 14, 16.

innealta, graceful, 30, 17; cf. *innill*, *innlithe*.

innill, [gin. an fhocail *inneall*, arrangement, preparation, contrivance], prepared, capable, accomplished, **21**, 26; cf. *innlithe, innealta.*

innlithe, prepared, ready, **20**, 12; cf. *innill, innealta.*

iocht, compassion, **37**, 39.

íogair, peevish, **41**, 1.

iomad, large number, many, **26**, 80; **30**, 17.

iomarcach, haughty, **52**, 10.

iomchar=*iompar*, **39**, 83.

iomdha, many, numerous, **23**, 6; **32**, 5; **59**, 5; *craoibhiomdha,* of plenteous foliage, **37**, 42.

iomramh, ruffling, rippling, **7**, 3.

ionaghair, *do ionaghair,* who watched over, protected, **37**, 25.

ionganta, iol. na haidiachta *iongnadh,* wonderful, remarkable, **21**, 14.

ionmhain, dear beloved, excellent, **23**, 1, 40; **37**, 50.

ionnmhas, wealth, riches, **42**, 9.

ionnradh, incursion, foray, devastation, **37**, 51.

ionraic, worthy, honourable, faithful, **39**, 74.

iontrast, interest, reward, **39**, 84.

íota, thirst, **41**, 2.

iúl, knowledge, learning, knowledge of direction, **38**, 8; **42**, 9; gin. *iúil,* **8**, 14; **39**, 81; cf. *eól, eólas.*

lá, ló, day, **26**, 97, 106; *gach ló, gach lae, gach laoi*=*gach lá,* **26**, 1, 16, 52; gin. *laoi,* **26**, 119; *mo lá,* my life, **12**, 24; *lem ló-sa,* during my lifetime, **26**, 14.

labhartha, utterances, **38**, 17; **39**, 53.

lách, very [úsáid dobhriathartha; cf. *breá*], **55**, 44.

lacht, (a) milk, **36**, 12; (b) wealth (?), **39**, 35.

lae, féach *lá.*

lag-, *lagbhan* (gin. iol.), of fainting ladies, **40**, 4; *lagthúirseach,* weak and dejected, **34**, 21.

lagsaine=*lascaine,* abatement, diminution, **18**, 11.

láidir, *is láidir nach,* almost, **62**, 14.

lamh, dare, venture; br. saor láithreach *lamhthair,* **24**, 10; foshuiteach caite *dá lamhainn,* **2**, 17.

lán (ainm), the full, complement, **2**, 7; **24**, 11; *lán beóil,* subject of praise, **21**, 21; *lán mara,* full tide, **55**, 36.

lán (aid.), complete, perfect, **40**, 4.

laobhdha, oblique, crooked, wavy, **34**, 7.

laochdha, warrior-like, **19**, 47.

laoi, féach *lá.*

leabha(i)r, long, slender, pliant, soft, **24**, 41; **26**, 90; **36**, 5; **34**, 31; *leabhaircheart,* **34**, 7.

leabhar, bible, oath, **49**, 33; **55**, 28.

leachtán, grave-mound, pile of stones, **40**, 6.

leadradh, act of wounding, striking, hacking, felling, **36**, 10.

leam=*liom,* passim.

leamh, weak, fainthearted, **28**, 36.

leanab=*leanbh;* tabh. iol. *leanabaibh,* **26**, 19; *leanbán,* **2**, 6.

leanndubh, féach *lionndubh.*

lear, abundance; *tar lear,* excessively, **39**, 55.

leasc, (a) slow, sluggish, tedious, **26**, 127; **39**, 53; (b) langorous, measured, stately, **25**, 6; **37**, 19.

leastach, languid, long-flowing (?), **36**, 5. [Baint aige, b'fhéidir, leis an bhfocal *liosta.*]

leath (ainm), side; *leath ar leath,* on both sides, equally, **1**, 5.

leathadh, *'om leathadh,* freezing me, **48**, 19.

leatromach, *go leatromach,* afflicted, **39**, 58.

léig=*lig,* let, allow, *passim.*

léigean=*ligean,* **44**, 12.

léigheann=*léann,* learning, **17**, 2; gin. *léighinn,* **6**, 2; **18**, 4.

léighimse=*léimse,* **39**, 63.

léim, attack, **26**, 15.

leimhe, contempt, disregard, **42**, 11.

léine, shroud (?), **51**, 28.

léir, clear, visible; *an bheart ba léire dhom,* the pursuit which seemed best to me, **39**, 7.

léirchrú= ?, **39**, 75.

léireach, *go léireach*=*go léir,* **56**, 44.

leis, exposed, **22**, 7.

léithe, greyness, decay, **42**, 11.

leóghan, lion, warrior, **29**, 53; iol. *leóghain,* **15**, 22; gin. iol. *leóghan,* **26**, 53.

leónadh, act of wounding, injuring, **26**, 16, 87; **46**, 57.

lí, colour, complexion, **24**, 41; **36**, 10; **45**, 10; *deirglí,* **41**, 4; *lí-gheal,* of bright hue, **45**, 11.

liacht, *a liacht,* so many, **48**, 53.

liaigh, leech, physician, **23**, ceannscr.; **24**, 4.

liamhain, *níor liamhnadh*, was not charged, accused, **5**, 20.

liath, *ar liath dem fholt*, how much of my hair has grown grey, **13**, 5.

liatha, act of growing grey, decaying, **42**, 5.

ligean anuas, falling, fall (of rain), **51**, 45.

ligh=*luigh*, lay; *nár ligh . . . air*, did not trouble him **23**, 27.

lighe=*luí*, **1**, 19; cf. *luighe*.

lingidh, leaps, **8**, 27.

líofa, polished, fluent, agile, **15**, 13.

líon (ainm), (a) compliment, number, **8**, 38; (b) net, **36**, 1; **57**, 24.

líon (br.), *do líon fuil san bhfód*, whose blood filled the sod, **40**, 8.

lionndubh, melancholy, **52**, 8; **56**, 11; *leann dubh*, **60**, 24.

lítis, white colour, whiteness, **54**, 19.

liúit, lute; gin, *liúite*, **35**, 20.

ló, féach *lá*.

loca, lock of hair, **9**, 2.

lochta, (pigeon-)loft, **48**, 34.

loinne, eagerness, delight, pleasure, **23**, 3.

loinneartha, bright, shining, brilliant, **30**, 4.

loisc (br.), burned, **17**, 8; **27**, 12; féach *nótaí*.

lomadh, act of laying bare, plundering; *lomadh Luain*, utter desolation, **48**, 37.

lonnabhuíon, gin. *lonnabhuíne*, fierce, warlike band, **15**, 18.

lonnra, lonnradh, resplendence, brightness, glory, **45**, 28; *chum lonnra A thoile*, to glorify His will, **37**, 4.

lonnrach, bright, shining, **37**, 19, 41.

lór=*leór*, **22**, 29; **24**, 12; **45**, 23, 27.

losa, iol. an fhocail *lus*, plant, herb, **46**, 65.

lot, act of destroying, injuring, injury, wound, **22**, 2, 15; gin. *loit*, **26**, 7; **34**, 27; iol. *loit*, **37**, 47.

luadh (ainm br.), act of mentioning, mention, **26**, 64; **62**, 3.

luaidh (br.), discuss, mention; ord. lú iol. *luaidheam*, **17**, 2; br. saor caite *luadh*, **56**, 24.

luaisc, *ar luaisc*, shaking, **35**, 31.

Luan, *lomadh Luain*, utter desolation, **48**, 37 [*Lá an Luain*, the day of

Judgement; *lomadh Luain*, stripping, ruin, as on day of Judgement].

lúb, curl, plait; *a lúib chumhra* [á thagairt do bhean bhreá], **51**, 39; cf. *sreathlúbach*.

lubhghort, orchard, **3**, 6.

luibh, herb, plant, **24**, 4.

luighe=*luí*, **13**, 22; cf. *lighe*.

luíonn, swears, **55**, 1.

luisne, blaze, flame; *an chéadluisne*, the first ray of sunlight, **39**, 3.

'ma, 'má=*u(i)m*, about,+*a* (aidiacht shealbhach), **9**, 3; **45**, 22, 26, 31; cf. *'mar*.

macaomh mná, young woman, **22**, 1, 33; **32**, 1.

machnamh, *ní machnamh liom*, I do not wonder at, **39**, 57.

macradh (cnuasainm), boys, youths; tabh. *macraidh*, **4**, 26.

mágcuarda, about, around, **38**, 3.

magh, plain, **15**, 1; **19**, 16; tabh. iol. *maghaibh*, **14**, 9; *míol maighe*, hare, **33**, 13.

maighre, salmon: (a) warrior, champion, **46**, 48; (b) stately, graceful woman, **37**, 6; **53**, 4, 13; **60**, 16.

mailghe etc., féach *mala*.

maime, féach *mama*.

mairg, woe, sorrow, **39**, 63, 72; (*is*) *mairg . . .*, woe to him who, alas for him who, **38**, 1, 5; **39**, 1; **42**, 10; **52**, 49.

maith (ainm), (a) goodness, rectitude, righteousness, **26**, 20; **41**, 14; (b) person of rank; *an maith 's an saith*, noble and plebeian, **43**, 27.

maithim do, I renounce, **19**, 37.

mala, (a) eyebrow; tabh. *malainn*, **25**, 7; iol. *mailghe*, **45**, 15; gin. iol. *malach*, **35**, 1; *mailgheadh*, **24**, 37; tabh. iol. *mailghibh*, **7**, 1; (b) brow of hill, **50**, 8.

mall, (slow), dignified, gentle, **45**, 36; *go mall*, late, **2**, 34; **55**, 38.

málla, féach *mánla*.

mám, handful, **52**, 37.

mama, maime, breasts, **34**, 9, 30; **35**, 22.

mana, cause, occasion, **39**, 25.

mánla, málla, gentle, affable, **32**, 5; **45**, 61.

maoileann, brow, peak; tabh. *maoilinn*, **49**, 9.

maoithe (gin.), softness, weakness, anguish [ó *maoth*], **1,** 16; **26,** 5.

maol, rounded, shapely, harmless, **22,** 13; *maolchlocháin* (iol.), mounds of stones, **63,** 22.

maordha, meek, mild, **34,** 2.

maoth, soft, **45,** 16; *maothlag,* smooth, fine, **45,** 21; *maothchás,* cause of grief, **26,** 101.

maothlach, good-natured, easy-going person, **20,** 1.

maothú, act of softening, moistening (with tears), **26,** 128.

mar, as, when, **44,** 13.

'mar=*u(i)m,* about,+*ar (ár;* aidiacht shealbhach); *'mar gcionn,* before us, in our presence, **55,** 15.

marbhadh=*marú,* **26,** 37.

marthain, act of lasting, living, **1,** 31; **24,** 9; **36,** 4.

martraigh, *do mhartra',* maimed, crippled, **39,** 52.

martrú, act of maiming, crippling, **34,** 20.

mascalach, fine, stately, **34,** 2.

meabhal, shame, disgrace, **29,** 3.

meacha=*beacha,* bees, **63,** 11.

méad, greatness, importance, **40,** 7.

meadh, measure, balance; *nach meadh do mhnaoi,* whom no woman matches, **24,** 45.

meadhrach=*meidhreach,* merry, joyous, **2,** 3; **19,** 36; **45,** 59.

méala, shame, disgrace, pity, **1,** 27.

meall, *ná mealladh,* let it not deceive, **39,** 61.

meamram, parchment, vellum, **45,** 16.

meang, deceit, **45,** 19.

meangach, deceitful, guileful, **11,** 3.

meanma, mind, spirit, feelings, **4,** 23; tabh. *meanmain,* **1,** 16.

meantlach, deceitful, **60,** 22.

mear, wild, extravagant, **39,** 55.

mearaigh, *(do) mhearaigh,* perplexed, troubled, **11,** 15; **51,** 24, 37; **61,** 9.

mearbhair,?=*mearbhail* [gin. an fhocail *mearbhal*], confused, distracted, **39,** 61 [nó b'fhéidir gur ceart *meabhair* a léamh anseo].

méarlag, (person) having gentle, delicate fingers, **13,** 31; **45,** 36.

meas, (a) judgement, opinion, **43,** 17; (b) esteem, respect, **43,** 31; (c) fruit, **59,** 5. Brí (b) agus (c) araon b'fhéidir

in **50,** 27.

méin, disposition, character, **29,** 30; **32,** 10; **51,** 11.

méine, *glainmhéine,* nobility of mind, **46,** 86.

meirdreach, harlot, **10,** 6.

meirgíneach, slut, **41,** 9.

meirse, amercement, fine, **6,** 8.

mí-, *míchumtha,* misshapen, **37,** 43; *mídhúilibh* (tabh. iol.), wicked creatures, **37,** 45; *míghreann,* misfortune, **63,** 25.

milidh, warrior, champion, **46,** 24.

millteach, destructive, malignant, **20,** 11.

mínbhrúigh, *do mhínbhrúigh,* crushed fine, ground, **26,** 127.

míne, refinement; gin. *míne,* **63,** 27.

mínigh, make mild, calm, **8,** 6.

míol, *míol maighe,* hare, **33,** 13; iol. *míolta,* **48,** 5.

míolla, gentle, mild, amiable, **24,** 37.

míorúileach, miraculous, miracle-working, **37,** 29.

mithid(h), *(is) mithid(h) do,* it is time for, **19,** 21; **52,** 45.

mo-chean do, happy is, **14,** 11; **23,** 2.

mochthráth, early hour; *maidin mhoch-thrátha,* early in the morning, **44,** 13.

modh, (a) respect, esteem, **29,** 20; (b) way, manner; iol. *modha,* **32,** 15.

modhail, gentle, gracious, modest, **15,** 6; **47,** 45.

modhmhar, gentle, modest, **32,** 13.

mogall, socket, eye-lid, **51,** 22.

mogh, slave, servant, **9,** 5, 10.

moichéirghe, early rising, **6,** 8, 9.

móin, bog, moorland; gin. *móna,* **50,** 8; iol. *móinte,* **61,** 23; tabh. iol. *móintibh,* **14,** 15.

moir, féach *muir.*

molta, gin. an fhocail *moladh,* **37,** 4.

mong, grassy plain; *mong Mháine,* deisceart Uladh (?), **44,** 14.

mongar, boom, roaring, **37,** 43.

mo-nuar, alas!, **25,** 13; **26,** 65.

mór-, *mórshruth,* flood, **65,** 9; *dá mhórthreise,* however strong, **46,** 30.

móra, hail!, good morrow, **65,** 5.

móráil, delight, pleasure, **47,** 5.

mórdhacht, majesty, greatness, magnanimity, **26,** 20.

morshúileach, of sea-green (-blue) eyes (?) [ó *muir*?], **35,** 5.

mórtas, affection, **57,** 5.

muidh, *mhuidh* (*ar*), overcame, reduced, **37,** 45; **40,** 7.

muir, moir, sea, **8,** 6, 15; gin. *muire,* **4,** 21.

muirear, burden; *muirearfholt* (gin. iol.), heavy (locks of) hair, **13,** 26.

muirt, lees, dregs, dead-weight, nightmare (?), **40,** 3.

múisic (gin.), of music, **35,** 17.

múith, gloom, dejection, **5,** 16.

múr, wall, rampart, court, habitation, **8,** 11; gin. *múir,* **37,** 6; tabh. iol. *múraibh,* **5,** 10.

naimhead, gin. iol. an fhocail *námha,* enemy, **26,** 75.

ná(i)r, shameful, modest, **15,** 5, 20; **23,** 17.

naoidhe, infant, **2,** 1, 5.

naomh (aid.), holy, sacred, **2,** 1, 22; *naoimhNéill* (gin.), of faultless Niall, **46,** 56.

nasc, *ar nasc,* tethered, bound, **39,** 22.

nath, poem, poetry, learning, **39,** 22.

nathrach, pertaining to serpents; *dealbhnathrach,* serpent-shaped, **8,** 33.

neach, person, anybody, **9,** 11; **26,** 20; **39,** 37; **46,** 27; féach leis *éinneach.*

neamh-, *neambocht,* opulent, **14,** 21; *neamhchion,* scorn, **26,** 81; *neamhshuim,* indifference, **43,** ceannscr.

neámhdha, heavenly, **37,** 6.

néimh(e), féach *niamh.*

néimhe=*nimhe,* of heaven, **62,** 11 (cf. nóta).

neimhneach=*nimhneach,* venomous, **46,** 65, 75; *roineimhneach,* **8,** 30.

neóid (ainm), wretched one, fool, **41,** 16.

neóid (aid.), miserable, wretched, **30,** 15.

'ní, féach *do-ní.*

niamh, lustre, sheen, appearance, **24,** 33; gin. *néimhe,* **39,** 33; tabh. *néimh,* **24,** 32.

niamhdha, lustrous, bright, splendid, **45,** 53.

nighfead=*nífead,* **2,** 45.

nimh=*neamh,* **35,** 34.

nith 'na nith, one by one, **37,** 44.

nó=*nua,* **26,** 90; **30,** 7.

noch (coibhneasta), who, **26,** 112.

nóchar, féach *nuachar.*

nod, note, sign, contraction in writing; *nár aisig dhom nod,* who have not sent me the least answer, **17,** 6.

nóin, nóna, evening, **26,** 105; **64,** 31.

nuachar, nóchar, spouse, **26,** 62; **27,** 7.

nuadhacht, newness, novelty, news, **20,** 2.

nuaidhe, comp. na haidiachta *nua,* **24,** 33.

nuall, wailing, lamentation, **40,** 4.

ógh, virgin, **2,** 29, 45, 46; **28,** 6; **30,** 4; tabh. *óigh,* **2,** 14; **30,** 7.

oghaim, yoke; *fá oghaim,* in bondage, **26,** 70.

oidhche=*oíche,* **6,** 12.

oidhidh, slaying, violent death, **1,** 13.

óig, iol. an fhocail *óg,* youth, warrior, **15,** 16.

óigeachach, full of young horses, **4,** 4.

óighe, virginity, **61,** 19.

oil (ainm), disgrace, misfortune, **1,** 15.

oil (br.), rear, foster; br. saor caite *oileadh,* **51,** 34.

oile=*eile,* **4,** 8; **23,** 13, 20; cf. *uile.*

oileán=*oileán,* **2,** 61; gin. *oiléin,* **19,** 20.

oineach, hospitality, **27,** 13; gin. *oinigh,* **19,** 43.

óir-, féach *ór-.*

oirbheartach, of heroic exploits, **4,** 16.

oireacht, assembly of nobles, **14,** 5.

oirne=*orainne* **5,** 15; **26,** 26, 124.

ollamh, poet of highest rank, sage, **1,** 10; **21,** 26; gin. *ollamhan* **1,** 4; gin. iol. *ollamhan* **1,** 36; *ollamh* **42,** 3.

ómóid, respect, **57,** 12.

ómra, amber, **53,** 4, 13; **60,** 16.

ong, *ongadh,* was anointed, baptised, **40,** 14.

ónna, weak, defenceless, **26,** 21.

ór-, *óirchiabh* (gin. iol.), of golden tresses, **4,** 14; *óirlios,* (golden), royal fort, **15,** 10; *órshlatach,* with gunwhale of gold (?), **8,** 32.

orchra, decay, sorrow, woe, **1,** 11; **26,** 72.

ord, order: (a) group, profession, **23,** 33; *d'ord na mban,* of womankind, **41,** 13; gin. *uird . . . an Choimdhe,* of the Lord's followers, **39,** 74; (b) iol. *orda, ordaibh,* religious orders, clergy, **26,** 18, 104; tabh iol. *ordaibh,* **26,** 81.

ordhairc=*oirdheirc,* illustrious, splendid, **23,** 8.

orla=*urla*, hair of the head, **51**, 17.

órthóir, gilder, embellisher, **21**, 25.

oscaill, recess, land enclosed by bend in river; *oscaill Bhríde*=An Mhumhain nó Éire ar fad, b'fhéidir, **15**, 23.

páipis, papists, **28**, 45.

páirt, esteem, affection; *a pháirt*, dear [God], **10**, 9.

pápa, **2**, 22, féach nóta.

peannaid, pain, suffering, **35**, 25.

péarla, pearl, beautiful woman, **51**, 11; *péarla breá fir*, fine man, **49**, 11.

peidigraoi, pedigree, **41**, 11.

piast, beast, worm; tabh. iol. *piastaibh*, **33**, 4.

píob, **píop**, neck, throat, **53**, 11; *aolphíop*, **34**, 31; tabh. *píp*, **25**, 10; *píobán*, **51**, 18.

pionsa, skill, dexterity, **39**, 76.

piúratán, puritan, **29**, 3.

plás, deceit, guile; *an phlás-tsaoilse* (gin.), of this deceitful world, **9**, 9.

pléid, wrangling, contention, **20**, 14.

pluc, cheek, **39**, 32.

plúr, flour, flower, choice of, **51**, 36; **55**, 14; *plúrscoth*, **61**, 16.

pór, seed, race, **26**, 58; **29**, 20; **30**, 5.

prab, *go prab*, quickly, suddenly, **12**, 11.

prás, brass, **65**, 3; *a Fhódla phráis*, brazen, shameless Ireland, **15**, 5.

préimh, tabh. an fhocail *préamh*, root, race, **37**, 22.

priaclach, anxious, troubled, **50**, 21.

príomhdhúiseacht, first awakening, original cause, **37**, 39.

prionta, print, writing; *cruaphrionta*, **38**, 19.

priosáil, act of pressing, conscripting, conscription, **26**, 24.

puinn, at all, **10**, 4; much, **18**, 10.

purt=*port*, bank, shore, **12**, 10.

rabhradh, act of playing, sporting, romping, **33**, 7.

rad, *níor radas*, I did not give, **39**, 25.

ráith, féach *ráth*.

rann, (a) féach *reann*; (b) quatrain of verse; tabh. iol. *rannaibh*, **19**, 7; *rannghasta*, skilled in verse-making, **21**, 17; *rannghlan*, of faultless verses, **1**, 26.

raon, range, extent, compass, **40**, 11.

raonach, having roads, paths, **19**, 16.

raonfholtach, with branching, flowing hair, **13**, 26.

rath, grace, prosperity, good fortune, **19**, 40; **37**, 24.

ráth, **ráith**, fort, rath; tabh. iol. *ráthaibh*, **14**, 16; *aonráith*, principal dwelling, **19**, 23.

re, **ré** (réamhfhocal), (a) to, towards, against, **8**, 22; **15**, 3; **28**, 46; **34**, 12; **37**, 33; **39**, 45; **46**, 26, 30; *re hucht*, before, **46**, 29; le forainmneacha pearsanta, uatha: lú *riom*, **37**, 20; 2ú *rut*, *riot*, **23**, 37; **49**, 13; 3ú fir. *ris*, **21**, 15; **34**, 12; **38**, 10; **46**, 79; 3ú bain. *ré*, **45**, 33; iol., lú *rinn*, **4**, 7; 2ú *ribh*, **35**, 3; (b) about concerned with, engaged in, **14**, 8; **21**, 3; **22**, 31; **36**, 20; **41**, 14; **46**, 2; (c) tíre isteach le *le*, with etc., i nGaeilge an lae inniu agus á úsáid ar a shon i bhfo-áit sna dánta seo, e.g. **21**, 16; **32**, 11; **37**, 34; (d) *ré*, *ré a*, *re*=*re*+*a*, **3**, 4; **13**, 8; **45**, 70; **46**, 51; *rer*, *rér*=*re*+*ar*, **2**, 28; **39**, 79; **45**, 72; =*re n-ár*, **26**, 58.

ré (ainm), (a) period, lifetime, lifespan, **1**, 5; **20**, 6; **34**, 20; **40**, 11; **48**, 40; **60**, 16; (b) moon, **21**, 19 [focal molta ar dhuine].

ré-=*rí-*; *réchoinneall*, royal candle [á thagairt do Chríost], **39**, 69; *réfhlaith*, prince, chief, **39**, 77.

reac, *reacfainn*, I would sell, barter, **38**, 10.

reacht, law, authority, rule, **21**, 19; **26**, 42; **37**, 23; **39**, 72, **41**, 11.

réad, thing; *ní luafad réad*, I will make no mention whatever, **20**, 14.

réalt, **réalta**, star, **34**, 10; **55**, 20; *réalt eóil*, *eólais*, guiding star, **23**, 11; **64**, 23; féach leis *réilteann* (*réithleann*).

reann, **rann**, star, heavenly body; iol. *reanna*, **39**, 66; *Rí na rann*, *Ceard na n-ardreann*='Dia', **8**, 37; **15**, 25; **28**, 26.

reath=(a) *rith* nó (b) *de reath*=*de rath*, through the means of, because of, **39**, 51.

reic, *dá reicinn*, were I to proclaim, broadcast, **41**, 5.

réidh, level, make smooth, clear, prepare, **39**, 84; láithr. coibh. *réidheas*, **30**, 16; coinníollach lú uatha *réidhfinn*, **49**, 7.

réidhe, smoothness, 7, 2.
réidhiú, act of smoothing, making easy, 34, 10.
reilgín, club-footed person, 41, 13.
réilteann, réithleann, star, 47, 18, 45; iol. *réithleanna*, 39, 66; *réithleann iúil*, guiding star, 39, 81.
réim, course, power, scope, 48, 64; 61, 5; 66, 4.
réimchaithreach = *caithréimeach*, triumphant, victorious, 44, 10.
réir, *dom réir*, according to my wishes, in my service, 39, 22.
réiteach, (a) making easy; *gan baramhail réitigh puinn*, with little hope of alleviation, 18, 10; (b) act of arranging, combing (of hair), 53, 6.
réithleann, féach *réilteann*.
rí(gh)-, ré-, royal, pre-eminent; *ríbhean*, beautiful woman, 54, 17; *ríghbeithre*, outstanding warrior, 46, 80; *réchoinneall*, royal candle [á thagairt do Chríost., 39, 69; *Rídhúilimh* (gin.), of the kingly creator, 37, 33; *réfhlaith*, prince, chief, 39, 77.
ria, before, 37, 38.
riabhach, brindled, roan, grey, 53, 3.
rian, track, path; tabh. iol. *rianaibh*, 19, 12.
rígh, tabh. an fhocail *rí*, passim.
righin, slow, deliberate (of laugh), 25, 16.
ríogh, gin. an fhocail *rí*, passim.
ríoghach, royal, kingly, 19, 23.
ríoghan, queen, beautiful woman, 24, 45.
riom, féach *re*, *ré*.
ríomh, act of recounting, 26, 14; 41, 11.
riot, féach *re*, *ré*.
ris, féach *re*, *ré*.
ríteach = *réiteach*, act of coming to terms, treating with, 26, 59.
ro(i)-, ró-, very; *go roibheacht*, very exact, in particular, 14, 6; *roibhinn*, very sweet, 25, 11; *go robhrúite*, badly bruised, 35, 29; *fá róchion*, held in high regard, 26, 42; *go rochlúdtha*, well covered, 35, 15; *mo róchreach mhaidne*, my utter ruin, 48, 49; *gan roidhiúltadh = gan diúltadh*, without refusal, 35, 12; *rófhlatha* (gin.), strong chieftain, 6, 5; *roigheal*, very bright, 22, 20; *mo róghrá*, my true love, 51, 17; *róghrinn*, very keen, 47, 5; *roineimhneach*, venomous,

dangerous (?), 8, 30; *go rothnúthach*, too eagerly, 35, 11.
rochtain = *sroichint*, reaching, 4, 18; 5, 11; cf. *roich*.
ród, road, highway, 4, 7; 28, 22; 30, 16; 40, 6; 41, 14; 57, 22; gairm. *róid*, 19, 40; gin. iol. *ród*, 19, 12.
roghain = *rogha*, choice, 50, 23.
roi-, féach *ro(i)-*, *ró-*.
roich = *sroich*, reach; *dá roichead*, should I reach, 19, 33; *go roiche tú*, so that you may reach, 35, 34; cf. *rochtain*.
roinn, division, share, lands, 10, 11; *gan roinn*, undivided, without sharing, 32, 16; 53, 8.
rolla scaoile, patent roll [i.e. cairt seilbhe] (?), 15, 14.
ronnta = *roinnte*, 19, 7.
ros, grove; gin. *rosa*, 48, 39.
rosc, eye, 13, 18; 22, 21; 25, 7; 45, 13; tabh. iol. *roscaibh*, 7, 2.
ruaig, onslaught, rout, 48, 41; gin. iol. *ruag*, 29, 42, 50.
ruaigthe, driven out, banished, 48, 57.
rúcam rác, throwing into disorder, looting, 10, 12.
ruire, chief, noble; *deaghruire*, 23, 14.
rut, féach *re*, *ré*.
rút, armed band, 10, 12.

sádhail, comfortable, in luxury, 26, 54.
saidhbhir = *saibhir*, 43, 2.
saighead, arrow, dart; iol. *saigheada*, 66, 15.
sail, plank, counter (of public house), 39, 45.
sailigh, *do shailigh*, soiled, besmirched, 39, 44.
sáimhe, peace, ease of mind; *codladh sáimhe*, untroubled sleep, 45, 82, 87.
sáir-, féach *sár-*.
saith, person of lowly rank; *an maith 's an saith*, noble and plebeian, 43, 27.
saitin, satin, 64, 25.
sál, sea, 8, 24; *tar sál*, 4, 5; 15, 9; *thar sáil*, 63, 26.
samhadh, sorrel, 49, 29.
samhail, (a) likeness, the like of, 18, 8; 19, 10; (b) simile, comparison, 51, 23.
samhailt, act of supposing, imagining, 35, 7.
sámhdha, composed, mild, pleasant, 26, 94.

saobh, silly, perverse, **13**, 9; **29**, 3.

saobhadh, act of turning, deflecting, putting astray, **20**, 9.

saobhlucht, false, perverted crew, **26**, 84.

saoghal=*saol*, **3**, 8; *saoghail*=*saoil*, **26**, 108; **42**, 2; **43**, 1, 17; *saoghalta*= *saolta*, worldly, **39**, 1.

saoi, man of learning, poet, noble, chief; iol. *saoithe*, **26**, 94; gin. iol. *suadh*, **1**, 2; tabh. iol. *saoithibh*, **14**, 8.

saoil (br.)=*síl*, passim.

saor, free, noble, splendid, **8**, 31; **19**, 42; **24**, 27; **29**, 37; **46**, 42; comp. *saoire*, **4**, 28.

saor-, free, noble; *saorchlann*, **10**, 2; *saorchuradh* (gin. iol.), **46**, 64; *saordhraoidheadh* (gin. iol.), **1**, 2; *saoirfhear* (ainm), *saorfhear* (gin. iol.), **19**, 35; **20**, 4; *saorghlan*, nobly pure, **34**, 3.

sár-, excellent, outstanding; *sárchaoin*, **13**, 25; *sárfhuil*, noble blood, **54**, 19; *sáirshliocht*, noble race, **15**, 6.

scabal, (a)=*scamall*, **39**, 29; (b) cloak, **45**, 29.

scagadh, act of sifting, refining; *Tadhg duanscagtha Dall*, T.D., refiner of poems, **1**, 13.

scáil, shade (of colour), **57**, 3.

scáile, reflection, (mirror?), **30**, 8.

scáinte, scattered, dispersed, **15**, 16.

scairf, scarf, **9**, 6.

scairt, thicket, **49**, 7; tabh. iol. *scairtibh*, **48**, 59.

scaite, separated, abandoned, **57**, 31; cf. *scoith*.

scamlach, cloudy, dark, sorrowful [ó *scamall*], **25**, 14.

scannraigh, *ler scannradh*, by whom were scattered, routed, **26**, 35.

scarthain, act of separating, dispersing, **1**, 32.

scáth, (a) shadow, **43**, 15, 16; (b) shelter, **48**, 18; (c) fear, **8**, 22; **46**, 29.

scathamh, period, time, **8**, 22.

scéar, caite an bhriathair *scar*; *rer scéar*, from whom parted, who lost, **39**, 79.

scéimh, (a) appearance, face, **26**, 105; (b) beauty, **34**, 13; **54**, 2, 6.

scéith, tabh. an fhocail *sciath*, shield, protection, **8**, 4; **34**, 17.

sceól=*scéal*, **15**, 1; **26**, 110; gin. *sceóil* **26**, 5, 25.

scín, tabh./áinsíoch an fhocail *scian*, **22**, 12.

scoith, pass, leap over; caite 3ú uatha *scoith sí*, **61**, 7; cf. *scaite*.

scol=*scoil*, (bardic) school, **1**, 6; iol. *scola*, **1**, 25; gin. iol. *scol*, **1**, 9, 31.

scolaighe, schoolman, apprentice poet, **1**, 17.

scór, score, account, credit, **41**, 6.

scornain, *im scornain*=*im scornach*, **41**, 2.

scot, heed, regard, respect, **9**, 11.

scoth, flower, pick, choice, **21**, 17; iol. *scotha*, **1**, 30; *plúrscoth*, **61**, 16; *úrscoth*, **51**, 31.

scothchnuasach, gleanings from flowers, honey, **35**, 10.

scraith, sod, covering of sods, **50**, 25.

scríob, (a) line, stroke of pen; tabh. *scríb*, **45**, 16; (b) rush, attack; *scríobúrthaigh* (gin.), of a fierce antagonist, **37**, 38.

scríobhtha=*scríofa*, **12**, 13.

scrúdadh, searching, sorrow, **51**, 41.

scur, act of unyoking, **49**, 19.

seach, past, beyond, **8**, 40; *fá seach*, in turn, **39**, 19.

seachad, out, away, utterly [=*seach agus forainm pearsanta*, 2ú uatha, ó cheart], **10**, 8.

séad, (a)=*seód*, object of value, treasure, jewel, **51**, 4; iol. *séada*, **26**, 85; gin. iol. *séad*, **26**, 110; tabh. iol. *séadaibh*, **42**, 12; *seódaibh*, **26**, 85; *séad suirghe*, love-token, **19**, 1, 6; (b) likeness, equivalent; *samhail a séad*, **18**, 8.

seada, long, slender, graceful, **24**, 43; **36**, 8; *seadachneas*, slender body, **35**, 23.

séadach, having treasures, rich, **45**, 77.

séaghainn, dexterous, skilled accomplished, **4**, 20; **36**, 13; **44**, 6; cf. *séaghanta*.

séaghanta, fine, skilful, accomplished, **13**, 25; cf. *séaghainn*.

seal, (a) period, while, **39**, 5; **49**, 26; **57**, 22; **64**, 2; for a while, once, **39**, 40; (b) certain distance, **12**, 12.

sealad=*seal*; for a while, once, **35**, 24; *le sealad*, lately, **10**, 6.

sealbhán, flock, drove; tabh. iol. *sealbhánaibh*, **44**, 3.

séan (ainm), good omen, prosperity, good luck, **26**, 36; **29**, 43; *séanmhaca*, blessed sons, **44**, 14.

séan (br.), deny, reject; *gleas le séantar*, a means whereby . . . is denied, **26**, 86; cf. *séanta*.

seanma, gin. an fhocail *seinm*; *aos seanma*, musicians, **18**, 7.

séanmhar, happy, prosperous, **47**, 42.

séanta, *ní séanta*, not to be denied, **4**, 23; cf. *séan*.

searc, (a) love, affection, *passim*; gin. *seirce*, **24**, 13; *searcshúgach*, pleasant and affectionate, **34**, 3; (b) beloved person, darling, **49**, 7; **55**, 43; **58**, 12; *céadsearc*, **55**, 9; **60**, 4, 7; **62**, 9.

searg (br.), *shearg*, shrunk, withered away, shrivelled up, **34**, 18; **39**, 35.

seasamh, act of standing by, defending; gin. *seasaimh*, **26**, 22; *seasmha*, **46**, 87.

seasc, dry, parched, wizened, **39**, 46; **41**, 1; comp. *seisce*, **41**, 14.

séimhí=*séimh*, **55**, 14.

séis, strain, melody, **34**, 14.

seisce, féach *seasc*.

seise, companion, loved one, **19**, 1; **23**, 23.

seisreach, plough-team, **49**, 19; **61**, 17; gin. *seisrighe*, **6**, 13; tabh. *seisrigh*, **6**, 15.

seól, course, way, circumstances, **43**, 6.

seóladh, act of banishing, **15**, 28; **48**, 47.

seólta, (a) accomplished, skilled, **26**, 94; (b) *gan neart mná seólta*, without the strength of a woman in labour, **26**, 3.

seóltóir, (sailor), voyager [á thagairt do long], **8**, 23.

seórt=*sórt*, **30**, 8.

sí gaoithe, blast of wind, whirlwind, **56**, 15.

siabhradh, distortion, enchantment, **45**, 80; cf. *síobhra*.

siarainn, westwards, **19**, 5.

silleadh, glancing, glance, gaze, **22**, 11.

sín, féach *síon*.

síneadh, act of going, faring, **15**, 9.

síobadh, act of blowing, drifting (of rain, snow), **49**, 15; *síobtha*, blown, driven, **55**, 3.

síobhra, spectre, phantom, **41**, 3; cf. *síobhradh*.

siocair, cause, reason, **19**, 45.

síodh (síoth), (a) fairy-mound; *a chinn*

síodh, O chief of elf-mounds, **19**, 39; (b) fairy-woman, **13**, 12; (c) gin. *síthe* (aid.), fairy-, enchanting, charming, wonderful, **45**, 80; *síothghlan*, wonderfully bright, clear, **45**, 31.

síodhach, (a) fairy, enchanted (*síodh*), *nó* (b) peaceful (*síth*), **19**, 24.

síol, spread, scatter, disseminate; *ní shíolabh a hainmse uam*, I will not tell her name, **24**, 38.

siolla, syllable, jot, whit, glint, **42**, 12.

síolraigh, *a shíolraigh ó*, who is descended from, **54**, 19.

síon, weather, rough weather, storm, **8**, 2; tabh./áinsíoch *sín*, **8**, 15; **24**, 29; *gairbhshín*, **8**, 5.

siopa= ?, **57**, 15.

síor-, ever-, continually: *síorchur*, **55**, 3; *síorfhaire*, **16**, 4; *ó síorthuilid*, from which they flood incessantly, **37**, 2.

síorú, act of perpetuating, perpetuation, **26**, 122.

siosma, dissension, strife, **37**, 14.

síothghlan, féach *síodh* (*síoth*).

sirim, I ask, beseech, **8**, 41; **43**, 32.

síth, peace, **26**, 58; **36**, 18; gin. *síthe* (aid.), **45**, 13; cf. *síthigh*.

síthbheithre, peaceful warrior, **46**, 64.

síthe, (a) rush, swoop, **62**,7; (b) féach *síodh agus síth*.

síthigh, make calm, **8**, 5; cf. *síth*.

siubhlach=*siúlach*, **46**, 49.

siúr, sister [focal ceana], **53**, 9.

slaodach, in layers, sweeping, **34**, 7.

slaoi, *is séaghainn slaoi*, which are dexterous in maiming (?) [ó *slaidhe*?], **36**, 13.

slat, scion, nobleman, **23**, 23, 31.

slatchúl, ringleted head of hair, **34**, 13.

slighe=*slí*, **7**, 7.

slim, smooth, slippery, deceitful, **43**, 1.

slim-, smooth, pliant; *slimcheart*, **25**, 15; *slimfhuinnimh* (gin.), of pliant energy, **20**, 9.

slitheach, *grinnshlitheach* of pleasant ways **20**, 3.

slógh, sluagh=*slua*; gin. *slóigh*, **26**, 73; gin. iol. *slógh*, **24**, 36; **30**, 17; *sluagh*, **29**, 46; tabh. iol. *slóitibh*, **26**, 70; *sluaghaibh*, **45**, 74.

sloinntear leat . . ., let . . . be named, declared, by you, **45**, 69.

slómhar, having large companies, **26**, 54; cf. *slógh*.

sluagh, féach *slógh*.

smál, stain, blemish; *smáilBhéarla* (gin.), of tainted English, **9,** 10; cf. *smól.*

smól, *gan smól,* without stain, **30,** 13; cf. *smál.*

smuain=*smaoin,* 3, 7; **25,** 2; *smuaineadh*=*smaoineamh,* **20,** 7; cf. *dismúinigh.*

smúid, mist, depression, **55,** 25; **63,** 19.

snámh, (swim), flood, tide, **64,** 28.

sneachtaí, sneachtmhar, snow-white, **25,** 12; **45,** 22.

sníomh, spin, twist; br. saor coinn-íollach *sníomhfaí,* **49,** 3.

snódh, féach *snua(dh), snódh.*

snoighe, wasting away, **24,** 15.

snua(dh), ṡnódh, colour, complexion, countenance **11,** 6; **43,** 22; *solas-shnua,* **35,** 27.

so-, -able (-ible), excellent; *so-chaideartha,* sociable, courteous [ón mbriathar *caidir,* live socially with, cultivate the friendship of; cf. *caidreabh*], **51,** 6; *soichridhe,* godness of heart, **4,** 28; *soighealta,* easily whitened, fair (of skin), **21,** 19.

socarghnúise (gin.), of (your) placid countenance [*socair*+*gnúis*], **35,** 28.

sochar, (a) benefit, advantage, **5,** 31; gin. *sochair,* **37,** 2; **46,** 87; (b) produce, milk; gin. *sochair,* **59,** 10.

sóchas, ease, comfort, **26,** 69.

sochma, gentle, calm, **51,** 11.

socúlach, easy, comfortable, **35,** 32.

soi-, féach *so-.*

soicheallach, generous, hospitable person, **40,** 2.

soillse, brightness, light, **45,** 27; **47,** 6; **53,** 2, 16; **56,** 32.

soillseach, bright, brilliant, **45,** 55.

soine, excellence, choicest, **35,** 18.

solas, bright, 3, 11; *solas-shnua,* **35,** 27.

son, *ar son,* in spite of, **27,** 5, 7.

sonn, here, **5,** 1; **29,** 7.

sop, wisp, tuft (of straw), **17,** 8; **27,** 12; cf. *nótaí.*

soraidh, pleasant, happy; *soraidh do,* blessings, greetings to, **14,** 19.

spás, interval, delay; *nár chuir spás i gcás na droch-chomhairle,* who did not delay the event resulting from bad advice, **51,** 50.

spealadh, act of spreading, scattering, **39,** 24; **49,** 8.

spéis, affection, esteem, **37,** 21.

spré, (a) spark, **18,** 5; (b) cattle, stock, wealth, **39,** 58; **43,** 11; **44,** 4; (c) dowry, **51,** 3; **55,** 5; **56,** 47; **58,** 1.

spreas, twig, dry branch, useless person, **39,** 58.

spuir, spur(s), **39,** 58.

sreathlúbach, in plaited rows, **34,** 7.

sring, tabh. an fhocail *sreang,* string, thread, **20,** 13.

sról, silk, satin, **30,** 11; **45,** 21; *sról-bhratach* (gin. iol.), of silken sails, **8,** 31.

srónach, arrogant, inhospitable, **26,** 56; **41,** 1.

staid, state, rank, **39,** 41.

stáidbhean, stately, graceful woman, **11,** 6.

stair, story, account, **36,** 15; **39,** 41.

stairs, starch. **9,** 5.

staraíocht, storytelling, fine talk, **47,** 29.

stát, (a) state; *fá shróin an stáit,* under the nose of the Pale, **15,** 19; (b) pomp, dignity, estate, **39,** 79.

stéig, slice, chunk, portion, **18,** 12.

steiling, stilling (support for cask), **41,** 8.

stoc, stock, lump, pipe (of tobacco), **9,** 7.

stuagh, (arch, bow), stately person, thing: (a) ship, **8,** 20; (b) graceful woman, **21,** 11; **24,** 37; (c) warrior, nobleman, **23,** 8.

stuaim, ingenuity, cleverness, grace, beauty, **13,** 1, 24; **32,** 10.

stuairín, beautiful girl, **66,** 7.

stuama, ingenious, dignified, **56,** 23.

sú, juice; *sú na mbeach,* honey, **59,** 4; *sú craobh,* raspberry, **55,** 32.

suadh, gin. iol. an fhocail *saoi,* man of learning, poet, **1,** 2.

suaithnidh, well known, remarkable, extraordinary, **45,** 29, 55, 64.

suanúchas, novelty of wit, **38,** 18.

súgradh, (a) playing, **26,** 60; (b) making love, mating (of birds), **49,** 28; **53,** 14; **59,** 1.

suim, worth, value, **18,** 8.

suirghe, wooing, courting, making love, **6,** 19; **19,** 9; **21,** 15; **45,** 64; *séad suirghe,* love-token, **19,** 1, 6.

tachar, fray, encounter, **8,** 21.

táclaí, curls, plaits, **13,** 30.

tádhbhacht=*tábhacht,* **45,** 65.

tagair, *dá dtagrainn,* were I to allude to, mention, utter, **39**, 43; **43**, 19.

tagartha, gin. an fhocail *tagra(dh),* act of pleading for, defending, **26**, 22.

taibhse, *taibhse ar gcrú,* our race's glory, **37**, 5.

taidhbhseach, impressive to view, imposing, **8**, 18.

taidhleóir, ambassador, envoy, **46**, 28.

táin, herd, crowd, **15**, 23; iol. *táinte,* **11**, 13 (féach nóta); *dea-tháinte,* good stock, wealth, **44**, 4.

táiplis, backgammon, **6**, 17.

táir (ainm), insult, contempt, **10**, 2; **26**, 81; **43**, 2; *gan táir,* blameless, irreproachable, **39**, 77.

táir (aid.), mean, base, of lowly rank, **15**, 14.

tairg, *dá dtairginn,* were I to offer, **39**, 47.

tairn(e)ig, has come to an end, **1**, 1, 5, 44.

tairseach, threshold, **46**, 36.

tais, (a) soft, smooth, tender, **19**, 26; **25**, 8, 16; **34**, 31; **36**, 7; **51**, 1; *barrthais,* of fair sod, **19**, 20; (b) weak, feeble, **40**, 16.

taisc, store up, treasure, protect, **36**, 19.

taise, shape, outward appearance, **39**, 39.

tál (ainm br.), (a) act of pouring, yielding (of milk), nurturing, shedding, **10**, 4; **15**, 6; **39**, 82; (b) act of draining, emptying, **16**, 4.

tál (br.), *do tháil i gcrois,* who shed (your blood) on a cross, **37**, 30.

támhlag, weak, torpid, **45**, 88.

tan, *an tan,* when, **1**, 44; **43**, 6; *an tansa,* now, **39**, 37.

tana, slender, fine, refined, **24**, 27, 33; **25**, 15; **36**, 7; **45**, 19; **51**, 7; **60**, 3.

taobh rut, beside you, **23**, 37.

taobhacht, confidence, **55**, 34.

taom, fit, whim, **29**, 10; *ní thig ach 'na thaomanna,* he comes only when angry (?), **33**, 10.

taomannach, fitful, restless, **13**, 27.

tarraingt, act of approaching, visiting, **55**, 38; **63**, 7.

tartha=*torthaí,* fruit, produce, **39**, 67.

tasc, task, **39**, 49.

tásc, fame, renown, **15**, 9; gin. *táisc,* renowned, **15**, 17.

táth, bind up, heal, **37**, 47.

téacht=*teacht,* **34**, 27.

téachtuisce, frozen water, **39**, 67.

téadach, (a) plaited (as a string), **34**, 6; (b) having ropes, **8**, 20.

teadhma, gin. an fhocail *teidhm,* sickness, affliction, **26**, 8.

teallach, hearth, fireplace; gin. *teallaigh* **18**, 5 (cf. nótaí); **46**, 36.

teann (ainm), (a) strength, severity, power, oppression, **26**, 32; (b) support, **48**, 34.

teann (aid.), strong, vigorous, **26**, 89; **39**, 59; comp. *tinne-de ar spéis,* our esteem is thereby increased, **37**, 21; *tionnghrá,* great love, **17**, 5.

tearc, few, meagre, **1**, 34; **36**, 12; **39**, 60; = ?, **39**, 58.

téarná, act of recovering (from illness), **26**, 101.

teaspach, (summer) heat, sultriness, **39**, 67.

teasta, gin. an fhocail *teist,* testimony, commendation, praise, **19**, 18.

téid=*téann,* passim; *má théid . . . leat,* if . . . is let go (unpunished) with you, **22**, 22; **36**, 17.

téigh, *gur théigh re,* warmed to, grew to love, **34**, 12.

teilg, throw, hurl; caite 3ú uatha *do theilg,* **41**, 10; seach-chaite *teilgeas,* she threw, **12**, 9.

téip, tape, **65**, 4.

tí, *don tí*=*don té,* **14**, 11.

tí, *mur' dtí*=*mura dtaga,* **12**, 23; *go dtí*=*go dtaga,* **26**, 92, 120.

tiach, satchel; iol. *tiacha,* **42**, 6.

tig, comes, passim.

tighearna=*tiarna,* **6**, 6.

tim, weak, feeble; *ar chuiris tim,* whom you have enfeebled, **22**, 29.

timheal, darkness, gloom, **42**, 2.

tinne-de, féach *teann.*

tiompán, stringed instrument, harp, **17**, 8.

tiomsaithe, gathered together, united, concentrated, **39**, 75.

tionnghrá, great love [*teann+grá*], **17**, 5.

tionscnaim, I begin, undertake, **37**, 3.

tlás, weakness, feebleness, **8**, 21.

tnúthach, *go rothnúthach,* too eagerly, **35**, 11.

tóbhacht=*tábhacht,* substance, affluence, **26**, 95.

tocht=*teacht; tocht ó,* recover from, **24**, 1.

togair, *dá dtogair,* who choose, decide, **15,** 9.

toghail, act of destroying; *toghaildíbirt,* banishing utterly, **15,** 24.

toil, féach *tol.*

toircheas, offspring, mental burden, **42,** 8.

toirinn, lower, level, destroy; br. saor caite *toirneadh,* **26,** 65.

tóirse=*tuirse,* sorrow, pain, **26,** 6.

tóirseach, sorrowful, **26,** 67; cf. *túirseach.*

tóisigh=*taoisigh,* **15,** 17.

tol, toil, will, desire, love, **13,** 16; **23,** 23; **24,** 18, 40; **61,** 14; gin. *toile,* **24,** 8; *céadtoil,* **24,** 10.

tolladh, act of piercing, **24,** 21.

tonn, tabh. *toinn,* (a) wave, *passim*; *tonn seirce,* overwhelming love (wave of love), **24,** 13; *i dtoinn fhir ghráidh,* in a poet's stream of song, **39,** 75; (b) skin; *tuinngheal,* bright-skinned, **45,** 20.

tóra, iol. an fhocail *tóir,* host, pursuing party, **26,** 30.

tóraíocht, act of pursuing, **45,** 83.

torchair, fall, perish; br. saor caite *torchradh,* **27,** 13.

tórmach, act of swelling, growing; *go teann ag tórmach,* bursting with produce, **26,** 89.

trá, indeed, **32,** 4.

trácht, sole of foot, instep, **25,** 15.

traoch, *ar thraoch dem fhuil,* how much of my blood has drained away, **13,** 7.

tráth, time, point of time, **8,** 25, **26,** 49; tabh. iol. *tráthaibh,* **23,** 60; *maidin mhochthrátha,* early in the morning, **44,** 13.

treabh, (a) abode, **8,** 12; (b) tribe, people; gin. iol. *treabh,* **41,** 15.

treabhair, prudent, clever; *nach treabhair bhaoise,* not versed in folly, **42,** 6.

treall, period, spell, **21,** 8.

tréan, (a) strength, power, strong men, **1,** 44; (b) host, large number, **44,** 5.

treas, battle; *treasláidir,* **44,** 9.

treas=*tríú,* third, **2,** 26.

treighead, pain, suffering; gin. *treighde,* **26,** 8.

tréith, weak, **39,** 59; **49,** 38.

tréith-, weak; *tréithchuisleach,* with feeble pulse, **39,** 45; *tréithlag,* *tréathlag,* **26,** 67; **45,** 4.

tréitheach, accomplished, talented, **38,** 14.

treód=*tréad,* flock, crowd, **15,** 9.

treón=*tréan,* strong man, warrior; iol. *treóin,* **26,** 36, 49.

treórach, active, powerful, **26,** 50.

triall, *dá thriall,* being advanced, promoted, **29,** 24.

triar=*triúr,* three persons, **29,** 8; gin. *trír,* **2,** 56; *triair,* **29,** 30; tabh. *triúr,* **2,** 52; **29,** 3, 5.

triath, lord, chieftain, **2,** 36; **26,** 23; **28,** 49; **29,** 54; gin. iol. *triath,* **26,** 45; **29,** 31.

tríonas=*tréanas,* fasting, **26,** 118.

triopallach, clustering, curly, **51,** 21; **59,** 3.

trír, triúr, féach *triar.*

triús, trousers, breeches, **10,** 16.

tromdha, weighty, formidable, **46,** 59.

troscadh, vigil of saint's feast, **29,** 17.

truagh=*trua,* passim.

trudaire, stammerer, babbler, **38,** 5.

trup, troop, crowd; *ag fearaibh teanna is tréithe an truip,* by the weak and strong of society, **39,** 59.

tuairim, appearance, **45,** 46; *fá thuairim,* in the direction of, to (in toast), **17,** 4; **20,** 10.

tuama, cave, **2,** 26.

tuar, (a) omen, portent, **48,** 45; (b) tilled field; tabh. iol. *tuarthaibh* **14,** 18.

tuata, rustic, ignorant person, boor, **38,** 2; *dubhthuata,* utter boor, **38,** 1.

tuath, region, **51,** 6.

tuatúlacht, boorishness, **38,** 20.

tuigsin=*tuiscint,* understanding; *géarthuigsin,* keen understanding, subtle skill, **39,** 8.

tuil, *ó síorthuilid,* from which they flood incessantly, **37,** 2.

tuilg, gin./iol. an fhocail *tolg,* tear, wound, **37,** 18, 50.

tuilleamh, that which is deserved, deserts, **37,** 46.

tuinngheal, féach *tonn.*

túirseach, sad, dejected; *lagthúirseach,* **34,** 21; cf. *tóirseach.*

túis, *túis gach sochair,* first fruits, **37,** 2.

tulach, hill; *tulaigh* (tabh. don ainmneach), **19,** 15; tabh. iol. *tulchaibh,* **4,** 1; **14,** 19.

túr, act of seeking, **1,** 19.

tura, breadth; *a tura 's a taobh,* her length and breadth (of ship), **8,** 18. [D'fhéadfadh an focal *tur(r)adh,* 'hold', a bheith i gceist chomh maith; cf. *Measgra dánta* II (1927) 265.]

turas, pilgrimage, round (at blessed well); gin. *turais,* **52,** 30.

ua, grandson, descendant, head of family, nobleman, **5,** 25; **29,** 46; gin. *uí,* **46,** 43, 71.

uaill, (a) pride, high spirits, **46,** 67, 68; (b) howl, **48,** 3.

uaim, composing (verse), harmony, alliteration, **38,** 18.

uain, spell of weather; *calmuain,* calm weather, **8,** 16.

uaine=*uaithne,* green, **3,** 6; **45,** 21, 48; *féaruaine* (comp.), of greenest grass, **4,** 10.

uaisle, nobility, gentility, **29,** 55; **48,** 25.

uaithne, prop, pillar, warrior, leader, **46,** 73; *aonuaithne,* chief support, **46,** 76, 77.

uamh, cave; tabh. *uamhaidh,* **2,** 63; *glasuaimh,* **34,** 22.

uamhan, fear, **45,** 23, 70; **46,** 23.

uathmhar, dreadful, terrifying, **45,** 24.

ubhall=*úll,* **3,** 15; **12,** 8, 9, 13.

ucht, breast, **22,** 17; **25,** 12; **39,** 53; *a hucht,* for the sake of, **37,** 47; *re hucht,* before, **46,** 29.

ughdar=*údar,* author, scholar, **21,** 26.

uí, féach *ua.*

úidh, attention, **7,** 4.

uile=*eile,* **23,** 15; cf. *oile.*

u(i)m, about, concerning, **39,** 18, 62: **46,** 27; *'ma, 'má*=*u(i)m a,* **9,** 3; **45,** 21, 25, 31; *'mar*=*u(i)m ar (ár),* **55,** 15.

úir, earth, clay, grave, **40,** 16; **51,** 36.

úir-, féach *úr-.*

uird, féach *ord.*

uirscéal, apologue, moral tale, **28,** 17.

um, féach *u(i)m.*

umhla, submission, obedience **46,** 5.

umhlacht, (a) act of submitting, bowing to, **10,** 15; (b) humility, **37,** 50.

úr, fresh, fair, noble, **8,** 17; **22,** 14; **37,** 25; **51,** 13, 26, 35; *fadúr*=*fada*+*úr,* **8,** 29; *úrchíoch* (gin. iol.), **51,** 1; *úirgheal,* **35,** 16, 24; *úrscoth,* **51,** 31.

urbhaidh, bane, harm, destruction; gin. *urbhaidhe,* **46,** 46, 58.

urla, hair of the head, féach *orla, urlach.*

urlach, *crathurlach,* with shaking locks, **34,** 5; *críonurlach,* faggot-fringed, **37,** 36; cf. *urla.*

urlámh, custody, possession, **46,** 4.

urnaitheach, prayerful, **39,** 77.

úrthach, slaughterer, antagoniṣt; (gin.) *scríobúrthaigh,* **37,** 38.

útamáil, sacking, plundering, upsetting, **10,** 11.

vailintín, valentine, sweetheart, **54,** 4, 8.

DAOINE AGUS ÁITEANNA

Ádhamh, sinsear an chine dhaonna, 37, 10.

Agheiran (*al.* FitzGerald), **Elizabeth,** bean ghaoil le Sir Éamann Mac Gearailt na Claonghlaise, b'fhéidir; bhí sí pósta le duine de mhuintir Eichthigheirn agus cailleadh í sa bhliain 1675; **40,** nótaí.

Aifric, an, 35, 15.

Áine, an dúiche timpeall ar Chnoc Áine i gCo. Luimnigh; *ardfhlaith Áine is Droma Daoile,* Iarla Deasmhumhan, is dócha, **15,** 21.

Alba, *ó chrích Alban,* **29,** 8.

Alpa, na h, sléibhte na nAlp, **35,** 21.

Annála Locha Cé, annála ar Éirinn a cuireadh le chéile timpeall na mblianta 1580-88, **51,** 31, nóta.

Aodh mac Domhnaill Óig, Aodh mac Domhnaill Uí Néill, a mhair i dtosach an 16ú haois, **29,** 38.

Art, Art Aoinfhear mac Cuinn Chéadchathaigh, rí Éireann, **26,** 33; *achadh* (*inis*) *Airt,* Éire, **26,** 69; **46,** 73.

Áth Cliath, 12, 2; coláiste, **29,** nótaí.

Badhbh, (a) bandia an chogaidh, *nó* **(b)** bean sí í bhfoirm éin a leanann teaghlaigh áirithe, **40,** 13.

Baile an Mhóta, i gCo. Shligigh; coinbhint na bProinsiasach, **27,** nótaí.

Banb(h)a, Éire, **4,** 14; **18,** 2; **23,** 33; **26,** 37; **46,** 1.

Banna, an abhainn ó Loch nEachach go farraige; *éigne* (*rí*) *Banna,* Ó Néill, **29,** 48; **46,** 47.

Bántsrath, An Srath Bán i dTír Eoghain; *na hóig ón mBántsrath,* Uí Néill, **15,** 16.

Baoi, Baoi Bhéarra (Oileán Baoi), in iarthar Chorcaí, **8,** 44.

Béarla, an teanga, **9,** 10; **39,** 11; **40,** nótaí.

Bearnas, An Bearnas Mór i dTír Chonaill; *mac ardríogh Bhearnasa,* Seán Ó Néill, **46,** 66.

Bhinn Bhorb, an, i dTír Eoghain, **45,** teideal, 2, 41.

Binn Éadair, an rinn ar an taobh thuaidh de chuan Átha Cliath, **45,** 42.

Blacker, Eliza, ón gCarraig i gCo. Ard Mhacha, **54,** nótaí.

Bóinn, an abhainn sa Mhí; *cois Bóinne,* **53,** 1.

Bóirmhe, an, Béal Bóirmhe, an t-áth treasna na Sionna in aice le Cill Dá Lua, mar a rugadh Brian Bóirmhe, **26,** 45.

Borb na Binne, 45, 39. Ní fios cé hé seo ach go mb'fhéidir gur ainm pearsanta é atá bunaithe ar an áitainm, An Bhinn Bhorb.

Breatain, *ar fhearaibh Breatain,* **34,** 32.

Brian, Brian Bóirmhe, ardrí Éireann, **26,** 45.

Bríd (Brighid), naomh, **2,** 60; **28,** 7.

Bríd, ainm mná, **62,** 4.

Bríd, ceann de na haibhne den ainm sin; *oscaill Bhríde,* an Mhumhain nó Éire ar fad, b'fhéidir, **15,** 23.

Brugh Naoise, 45, 49. Ní fios cá bhfuil sé seo.

Brún (Brown), Máistir, ministir preispitéireach a bhí ina chónaí i gCo. an Dúin san 17ú haois, **29,** 9 agus nótaí.

Bruodair, David, Dáibhí Ó Bruadair, an file, **40,** nótaí.

Búille, abhainn i Maigh Luirg i gCo. Ros Comáin (dúiche Mhic Dhiarmada), **51,** 31 agus nóta.

Buitléar, Éamann, 3ú Barún Dhún Búinne, **19,** 45 agus nóta.

Buitléirigh Chill Chais, 63, nótaí.

Cairbre Lifeachair, mac Cormaic mhic Airt, **26,** 71, nótaí.

Caiseal Mumhan, i gCo. Thiobraid Árann, **58,** 4.

Caomhánach, Eilíonóir, iníon le Sir Murchadh, **47,** nótaí.

Carraig, An Charraig i gCo. Ard Mhacha, **54,** 1, 5, agus nótaí.

Carraig Liath, 12, teideal, 19. Is deacair a rá cá bhfuil an áit seo muran í An Chraig Liath i gCo. an Chláir (an áit lenar bhain Aoibheall, an bhean sí) í.

Cas, sinsear Dhál gCais, **9,** 4.

Cathair Chuinn, 46, 37. Ní fios cá bhfuil sí seo.

Cé, *inis Cé*, Éire (?), **21**, 17.

Ceapach Chuinn, i gCo. Phort Láirge, **57**, 32.

Ciarraí, an contae, lámhscríbhinní, **26**, nótaí.

Cill Chais, i gCo. Thiobraid Árann, **63**, agus nótaí.

Clann an Bhaird, an mhuintir dar shloinneadh Mac an Bhaird, cine le filíocht; le hUí Mhaine i gConnachta a bhaineadar ar dtúis, ach is i dTír Chonaill, i Sligeach agus in oirdheisceart Uladh is mó a bhíodar ina dhiaidh sin; **1**, 33.

Clann Chárthaigh, 26, 50.

Clann Chraith, an mhuintir dar shloinneadh Mac Craith (nó Mág Raith), cine le filíocht; i dTiobraid Árann is mó a bhíodar, **1**, 25.

Clann Riocaird, iarlaí de mhuintir de Búrca, **5**, nótaí.

Clanna Néill, féach *Niall.*

Clár, an, contae, lámhscríbhinní, **26**, nótaí.

Clíodhna, síbhean ó dheisceart na Mumhan; tá tonn Chlíodhna ag Dún Déide, soir ó Chuan Dor in iardheisceart Chorcaí; *tar tonnaibh Chlíodhna,* thar farraige amach, **15**, 28.

Cluain (Meala), i gCo. Thiobraid Árann, **48**, 38; **63**, nótaí.

Cluain Tarbh, Co. Átha Cliath; *cath Chluain Tarbh* (1014) inar bhuaidh Brian Bóirmhe ar Lochlannaigh, **26**, 48.

Cnoc Máine, in aice le Clochar i dTír Eoghain, **45**, 45; cf. *mong Mháine,* **44**, 14.

Cnoc Samhraidh, Summerhill, Kent, i Sasana, **5**, 2 agus nótaí.

Cobhthach, *fuil Chobhthaigh,* an mhuintir dar shloinneadh Ó Cobhthaigh, cine le filíocht; san Iarmhí is láidre a bhíodar; **1**, 30.

Cobhthach (Caol), Cobhthach Caol mBreagh, rí Éireann; *críoch Chobhthaigh, óirlíos . . . Chobhthaigh chaoil chirt,* Éire, **15**, 10; **19**, 25; **26**, 70.

Coill na Manach, barúntacht i gCo. Thiobraid Árann, an áit arbh as do Sheán Ó Duibhir an Ghleanna, b'fhéidir, **48**, nótaí.

Colam Cille, naomh, **28**, 9.

Colmán mhac Aoidh, naomh, pátrún fhairche an Droma Móir i gCo. an Dúin, **28**, 10.

Conall Cearnach, duine de laochra na Craobhrua, **46**, 24.

Conn, Conn Céadchathach, rí Éireann, **16**, 2; **26**, 31; *bean (céile, nuachar) Chuinn,* Éire, **10**, 1; **18**, 5; **20**, 2; **26**, 62; *Cathair Chuinn,* **46**, 37 (ní fios cá háit í); *cró (dúithche) Chuinn,* Éire, **19**, 38; **26**, 66; *sliocht gCuinn,* muintir Néill, **29**, 42; *uí Chuinn* (gin.), Seán Ó Néill, **46**, 43, 71.

Connachta, cúige Chonnacht, **28**, 51; *i gcrích Chonnacht,* **1**, 9.

Corc, rí Mumhan; *céile (críoch) Chuirc,* Éire, **15**, 25; **20**, 2.

Corcaigh, an contae, lámhscríbhinní, **26**, nótaí.

Cormac, Cormac mac Airt, rí Éireann; *clár Chormaic,* Éire, **26**, 71 agus nóta.

Críoch na Cruinne, féach Cruinne.

Críomhthainn, Criomhthainn mac Fiodhaigh, rí Éireann; *nuachar Chríomhthainn,* Éire, **26**, 62.

Cruinne, *críoch na Cruinne,* Corunna (nó Finisterre?) sa Spáinn, **8**, 44.

Cú an Chleitín, *Cú Chulainn,* **46**, 26.

Cú Chulainn, príomhlaoch na Craobhrua, **29**, 34; *Cú an Chleitín,* **46**, 26.

Cúpid, dia an ghrá, **35**, 8.

Dá Thí, Dá Thí mac Fiachrach, rí Éireann; *aonráith Dhá Thí,* Éire, **19**, 23.

Dáibhí, rí na nGiúdach, sinsear Mhuire, **37**, 22.

Dá(i)l gCais, uisle Gael Thuamhan, Uí Bhriain, Mic Mhathghamhna etc., **40**, 15 agus nóta; féach leis *Tálfhuil.*

Dairbí, Iarla, Séamas Stanley († 1651), **29**, 53 agus nóta.

Daphnis, aoire sa tSicil a raibh an-cháil air ar fheabhas a áilleachta agus a chumais meallta ban, **35**, 24.

Dealbhna, barúntacht, baile agus paróiste in oirthear na hIarmhí, **4**, 24 agus nóta.

Dealradh Gréine, 45, 40. Ní fios cé hí seo.

de Búrca, Riocard († 1635) agus **Uileag** († 1657), iarlaí Chlainne Riocaird, **5**, nótaí.

Deirdre, an bhean a d'éalaigh le Naoise agus ba chúis le marú Chlainne Uisneach, **34,** 1.

Deódruisg, féach *Góidrisc.*

Dóbhar, Dover i Sasana; *an fhuireann ó Dhóbhar,* Sasanaigh, **26,** 74.

Doiminiceánaigh, sagairt d'ord San Doiminic; a n-ardmháistir, **20,** nótaí.

Doire, Doire Cholaim Chille, **46,** 45.

Dónall Óg, an fear atá i gceist in **52;** ní fios cérbh é.

Drom Daoile, i gCo. Luimnigh; *ardfhlaith Áine is Droma Daoile,* Iarla Deasmhumhan, is dócha, **15,** 21.

Dún, Dún na gcliar, Dún Pádraig i gCo. an Dúin, **2,** 64 agus nóta; **29,** 6.

Dún Áine, in aice le Dún Léire i gCo. Lú, **46,** 38.

Dún Búinne, Éamann 'an chuirnín' Buitléar, 3ú Barún, **19,** 45, nóta.

Dún Eochair Mháighe, in aice le Brú Rí i gCo. Luimnigh, **45,** 52.

Dún Geanainn, i dTír Eoghain, **46,** 38.

Dún Lir, 45, 43. Ní fios cá bhfuil sé seo.

Dungin, Mr Patrick, Pádraig Ó Duincín, file, **29,** nótaí.

Durry, Patrick, féach *Ó Dorchaí.*

Eachdhroim, i gCo. na Gaillimhe, mar ar briseadh ar fhórsaí Rí Séamas (1691), **46,** 74 agus nótaí.

Eadáine, an, an Iodáil, **44,** 8.

Éamann, Éamann 'an chuirnín' Buitléar, 3ú Barún Dhún Búinne, **19,** 45 agus nóta.

Éamann an Chnoic, 59, agus nótaí.

Eamhain, Eamhain Mhacha; *Eamhain Uladh,* **46,** 41; *bantracht Eamhna,* **45,** 48.

Éaraip, an, an Eoraip, **44,** 3.

Easpáinneach, an t, rí na Spáinne, **44,** 5.

Éibhear, Éibhear Fionn mac Míle Easpáinne, sinsear na nGael; *clár Éibhir,* Éire, **9,** 1.

Eibhlín, ainm na mná in **47;** féach nótaí.

Éigipt, an, 28, 19.

Éilís, Éilís I, banríon Shasana († 1603), **8,** nótaí.

Éinrí, *ua Éinrí,* duine dar shinsear Éinrí Ó Néill (is dócha), **29,** 46. Is iomaí duine den ainm sin a bhí ar

mhuintir Néill agus is deacair a rá cé tá i gceist anseo.

Éirne, abhainn agus loch i gCo. Fhear Manach, **50,** 13; **57,** 1, 11, 25; *rí Éirne,* Mág Uidhir, **44,** 16.

Eochaidh, *fuil* . . . *Eochadha,* an mhuintir dar shloinneadh Mac Eochadha, cine le filíocht i gcúige Laighean, **1,** 22.

Eochaidh mac Maoil Eachlainn, Eochaidh Ó hEódhasa, an file ó Cho. Fhear Manach († 1613), is dócha, **1,** 14.

Eóchaill, i gCo. Chorcaí, **57.**

Eóghan agus Eóin, an dá ainm, **23,** 1, nóta.

Eóghan, Eóghan Mór mac Oilealla Ólaim, rí Mumhan; maraíodh (i gcath Mhaighe Mucraimhe), **26,** 37; *síol Eóghain,* uaisle Gael na Mumhan, **15,** 15; *nuachar* . . . *Eóghain,* Éire, **26,** 62.

Eóghan mac Airt, Eóghan Ruadh Ó Néill († 1649), **29,** 45.

Eóin, Naomh Eóin Baiste, **28,** 7.

Eóraip, *d'iathaibh Eórpa,* **19,** 37; *fón Éaraip* **44,** 3.

Fál, *ardmhagh Fáil,* Éire, **15,** 1; *i bhfódaibh Fáil,* in Éirinn, **17,** 1; *ó thulchaibh Fáil,* ó Éirinn, **4,** 2.

Faoileann Tuinne, 45, 37. Ní fios cé hí seo.

Fearghus mac Róigh, duine de laochra na Craobhrua, **29,** 33.

Feidhlim, *sliocht Fheidhlim,* **29,** 50. Bhí Feidhlim ar a lán de mhuintir Néill agus ní fios cén duine díobh atá i gceist anseo.

Feidhlim(idh), Feidhlimidh Reachtmhar mac Tuathail Teachtmhair, rí Éireann, **26,** 30; *fód Feidhlim, fonn Fhéidhlimidh,* Éire, **19,** 9; **26,** 67.

Feimhin, Magh Feimhin i ndeisceart Thiobraid Árann; *oidhre Fheimhin* Éamann Buitléar, Barún Dhún Búinne, **19,** 46.

Fiontan, Fiontan mac Bóchra, fáidh a mhair roimh aimsir na díleann; *fonn (iath) F(h)iontain,* Éire, **4,** 6; **39,** 78; **45,** 54.

Fir Mhanach, co., **44,** nótaí.

FitzGerald (*al.* **Agheiran), Elizabeth,** bean ghaoil le Sir Éamann Mac Gearailt na Claonghlaise, b'fhéidir;

bhí sí pósta le duine de mhuintir Eichthigheirn agus cailleadh í sa bhliain 1675; **40**, nótaí.

Fódán na bhFionn, Éire, **21**, 23.

Fódla, Éire, **15**, 5; **26**, 9, 17, 44, 103; **60**, 8.

Fhrainc, an, 16, 1; **63**, 28.

Gaeilge (Gaelg), an teanga, **9**, 12; **20**, 3; **40**, nótaí.

Gael (Gaoidheal, Gaíol), duine de shliocht Ghaedhil Ghlais, **1**, 44; **10**, 10; **28**, 50; **34**, 32, **44**, 1; **46**, 11; *mic Gaoil* **10**, 13; *clár (fonn) Gaoidheal*, Éire, **1**, 1; **19**, 36.

Gaillimh, **48**, 31; **50**, 13.

Gearailt, *d'Uíbh nGearailt*, do Ghearaltaigh, **40**, 13.

Gearmáine, an Ghearmáin, **44**, 6.

Gleann, an, **50**, teideal etc. Más amhrán Connachtach é seo (cf. *Éigse* 11 (1966) 253-85) tharlódh sé gurb é Gleann Néifinn i gCo. Mhaigh Eo atá i gceist.

Gleann an tSrotha an áit lenar bhain Seán Ó Duibhir an Ghleanna (?), **48**, 33.

Góidrisc (Deódruisg), pearsa béaloideasa a ndeirtear faoi gur chuir sé i gcoinne Phádraig Naofa; toisc gur bheart gan éifeacht é sin, is ionann *turas Ghóidrisc* agus turas gan tairbhe, **5**, 32 agus nóta.

Goirtín, i gCo. Mhaigh Eó, **27**, nótaí.

Gréag, Tugtaí Gréagaigh ar Ghearaltaigh na hÉireann, ach tá an focal á thagairt d'Éireannaigh i gcoitinne in *clár meadhrach Ghaoidheal nGréag*, **19**, 36.

Hamilton, ministir preispitéireach a bhí ina chónaí i gCo. an Dúin sa 17ú haois, **29**, 6 agus nóta.

Hélen, an bhean álainn ba chúis le cogadh na Traoi, **47**, 19.

(H)usae, bean den sloinneadh sin (?), féach **22**, 35-6, nóta.

Husae, Risteard, file a mhair san 17ú haois, **21**, teideal, 18.

Íbh Dálaigh, féach Ó Dálaigh.

Inbhear Scéine, **45**, 44. Áit éigin in iarthar Mumhan é seo agus meastar gurb é an cuan ar a bhfuil Neidín (An Ribhéar) i gCiarraí é.

Inghean Rí Gréag (Gréige), pearsa a luaitear sna scéalta rómánsaíochta go minic, **12**, 16; **52**, 16; agus nótaí.

Inis Ealga, Éire, **14**, 2.

Inis Manainn, Oileán Mhanann, **29**, nótaí; féach leis *Manannán*.

Ír, Ír mac Míle Easpáinne, duine de shinsir na nGael; *seanchlár Ír*, Éire, **4**, 11.

Israel, *clann Israel*, an dá threibh dhéag a shíolraigh ó Israel, **28**, 18.

Iúghaine, Iúghaine (nó Úghaine) Mór, rí Éireann; *iath Iúghaine*, Éire **23**, 30; **26**, 68.

Laidean, an teanga, **39**, 11.

Laighean, cúige; *éigse Laighneach*, **1**, 6.

Laoghaire, Laoghaire mac Néill Naoighiallaigh, rí Éireann; *lios Laoghaire*, Éire, **4**, 22.

Laoi, an abhainn i gCorcaigh, **65**, 13.

Lobhán, Louvain san Ísiltír, **17**, ceannscr.

Loch Cuan, i gCo. an Dúin, **29**, 49.

Loe, Máistir, ministir preispitéireach a bhí ina chónaí i gCo. an Dúin sa 17ú haois, **29**, 9 agus nóta.

Lugh, Lugh Lámhfhada, rí Éireann; *san gclársa Logha líofa*, in Éirinn, **15**, 13.

Lundain, Sasana, **5**, 1.

mac Aodh mhic Dhomhnaill Óig, mac le hAodh mac Domhnaill Uí Néill, a mhair i dtosach an 16ú haois, **29**, 38.

Mac Con, Lughaidh mac Maicniadh, rí Éireann, **26**, 34.

Mac Con Midhe, féach *Meic Con Midhe*.

Mac Cormaic, Caitríona *Nic Cormaic*, an bhean a phós Tomás iarla Deasmhumhan, gur chaill sé an iarlacht dá barr (c. 1411), **34**, nótaí.

Mac Criagáin (Ó Criagáin, Ó Riagáin), Seán, file agus fear léinn a mhair san 17ú haois, **43**, nótaí.

Mac Cruitín, Aindrias, scríobhaí, máistir scoile agus file ó Cho. an Chláir († 1738), **8**, nótaí.

Mac Diarmada, Tomaltach mac Ruaidhrí mhic Bhriain († 1592), triath Mhaighe Luirg, athair Úna Bhán, **51**, 31, nóta.

Mac Diarmada Óig, Úna Bhán *Nic Dhiarmada Óig*, **51** agus nótaí.

Mac Gearailt, féach leis *Uíbh nGearailt*

Mac Gearailt, Éilís *Nic Gearailt*, bean ghaoil le Sir Éamann Mac Gearailt na Claonghlaise, b'fhéidir; bhí sí pósta le duine de mhuintir Eichthigheirn agus cailleadh í sa bhliain 1675; **40**, nótaí.

Magh Fáil, Éire, **15**, 1; féach *Fál*.

Magh Linne, i gCo. Aontroma, **46**, 49.

Magh Mhuirtheimhne, machaire i gCo. Lú idir an Bhóinn agus Loch Cairlinne, **46**, 50.

Maigh Luirg, i gCo. Ros Comáin, dúiche Mhic Dhiarmada, **51**, 31, nóta.

Máigh, an abhainn i gCo. Luimnigh, **46**, 48; *na leóghain láidre on Máigh*, Gearaltaigh, **15**, 22.

Máine, *mong Mháine*, deisceart Uladh (?), **44**, 14; cf. *Cnoc Máine*.

Máire, an Mhaighdean Mhuire, **37**, 8.

Máire, ainm mná, **56**, 36 agus nótaí.

Mal dubh an Ghleanna, an bhean atá i gceist in **50**; ní fios cérbh í.

Manannán mac Lir, *críoch Mhanannáin*, Oileán Mhanann, **29**, 2; *ardrí Mhanannáin*, Iarla Dairbí, **29**, 53-4; féach leis *Inis Manainn*.

Maoise, treoraí chlainne Israel, **28**, 39.

Meic Con Midhe, cine le filíocht; i dTír Eoghain agus i Sligeach is mó a bhíodar; **1**, 33.

Mícheál, Mícheál Ardaingeal, **28**, 5.

Midhe, *clár Midhe*, an Mhí (agus an Iarmhí), **4**, 27.

Míle, Míle Easpáinne, sinsear na nGael; *seanchas mac Mileadh*, seanchas na hÉireann, **1**, 42; *sáirshliocht . . . Mhíle*, na Gaeil, **15**, 6.

Mórlios, Morlaix sa Bhriotáin, **18**, ceannscr.

Mumha, cúige Mumhan; *don Mhumhain*, **49**, 26; *plúrscoth na Mumhan*, **61**, 16; *deachmhadh dámh Muimhneach*, **1**, 7; cf. *oscaill Bhríde*, **15**, 23,

Múr Té, ainm fileata ar Theamhair; Éire ar fad, **8**, 10.

M reña(dh) (mac Bhriain), mac le Brian Bóirmhe a maraíodh i gcath Chluain Tarbh, **12**, 1; **29**, 35; **26**, 47; agus nótaí.

Naoise, Naoise mac Uisneach, an té a d'éalaigh le Deirdre, **45**, 49.

Nás, an, i gCo. Chill Dara; *na tóisigh tháisc ón Nás*, Gearaltaigh chúige Laighean, **15**, 17.

Niall, Niall Naoighiallach, rí Éireann; *iath Néill*, Éire, **19**, 14; *clanna (síol) Néill*, **5**, 26; **29**, 26; **46**, 9.

Nic, féach *Mac*.

Ó Callanáin, Eóin (Eóghan), liaigh agus file, fear a raibh gaol aige le Piaras Feiritéar do réir dealraimh; b'fhéidir gurbh ionann é agus 'Owen O Cullenan medicus' ón Minaird i gCorca Dhuibhne i gCiarraí a fuair pardún sa bhliain 1601; **23** agus nótaí.

Ó Conaill, Peadar (1755-1826), scoláire agus scríobhaí ó Cho. an Chláir, **26**, nótaí.

Ó Conchubhair, Diarmaid, scríobhaí agus péintéir armas († *c.* 1730); d'aistrigh sé Foras Feasa an Chéitinnigh i mBéarla (1723); **26**, nótaí.

Ó Cuilleáin (Collyn), an tAth. Bonaventura, O.F.M., **27**, nótaí.

Ó Dálaigh, *d'Íbh Dálaigh*, **1**, 18. Bhí muintir Dhálaigh ar na ciníocha ba líonmhaire a raibh filí orthu aimsir na mbard agus bhí brainsí díobh ar fud na hÉireann ar fad.

Ó Dálaigh, Conchubhar, file, **42**, nótaí. B'fhéidir gurb é seo Conchubhar na Scoile ó Chill tSárchon i gCiarraí (féach *RIA Proc.* 36 C (1922) 112-14).

Ó Dálaigh, Cú Chonnacht, file († 1642); is dá chlann a cumadh **42**. Dearthráir do Chonchubhar na Scoile ba ea é agus bhí scoil filíochta aige fein tamall.

Ó Dorchaí, Pádraig (*al.* Patrick Durry), ón nGoirtín i gCo. Mhaigh Eo (*fl.* 1703) (?), **27** agus nótaí.

Ó Duibhir an Ghleanna, Seán, **48** agus nótaí.

Ó Flaithbheartaigh, **8**, nótaí. Taoisigh in iarthar Chonnacht ba ea muintir Fhlaitheartaigh. Ní fios go cruinn cén duine díobh atá i gceist anseo—Murchadh na Maor († 1626), nó mac le Gráinne Ní Mháille, b'fhéidir.

Ó hEichthigheirn, féach *Agheirn*.

Ó hEódhasa, Eochaidh, an file áilitil ó Fhir Mhanach (*fl.* 1570-1613), **1**, 14.

Ó hUiginn, féach *Tadhg Dall, Uiginn*.

Oilill Ólom, Oilill Ólom mac Eóghain Mhóir; maraíodh seachtar mac leis i gcath Mhaighe Mucraimhe, **26**, 35.

Ólainn, nó Eólaing, naomh, pátrún Achadh Bolg i gCo. Chorcaí; *dar Ólainn*, dar m'fhocal, **26**, 61.

Ó Longáin, Mícheál mac Peadair, file agus scríobhaí († 1770), **10**, nótaí.

Ó Longáin, Mícheál Óg (1766-1837), file agus scríobhaí ó Cho. Chorcaí, **8**, **10**, **22**-6, nótaí.

Ó Murchú, Seán na Ráithíneach (1700-1762), file agus scríobhaí ó Charraig na bhFear i gCo. Chorcaí, **43**, nótaí.

Ó Néill, féach leis *Bántsrath, Conn, Éinrí, Eóghan mac Airt, Feidhlim, mac Aodha mhic Dhomhnaill Óig, Niall.*

Ó Néill, *sliocht Aodha Buidhe Í Néill*, an chuid de mhuintir Néill a dtugtaí Clann Aodha Buidhe orthu, taoisigh cois Bhanna, **29**, 47.

Ó Néill, *sliocht an Bharúin Í Néill*, **29**, 39. Fear Dorcha († 1558), mac le Conn Bacach, atá i gceist anseo; bhí an teideal Barún Dún Geanainn air.

Ó Néill, Conn Bacach († 1542), athair Sheáin Uí Néill, céad Iarla Thír Eoghain, **46**, 18.

Ó Néill, Seán (mac Cuinn), Seán an Díomais († 1567), **29**, 37: **46**, agus nótaí.

Ó Ruairc, taoiseach Bhréifne Uí Ruairc (Cho. Liatroma); *fuil ard Uí Ruairc*, **27**, 13.

Oscar, mac Oisín, duine de laochra na Féine, **46**, 21.

Ó Súilleabháin, an tAthair Domhnall (1790-1858), fear léinn agus file agus ollamh le Gaeilge i Má Nuad tamall, **8**, nótaí.

Ó Súilleabháin Bhéarra, Domhnall Cam (1560-1618), taoiseach ar a chine, a maraíodh i bhfeall sa Spáinn, **8**, nótaí.

Pádraig, naomh, **2**, 57; **28**, 7; *creideamh Phádraig*, **29**, 23.

Pápa, an, **61**, 3; cf. **2**, 22, nóta.

Pharó, rí na hÉigipte, **28**, 40.

Róimh, an, príomhchathair na Críostaíochta, **61**, 3.

Róise, ainm mná, **32**, 13.

Róisín Dubh, ainm mná, **61**.

Ruanaidh, *fine* . . . *Ruanadha*, **1**, 26, an mhuintir dar shloinneadh Ó Ruanadha, a raibh filí orthu; le Co. an Dúin a bhaineadar.

Ruiséalaigh, ó Cho. an Dúin, **29**, 51 agus nóta.

Ruiséal, Meig, Sasanach mná a raibh gaol aici le Sir William Russell, ionadaí Éilíse I in Éirinn (1594), **24**-5, nótaí.

Sabhaoise, ó Cho. an Dúin, **29**, 49 agus nóta.

Sacsa, Sasana; *go clannaibh* . . . *Sacsan*, **4**, 20; *ó Shacsaibh*, **35**, 20.

Sátan, an tÁirseoir, **37**, 16.

Séamas, rí, Séamas II, rí Shasana 1685-8, **53**, 7.

Seéan (Shane), an t-ainm, **46**, nótaí.

Seán mac Cuinn, féach *Ó Néill*.

Seóirse, rí, duine den triúr den ainm sin a bhí ina ríthe ar Shasana san 18ú haois, **50**, 18.

Síol nDálaigh, muintir Dhomhnaill Thír Chonaill agus thuaisceart Chonnacht, **27**, 14.

Síol Néill, féach *Niall.*

Síth Dhuilbh, **45**, 42. Ní fios cá bhfuil sí seo.

Sliabh Uí Fhloinn, i gCo. Ros Comáin, **55**, 3.

Sliocht gCuinn, féach *Conn.*

Spáinn, an, **8**, 44 agus nótaí; **63**, 28; *fíon Spáinneach*, **61**, 4.

Sráid na gCuach, áit i gCo. Thiobraid Árann (?), **48**, 35.

Stac, Seán, scríobhaí (agus file) i gCorcaigh i dtosach an 18ú haois, **40**, nótaí.

Strafford, Thomas Wentworth (1593-1641), Iarla Strafford, fear ionaid an rí in Éirinn (1633-41), **18**, ceannscríbhinn agus nótaí.

Stuaic na gColm, áit i gCo. Thiobraid Árann (?), **48**, 38.

Suca, an abhainn atá ina teorainn idir Co. Ros Comáin agus Co. na Gaillimhe, **46**, 48.

Tadhg Dall, Tadhg Dall Ó hUiginn, ó Cho. Shligigh († *c.* 1591), a bhí ar na filí ba mhó le rá san 16ú haois; is cosúil gur dúnmharaíodh é; **1**, 13.

Tailte, in aice le Ceanannas Mór i gCo. na Mí; is ann a bhíodh aonach

Tailtean; **45**, 60; *tairseach teallaigh na Tailtean*, ríocht Éireann, **46**, 36.

Tálfhuil, an, Clann Táil, Dál gCais (q.v.), **15**, 15; **26**, 50.

Teach an Trír, ainm fileata ar Theamhair; Éire ar fad, **19**, 8.

Teagh Tuathail, Teamhair; Éire ar fad, **26**, 65.

Teamhair (Breagh), Teamhair i gCo. na Mí, **46**, 28, 39; *aoinbhile Teamhrach*, **46**, 16, 17.

Tobar Phádraig, 52, 29. Is cosúil go bhfuil an áitainm seo coitianta go leor agus ní féidir a rá cén áit atá i gceist anseo.

Tuadhmhumhain, tuaisceart na Mumhan, Co. an Chláir, **9**, nótaí.

Tuathal, Tuathal Teachtmhar, rí Éireann, **26**, 29; *teagh Tuathail*, Teamhair, Éire ar fad, **26**, 65.

Tuirghéis, taoiseach Lochlannach; *tír Tuirghéis*, an Iarmhí is dócha (Tá Dún Tairghéis in aice le Baile na gCros [Castlepollard]), **4**, 26.

Uíbh nGearailt, *d'Uíbh nGearailt*, do Ghearaltaigh, **40**, 13.

Uiginn, *d'fhuil Uiginn*, den mhuintir dar shloinneadh Ó hUiginn a raibh mórán filí táscúla orthu; le Sligeach a bhain an brainse ba thábhachtaí dhíobh; **1**, 18.

Uisneach, *i gcrích Uisnigh*, san Iarmhí, **1**, 29.

Ulaidh, *clár Uladh*, cúige Uladh, **46**, 63; *scol Uladh*, filí chúige Uladh, **1**, 6; *uaill Ultach*, **46**, 67.

Umhall Uí Mháille, dúiche in iardheisceart Mhaigh Eo, **50**, 14.

Úna Bhán, Úna Nic Dhiarmada Óig, **51** agus nótaí.

Vearsáille, Versailles sa bhFrainc; *réx . . . na Vearsáille*, rí na Fraince (Louis XIV is dócha), **44**, 10.

Vénus, bandia na háilleachta agus an ghrá, **13**, 30; **34**, 16; **47**, 17.

FILÍ

Bairéad, Riocard (*c.* 1740-1819)
Amhrán 62 leagtha air (féach nótaí)
Rugadh é ar an mbaile a dtugtar Beairic air, in aice le Béal Átha Mhuirthid, in Iorras i gCo. Mhaigh Eo. Ar an gCarn sa cheantar céanna a chaith sé a shaol. Feirmeoir a bhí ann a raibh roinnt mhaith léinn air agus chaith sé tamall dá shaol le múinteoireacht. Bhíodh éileamh mór air mar fhear caidrimh agus cuideachta agus meas air ag uaisle agus ag cléir na tíre, idir Chaitlicigh agus Phrotastúnaigh. Tá tuairiscí air ar fáil ó dhaoine a thug cuairt air. Dick Barret a tugtaí air go coitianta agus *Preab san ól* an t-amhrán is mó dá chuid a raibh tóir air.
[Féach T. F. O'Rahilly, *Gadelica* 1 (1912-13) 112-26.]

Céitinn, An tAthair Séathrún, D.D. (*c.* 1580—*c.* 1644)
Dánta 13-15; dánta 4, 34, leagtha air chomh maith (féach nótaí)
Is mó an clú atá ar an gCéitinneach mar scríbhneoir próis ná mar fhile agus is mór mar a chuaidh a shaothar (a leabhar staire go háirithe) i bhfeidhm ar mhuintir na hÉireann faid a mhair léann traidisiúnta na Gaeilge, bíodh gur i lámhscríbhinní amháin a bhí sé le fáil ar feadh i bhfad.
Ar an mBuirghéisigh in aice le Cathair Dhúin Iascaigh i gCo. Thiobraid Árann is ea a rugadh é agus fuair sé scoláíocht sa cheantar sin. Is dealraitheach gur tugadh oiliúint dó sa Ghaeilge (i scoil éigin filíochta agus seanchais) agus sa Laidin agus gur bronnadh grádh sagairt air—nós a bhí coitianta in Éirinn ar feadh i bhfad—sula ndeachaidh sé thar sáile ag déanamh léinn.
Chaith sé tréimhse i mBordeaux na Fraince (agus b'fhéidir i Rheims, leis) agus bhain céim Dhochtúir Diagachta amach. Le linn dó bheith sa bhFrainc is dócha a chum sé uimh. 14 agus 15 sa chnuasach seo. D'fhill sé ar Éirinn timpeall na bliana 1610 agus ghabh le hobair sagartóireachta ina dheoise dhúchais, deoise Phort Láirge agus na Leasa Móire. Bhí an-cháil air mar sheanmóirí ar fud na deoise agus thagadh sluaite ag éisteacht leis. Tharla dó seanmóin a thabhairt a chuir olc ar bhean uasal de mhuintir na háite agus ghearáin sí sin é le Donncha Ó Briain, Iarla Tuamhan. D'ordaigh seisean an Céitinneach a ghabháil do réir na ndlithe a bhí i bhfeidhm i gcoinne sagart an uair úd agus chaith sé dul ar a choimeád.
Tuairim na bliana 1618 nó 1619 a tharla an méid sin agus ní fios cá fhaid a lean an scéal mar sin aige ach go mb'fhéidir gur bogadh an tóir a bhí air um 1624, nuair a cailleadh Iarla Tuamhan. Is dócha go bhfuair sé dídean ó dhaoine a bhí muinteartha leis, daoine mar Bhuitléaraigh Chill Chais, cuir i gcás. Bhí ainm an léinn air, is cosúil, ó bhí sé i mBordeaux, ach is sa tréimhse seo a thosaigh sé ar an saothar a bhuanaigh a chlú in Éirinn. Bheartaigh sé ar leabhar a scríobh ar stair na hÉireann a bhréagnódh nithe a bhí ráite go héagórach i dtaobh na tíre seo ag eachtrannaigh. Chaith sé cuid mhaith d'Éirinn a shiúl chun teacht ar cháipéisí agus lámhscríbhinní agus chun cóipeanna a dhéanamh díobh. Tá fianaise le fáil ar é a bheith tamall éigin i ngach ceann de cheithre chúige na hÉireann. Ní fáilte a bhíodh roimhe i gcónaí, áfach, de bhrí (1) gur de shliocht

173

Normannach é agus (2) gur Mhuimhneach é. Ba é toradh an tsaothair seo aige ná *Foras Feasa ar Éirinn*, a chríochnaigh sé timpeall 1634. Leabhair chráifeachta is ea na leabhair eile a dhein sé: *Eochairsciath an Aifrinn, Trí Biorghaoithe an Bháis, Saltair Mhuire*.

1644 an dáta is déanaí is féidir a lua go cinnte leis agus cailleadh é tamall eigin ina dhiaidh sin. I reilig na Tiobraide, ina pharóiste dúchais, atá sé curtha.

[Féach W. P. Burke, 'Geoffry Keating', *Waterford Arch. Soc. Jn.* 1 (1894-5) 173-82; E. C. Mac Giolla Eáin, *Dánta, amhráin is caointe Sheathrúin Céitinn* (Baile Átha Cliath 1900); R. Ó Foghludha, *Saoghal-ré Sheathrúin Céitinn* (Baile Átha Cliath 1908=*Irisleabhar na Gaedhilge* 18 (1908) 3-12, 47-57); idem, *Duanarán ré 1600-1700* (Baile Átha Cliath 1935) 5-18.]

Feiritéar, Piaras († 1653)
Dánta 21-4; dánta 25-6 leagtha air chomh maith (féach nótaí)

De bhunadh Normannach is ea na Feiritéaraigh agus ba leo cuid mhaith d'iarthar Chorca Dhuibhne i gCiarraí tráth den saol—is uathu a hainmníodh Baile an Fheiritéaraigh sa dúthaigh sin.

Duine uasal ba ea Piaras agus bhí sé ina thaoiseach ar a chine tamall. Tá sé féin agus Éamann, a athair, ainmnithe i gcáipéis ón mbliain 1633 agus sin é an dáta is luaithe is féidir a lua leis. Bhí sé mór le huaisle Gall agus Gael agus chum sé filíocht ar Mheig Ruiséil, bean ghaoil le Sir William Russell, fear ionaid Éilíse I in Éirinn sa bhliain 1594. Nuair a bhris cogadh 1641 amach thug Pádraigín Mac Muiris, Tiarna Chiarraí agus gobharnóir an chontae san am sin, arm buíne do Phiaras i ndóigh go dtroidfeadh sé ar thaobh na nGall. Leis na Gaeil a thaobhaigh Piaras, áfach, agus bhí sé ina chaptaen ar an arm a ghabh caisleán Thrá Lí i bhfómhar na bliana 1642; goineadh é sa bhualadh sin. Sheas sé an fód i gCiarraí go dtí 1652, nuair a ghabh an Gobharnóir Nelson caisleán Rois in aice le Cill Airne. Tháinig Piaras chun téarmaí síochána a phlé le Nelson, ach ar a shlí abhaile dó gabhadh é agus cuireadh i bpríosún é. Crochadh ar Cnocán na gCaorach i gCill Airne é sa bhliain 1653.

Do réir an *Commentarius Rinuccinianus* (1661-6) chum Piaras filíocht Bhéarla chomh maith le filíocht Ghaeilge, ach tá sí sin caillte ó shin, agus go deimhin ní mór dá fhilíocht Ghaeilge a tháinig slán chugainn ach chomh beag. Ina theannta sin is cosúil go raibh lámhscríbhinn thábhachtach staire agus filíochta ar a dtugtaí 'Duanaire Phiarais Feiritéir' ag imeacht san 18ú haois, ach níl a tuairisc sin le fáil inniu ach an oiread. Pearsa mór béaloideasa is ea Piaras ina cheantar féin fós.

[Féach P. Ua Duinnín, *Dánta Phiarais Feirítéir* (Baile Átha Cliath: eag. 1, 1903; eag. 2, 1934); R. Ó Foghludha, *Duanarán ré 1600-1700* (Baile Átha Cliath 1935) 63-81; T. F. O'Rahilly, 'A poem by Piaras Feiritéar', *Ériu* 12 (1942) 113-18; S. Kavanagh (ed.), *Commentarius Rinuccinianus* V (Dublin 1944) 164-5; J. Caball, *The singing swordsman* (Dublin 1953).]

Haicéad, An tAthair Pádraigín, O.P. (*c.* 1600-1654)
Dánta 16-20
I gCaiseal Mumhan nó in áit éigin ina chóngar is cosúil a rugadh é. Tá
tagairt dó le fáil ón mbliain 1627, nuair a bhí sé ina mhac léinn sa chlochar
Doiminiceánach i Luimneach (do réir dealraimh). Chuaidh sé as sin go
Lobhán, mar ar deineadh sagart de, agus d'fhill sé ar Éirinn arís. Bhí sé i
Mórlios na Briotáine, ar a bhealach abhaile is dócha, sa bhliain 1633 (ceann-
scríbhinn dán 18 anseo) agus shrois sé an tír seo tamall éigin ina dhiaidh
sin—'le seacht ngeimhribh' a bhí sé ar deoraíocht dá réir féin (**19**, 32).
D'oibrigh sé go dúthrachtach in Éirinn tar éis dó casadh agus bhí sé ina
phríóir ar a chlochar; ceapadh ina Ardphraeitséir é um an mbliain 1644.
Sheas sé go diongbhálta le Rinuccini (an Nuncio) agus leis an Ardchomh-
airle tráth ar tháinig an scoilt i gComhdháil Chill Choinnigh agus chum
filíocht chanta ar na cúrsaí sin. Cuireadh ruaig ar shagairt uird athuair
timpeall 1651 agus is dócha gurbh é sin faoi deara dó Éire a fhágáil arís.
Is eol dúinn é a bheith i Lobhán in Aibreán 1651, agus is ann a cailleadh
é i dtreo dheire na bliana 1654 agus é go mór faoi bhuaireamh aigne agus
faoi bhriseadh croí.

Dhealródh sé go raibh a ainm in airde mar scríbhneoir lena linn agus
tá ráite gurbh údar Béarla agus Laidine é i dteannta bheith ina fhile
Gaeilge. Baineann dánta 16-19 anseo leis an gcéad tréimhse a thug sé
thar sáile agus is cosúil gur cumadh dán 20 i mbliain deiridh a shaoil.
[Féach T. Ó Donnchadha, *Saothar filidheachta an Athar Pádraigín
Haicéad d'Órd San Doiminic* (Baile Átha Cliath 1916); M. Ní Cheallacháin,
Filíocht Phádraigín Haicéad (Baile Átha Cliath 1962).]

Mac Aingil (Mac Cathmhaoil), An tAthair Aodh, O.F.M. (*c.* 1571-1626)
Dán 2
I nDún Pádraig nó in aice leis a rugadh é, timpeall na bliana 1571, agus
fuair sé scolaíocht ansin agus in Oileán Mhanann. Bhí sé ina chomhairleoir
ag Aodh Ó Néill agus ina oide ag a bheirt mhac. Chuaidh sé go Salamanca
i dteannta duine acu i ndeire an 16ú haois agus chuaidh sé isteach in ord
San Proinsias sa bhliain 1603. Chabhraigh sé le bunú na gcoláistí Éireann-
acha sa Róimh agus i Lobhán agus is iomaí post ard a bhí aige san Ord.
Bhí sé ar na diagairí ba mhó lena linn agus scríobh sé a lán leabhar
diagachta sa Laidin. Glaodh chun na Róimhe é sa bhliain 1623 agus
ceapadh ina ardeaspag ar Ard Mhacha é sa bhliain 1626. Cailleadh é ar
22 Meán Fómhair 1626, áfach, sul ar fhéad sé filleadh ar Éirinn.

Scríobh sé leabhar próis, *Scáthán Shacramuinte na hAithridhe* (a foil-
síodh i Lobhán sa bhliain 1618), agus roinnt eile filíochta.
[Féach T. Ó Cléirigh, *Aodh Mac Aingil agus an scoil Nua-Ghaedhilge i
Lobháin* (Baile Átha Cliath [1936]) 46-99; C. Ó Maonaigh (eag.), *Scáthán
Shacramuinte na hAithridhe* (Baile Átha Cliath 1952) vii-xi; *Dán na
mBráthar* (1967) uimh. 30-35.]

Mac an Bhaird, Fearghal Óg (*fl.* 16ú/17ú haois)
Dán 4 leagtha air (féach nótaí)
Ó Thír Chonaill ba ea Fearghal Óg Mac an Bhaird agus ba iad muintir
Dhomhnaill ba phríomhphatrúin dó. Chaith sé tamall éigin i gcúige
Mumhan agus chuaidh sé go hAlbain aimsir Theicheadh na nIarlaí. Is

cosúil gur i Lobhán a thug sé blianta deiridh a shaoil agus é beo bocht ann. Chum sé an dán is túisce atá againn uaidh timpeall na bliana 1570 agus mhair sé go dtí tráth éigin idir 1609 agus 1616, agus b'fhéidir ina dhiaidh sin. Chum Fear Flatha Ó Gnímh (q.v.) dán dó.

[Féach L. McKenna, *Aithdioghluim dána* (ITS XXXVII, 1939) xxvii-xxix etc.; P. Walsh, *Irish men of learning* (Dublin 1947) 155; O. Bergin, *Irish bardic poetry* (Dublin 1970) uimh. 5-8.]

Mac an Bhaird, Gofraidh Fionn (*fl. c.* 1600—*c.* 1625)
Dán 4 leagtha air (féach nótaí)

Is dócha gurbh ionann é seo agus Gofraidh mac Briain Mhic an Bhaird a leagtar roinnt dánta air i lámhscríbhinní, agus b'fhéidir fós gurbh ionann é gus 'Geoffrey McEward, rhymer' ó Bhaile an Mhóta i gCo. Shligigh, a fuair pardún sa bhliain 1603. File ba ea a mhac, Gofraidh Óg, chomh maith agus tá cuid mhaith filíochta dar chum an bheirt acu le fáil fós (an chuid is mó di gan foilsiú go fóill).

[Féach L. McKenna, *Aithdioghluim dána* (ITS XXXVII, 1939) xxix etc.; O. McKernan, *Éigse* 5 (1945) 8; P. Walsh, *Irish men of learning* (Dublin 1947) 155-6.]

Mac Coisteala, Tomás Láidir (*fl.* 17ú haois)
Amhrán 51

San dara leath den 17ú haois a bhí sé i réim. Ar an gCearthrú Dhubh, nó i mBaile Thomáis, in iarthar Cho. Ros Comáin a bhí cónaí air. Do réir an tseanchais ba é a chum *Úna Bhán*, d'Úna Nic Dhiarmada, bean óg a bhí ina cónaí sa Lisín, nó i mBaile Úna, sa chomharsanacht chéanna. Ba iníon í le duine den dream de mhuintir Mhic Dhiarmada a bhí ar thaobh na nGall sa 17ú haois, agus roimhe sin. Ba de bhunadh Gall-Ghael an Coistealach. Is cosúil go mba fhear cumasach é a raibh gníomh agus gaisce ann.

[Féach M. MacEnery, *Éigse* 4 (1944) 133-43; *Abhráin ghrádha chúige Chonnacht* (1931) 36-43.]

Mac Gearailt, Muiris mac Dáibhí Dhuibh (*fl.* 16ú/17ú haois)
Dán 8

Tugadh pardún ar 14 Bealtaine 1601 do 'Morris mcDa duff, of Pallice, Ellean ny Owen, his wife . . .', agus is dócha gurb é sin an file againn. Tá an Phailís i gcóngar Chill Airne agus is ann a bhí a phríomháras cónaithe ag Mac Cárthaigh Mór. Maraíodh athair Mhuiris in éirí amach Iarla Dheasmhumhan sa bhliain 1581. Sa Daingean i gCiarraí a bhí cónaí air siúd agus is dócha nuair a gabhadh a chuid talún gur fhág Muiris dúthaigh na nGearaltach agus gur chuir sé faoi i ndúthaigh Mhic Cárthaigh Mhóir.

Thug Richard Stanihurst (1547-1618) an-teist ar an athair, Dáibhí Dubh, ar a fheabhas d'fhile, de cheoltóir, de liaigh, d'fhealsamh agus d'ilcheardaí, agus maireann cuimhne éigin fós ar a cháil faoin ainm 'Dáith Dubh na n-ealaíona', ach ní cosúil go bhfuil aon chuid dá shaothar le fáil inniu. Tá ráite (1722-3) i dtaobh Mhuiris féin go raibh sé 'ina dhuine uasal tréitheach agus ina theangthach mhaith' agus go ndeachaidh sé don bhFrainc in éineacht le Sir Seón [Mac Gearailt] mac Éamainn Chluana. Is eol dúinn ó dhán 8 anseo gur thug sé turas ar an Spáinn chomh maith.

Tá cuid dá fhilíocht gan foilsiú fós agus an méid di atá i gcló tá sí scaipthe anseo agus ansiúd. Chum sé aoir dar tosach *Mór idir na haimsearaibh* ar an daoscarshlua a bhí ag éirí neartmhar sna bailte móra lena linn agus dá chionn sin tá sé ina phearsa i b*Pairlement Chloinne Tomáis*, mar a ndeirtear gur 'chuir sé leabhar feasach fíreólach amach ar gheinealach agus ar ghníomharthaibh Chloinne Tomáis . . .'. Níl aon eolas cruinn le fáil ar chúrsaí a shaoil.

[Féach O. J. Bergin, 'Pairlement Chloinne Tomáis', *Gadelica* 1 (1912-13) 139-41; T. F. O'Rahilly, *RIA Proc.* 36 C (1922) 96, 111; *Dánta grádha* (1926) xiv; B. Ó Cuív, *Párliament na mBan* (Dublin 1952) 267.]

Mac Gearailt, Tomás [Iarla] (*c.* 1386-1420)
Dán 34 leagtha air (cf. nótaí)

Ba é 6ú [*rectius* 5ú] hIarla Deasmhumhan é, ach chuir a uncail, Séamas, as an iarlacht é (*c.* 1411) de bharr gur phós sé Caitríona Nic Cormaic, bean d'fhuil íseal Éireannach, agus gur sháraigh sé Reachta Chill Choinnigh ar an slí sin. Sa bhFrainc a cailleadh é. Ní heol dúinn é a bheith ina fhile, ach file mór le rá ba ea a athair críonna, Gearóid Iarla (*ob.* 1398), ar ndóigh.

[Cf. T. J. Westropp, *Royal Soc. Antiq. Ire. Jn.* 39 (1909) 49-50; A. J. Otway-Ruthven, *A history of medieval Ireland* (London and New York 1968) 352-3.]

Mac Giolla Ghunna, Cathal Buí († *c.* 1755)
Dán 31 leagtha air (féach nótaí)

Le Co. an Chabháin a bhain Cathal Buí, le Tulaigh Eachach, b'fhéidir. Is cosúil gur chaith sé tamall ina mhac léinn sagartóireachta, ach gur thréig sé an ghairm sin ina dhiaidh sin. Pearsa mór béaloideasa i gcúige Uladh agus i dtuaisceart Laighean ba ea é agus cáil an réice air, dála an Mhangaire Shúgaigh i gcúige Mumhan. A *Aithrí* agus *An bonnán buí* an dá amhrán is mó cáil dar chum sé.

[Féach É. Ó Muirgheasa, *Céad de cheoltaibh Uladh* (Baile Átha Cliath 1915) uimh. 34-5, 66-7, 99; idem, *Dhá chéad de cheoltaibh Uladh* (Baile Átha Cliath 1934) uimh. 60, 128-31; idem, *Dánta diadha Uladh* (Baile Átha Cliath 1936) uimh. 15; S. Mac Grianna, *Pádraic Ó Conaire agus aistí eile* (Baile Átha Cliath 1936) 115-35; R. Mac Gabhann, *Feasta* Feabhra 1961, 6-8, 22.]

Mac Giolla Phádraig, An tAthair Brian (*c.* 1580—*c.* 1652)
Dánta 9-10

Brian mac Toirdhealbhaigh ba é é agus ba é a sheanathair, Brian († 1575), céad Bharún Osraí. B'fhéidir gur i gCúlchoill in aice le Darú Ó nDuach a bhí cónaí ar an athair. Deineadh sagart de Bhrian mac Toirdhealbhaigh sa bhliain 1610 agus d'fhág sé Éire ar feadh scathaimh i dtosach na bliana 1615. Tá fianaise ann, áfach, ar é a bheith ar ais ina cheantar dúchais um dheire 1617. 'Sagart maith' a thuairisc i gcuid de na lámhscríbhinní. Ceapadh ina bhiocáire ginearálta agus ina bhiocáire aspalda ar dheoise Osraí timpeall na bliana 1651 é, ach d'imir scata Cromaileach anbhás air agus chuir a cheann in airde ar chuaille go gairid ina dhiaidh sin.

Tá ocht gcinn dá dhánta le fáil fós, agus is é 'Psaltair na Rann' (*Do-ghéan dán do naomhaibh Dé*, 1276 de línte) an ceann is taibhsí díobh; dánta gearra is ea an chuid eile. Ní mhaireann aon cheann dá lámhscríbhinní anois, acµ is eol dúinn gur dhein sé cóip den Leabhar Branach i mBaile an Chaisleáin in aice le Móin Rátha i Laois sa bhliain 1622 agus gur scríobh sé lámhscríbhinn eile (is dócha) i gCoill an Bharda i gCo. Tiobraid Árann sa bhliain 1645.

[Féach *Measgra dánta* II (1927) 203; R. Mac Cionnaith, 'Sagart maith cct.; amhráin Bhriain Mhic Giolla Phádraig', *Irisleabhar Muighe Nuadhat* 1955, 75-9; C. Mhág Craith, 'Brian Mac Giolla Phádraig', *Celtica* 4 (1958) 103-205.]

Mac Mathghamhna, Tadhg mac Muircheartaigh (*fl.* 17ú haois)
Dán 9 leagtha air (féach nótaí).
Níl d'eolas ar an bhfile seo againn ach gur i dTuamhain (i gCo. an Chláir) a chónaigh sé, sa 17ú haois is dócha.

Mac Muireadhaigh, Cathal (*fl. c.* 1618—*c.* 1661)
Dán 24 leagtha air (féach nótaí)
File Albanach ba ea Cathal Mac Muireadhaigh, ó oileán Uibhist à Deas in Inse Gall. Scríobh sé cuid mhór de Leabhar Dearg Chlainne Raghnaill (lámhscríbhinn thábhachtach) agus d'fhág scríbhinní eile ina dhiaidh chomh maith. Tá timpeall le deich gcinn dá dhánta le fáil fós, ach níl siad ar fad foilsithe. An bhliain 1618, nó mar sin, an dáta is túisce is féidir a thagairt dó agus 1661 an dáta is déanaí. Dánta ag moladh agus ag caoineadh thaoisigh Chlainne Raghnaill agus taoisigh eile is mó atá againn uaidh.

[Féach A. Matheson, 'Poems from a manuscript of Cathal Mac Muireadhaigh', *Éigse* 10 (1963) 270-78, 11 (1964) 1-17; D. S. Thomson, 'The MacMhuirich bardic family', *Gaelic Soc. of Inverness Trans.* 43 (1966) 298-9; D. Greene, 'A satire by Cathal Mac Muireadhaigh', *Celtic studies: essays in memory of Angus Matheson, 1912-1962* (ed. J. Carney and D. Greene, London 1968) 51-5.]

Mac Muireadhaigh, Diarmaid Ruadh (*fl. c.* 1690)
Dán 25.
File Ultach ba ea é seo, ach níl d'eolas ina thaobh ach gur mhair sé i ndeire an 17ú haois.
[Féach R. Flower, *Cat. Ir. MSS in BM* II (London 1926) 62-3.]

Nuinseann, Gearóid (*fl.* 17ú haois)
Dán 4 leagtha air (féach nótaí)
Mac do Chriostóir Nuinseann, an naoú Barún Dealbhna, ba ea é agus mac dearthár dá réir sin d'Uilliam Nuinseann (q.v.). Níl aon fhianaise ar é a bheith ina fhile lasmuigh de dhán 4 a bheith á leagadh air i gcuid de na lámhscríbhinní. Thug sé tamall éigin thar sáile agus tháinig sé ón bhFrainc go Sasana sa bhliain 1607.
[Féach P. Walsh, *Gleanings*² (1933) 6-7.]

Nuinseann, Uilliam (1550-1625)
Dán 4

Ba mhac é do Risteard Nuinseann, an t-ochtú Barún Dealbhna († 1559), agus ba dheartháir é do Chriostóir Nuinseann, an naoú Barún, a scríobh príméar Gaeilge d'Éilís I, banríon Shasana. Is eol dúinn go raibh sé ag déanamh léinn in Ollscoil Oxford sa bhliain 1571 agus é in aois a 21 bhliain um an dtaca sin. Bhí sé pósta le Janet Marward, iníon le Walter Marward, Barún Scríne, agus bhí baint aige le ceannairce Baltinglass sa bhliain 1580. Cuireadh comhcheilg ina leith agus theith sé ó thuaidh go dtí Torlach Luineach Ó Néill agus go dtí Mág Uidhir. D'imigh sé go hAlbain ina dhiaidh sin agus go dtí an mhór-roinn ina dhiaidh sin arís. D'fhill sé ar Éirinn sa bhliain 1584 agus tugadh pardún dó.

Bhí sé mór le Giolla Brighde Ó hEódhasa. Chum sé roinnt eile filíochta Gaeilge agus tá ráite gur scríobh sé filíocht i mBéarla chomh maith. Fuair sé bás ar 30 Meitheamh 1625.

[Féach P. Breathnach, 'Janet Marward, 1562-1629', *Ir. Book Lover* 24 (1936) 99-104; É. Ó Tuathail, 'Nugentiana', *Éigse* 2 (1940) 4-14; G. Murphy, 'Poems of exile by Uilliam Nuinseann mac Barúin Dealbhna', *ibid.* 6 (1949) 8-15; T. Ua Brádaigh, 'Na Nuinnsionnaigh, mór-theaghlach Gall-Ghaelach, agus an cultúr Gaelach', *Ríocht na Midhe* 3 (1965) 211-21, lgh 215-19; *Dán na mBráthar* (1967) uimh. 7-8.]

Ó Bruadair, Dáibhí (c. 1625-1698)
Dánta 37-42

Do réir lámhscríbhinne dar dáta 1793 ba ó Chnoc Rátha i mBarrachaibh Móra in oirthear Chorcaí do Dháibhí Ó Bruadair, bíodh gur ar an gClaonghlais i gCo. Luimnigh a 'mhair sé an roinn ba mhó agus ba thamhscúla dá shaol'. Níl aon eolas cruinn ann i dtaobh a óige, ach is soiléir go raibh a mhuintir go maith as agus gur tugadh scolaíocht mhaith dó. Bhí eolas ar Laidin aige agus ba nós leis míniúcháin Bhéarla a scríobh le hais a dhánta ina lámhscríbhinní. Bhí suim mhór i gcúrsaí staire agus ginealaigh aige chomh maith agus d'fhág sé roinnt lámhscríbhinní ina dhiaidh, ach gur cailleadh a bhformhór ó shin.

Baineann na dánta is túisce atá againn uaidh lena dhúthaigh féin agus dhealródh sé gur timpeall na bliana 1660 a chuaidh sé go Luimneach don chéad uair. D'fhilleadh sé ar Chorcaigh ó am go ham ina dhiaidh sin agus bhí caidreamh nár bheag aige le filí agus le scríobhaithe Chorcaí, sa tslí gur sa chontae sin is mó a deineadh cóipeanna dá shaothar ina dhiaidh. Bhí cuid d'uaisle Chorcaí, Luimnigh agus Chiarraí ina bpátrúin agus ina gcairde aige agus chum sé a lán filíochta dóibh, go háirithe do Ghearaltaigh agus do Bhúrcaigh Luimnigh. D'iompaigh an saol ina choinne timpeall na bliana 1674 (cf. dán 39 anseo agus na nótaí a ghabhann leis) agus is ag dul i mbochtaine a bhí sé uaidh sin amach. Sa tréimhse seo is ea a chum sé an chuid is fearr dá shaothar filíochta, ag cur síos go háirithe ar chéim síos na nGael agus ar an dímheas a bhí ar lucht léinn ag na tiarnaí nua, agus ag cásamh a dhroch-chaoi féin. Foinse thábhachtach eolais ar scéal na hÉireann ó aimsir Chromail amach is ea na dánta seo, go háirithe don tréimhse 1682-91.

[Féach J. C. Mac Erlean, *Duanaire Dháibhidh Uí Bhruadair. The poems of David Ó Bruadair* (ITS XI, XIII, XVIII, 1911-17); S. Ó Faoláin, 'Deich mbliana d'fhás i mbeatha fhile; Dáibhidh Ó Bruadair, 1670-1680', *Éarna* Féile Pádraig 1925, 26-33; Nodlaig 1925, 14-17; R. Ó Foghludha, *Duanarán ré 1600-1700* (Baile Átha Cliath 1935) 34-62; G. Murphy, 'David Ó Bruadair', *Ir. Ecclesiastical Record* 78 (1952) 340-57; P. de Brún, 'Tuireamh Laidne ar Dháibhí Ó Bruadair', *Éigse* 12 (1968) 327-30.]

Ó Conchubhair Chiarraí, Seán an Fhíona († 1652)
Dán 26 leagtha air (féach nótaí)

Ba é taoiseach a chine é agus ghlac sé páirt i gcogadh 1641. Gabhadh a phríomhdhaingean, caisleán Charraig an Phoill, air le linn an chogaidh agus faoi dheireadh crochadh agus dícheannaíodh é féin i dTrá Lí sa bhliain 1652; tugadh a thailte ar láimh Choláiste na Tríonóide i mBaile Átha Cliath ina dhiaidh sin. Is dócha gurb é atá luaite i gceann de dhánta Thaidhg Ruaidh Uí Chonchubhair, duine muinteartha leis, b'fhéidir (q.v.). Níl d'fhianaise ann ar é a bheith ina fhile ach a ainm a bheith luaite le dán 26 anseo in aon áit amháin.

[Féach *Cork Hist. and Arch. Soc. Jn.* 5 (1899) 230; *Archivium Hibernicum* 13 (1947) 100.]

Ó Conchubhair, Tadhg Ruadh (*fl. c.* 1652-90 ?)
Dán 43

'Duine uasal foghlamtha tréitheach do chomhnaigh ar an gCarraig nDuibh láimh le hOileán Ciarraí' ba ea Tadhg Ruadh Ó Conchubhair do réir na ceannscríbhinne atá in RIA 23 G 25 (lch 343) le caoineadh a ceapadh ar a bhás agus tá ráite inti chomh maith gur timpeall 1690 a cailleadh é. Tá blúire le fáil fós de dhán dar tosach *Dá dtagadh mo lao-sa saor ó Ghallaibh Thrá Lí*, a chum sé ar 'thréinfhear Charraig an Phoill'. Is dócha gurbh é seo Seán an Fhíona Ó Conchubhair Chiarraí (atá luaite le dán 26 anseo i lámhscríbhinn amháin) a crochadh agus a dícheannaíodh i dTrá Lí sa bhliain 1652; b'fhéidir go raibh gaol ag Tadhg Ruadh leis. Is eol dúinn go raibh Seán Mac Criagáin, an té a thug freagra ar dhán 43 anseo, ina bheatha sa bhliain 1675, agus sin é an dáta is cinnte is féidir a lua le Tadhg Ruadh. Níl foilsithe dá shaothar ach dán 43 anseo agus dán eile [féach *Measgra dánta* I (1927) uimh. 6, 27].

Ó Cuileáin, An tAthair Gearailt (Antaine), O.F.M. (*fl. c.* 1683—*c.* 1740)
Dán 27

Glacadh an tAthair Ó Cuileáin isteach in ord San Proinsias timpeall na bliana 1683 agus cailleadh é timpeall 1740. Bhí sé ina ghairdian ar choinbhint Bhaile an Mhóta in 1703-5 agus ar choinbhint Dhrom dhá Thiar (na Craoibhe Léithe) in 1705-8 agus arís in 1711. Is beag eile is eol dúinn ina thaobh. Idir Iúil 1739 agus Bealtaine 1741 a cailleadh é.

[Féach *Éigse* 1 (1939) 1, 145-7; C. Giblin (eag.), *Liber Lovaniensis* (Dublin 1956) *passim*; *Dán na mBráthar* (1967) uimh. 68-9.]

Ó Dálaigh, Aonghus (*fl.* 16ú/17ú haois)
Dán 1 leagtha air (féach nótaí)
 Ní féidir a rá le haon chinnteacht cé bheadh i gceist anseo. Dhealródh sé go raibh breis agus aon fhile amháin den ainm seo i gCiarraí agus i gCorcaigh idir 1550 agus 1650. Ó Dálaigh Fionn ba ea duine acu.
 [Féach C. McGrath, ' "Ó Dálaigh Fionn cct." ', *Éigse* 5 (1947) 184-95; P. Ó Riain, *ibid.* 12 (1967) 127-8.]

Ó Dálaigh, Cearbhall (*fl. c.* 1597-1630)
Dánta 6, 25, leagtha air (féach nótaí; féach leis 47, nótaí)
 Pearsa mór béaloideasa ba ea 'Cearbhall Buí na n-amhrán' nó 'Cearbhall na mBan' agus an-cháil air i gcúrsaí ceoil, filíochta, ceardaíochta agus suirí. Chum Pádraigín Haicéad dán (1630) do Chearbhall *Óg* Ó Dálaigh, agus dá réir sin b'fhéidir go bhfuil athair agus mac i gceist sna tuairiscí atá againn. An t-eolas is luaithe ina thaobh ná pardúin a tugadh sa bhliain 1597 do 'Carrol O Dale, of Pallice', i gCo. Loch Garman, agus sa bhliain 1601 do 'Carroyle boye O Dalie', sa chontae céanna. Tá mórchuid filíochta curtha ina leith i lámhscríbhinní, ach is deacair a dhéanamh amach cé mhéid di a chum sé dáiríre. Leagtar *Eibhlín a rún* air de ghnáth agus b'fhéidir gur dhein sé leagan éigin den amhrán sin, mar tá dán nó dhó eile le fáil sna scríbhinní a ndeirtear ina dtaobh gur chum sé iad 'chum a mhuirnín, Eilíonóir Chaomhánach' (nó caint den sórt sin).
 [Féach T. F. O'Rahilly, *RIA Proc.* 36 C (1922) 100-102.]

Ó Donnchadha an Ghleanna, Séafraidh (*c.* 1620-78)
Dán 26 leagtha air (féach nótaí)
 Ba é Séafraidh taoiseach a chine agus tháinig sé i gcomharbacht ar a athair, Tadhg, timpeall na bliana 1643. Bhí an t-athair agus a thriúr mac, Séafraidh, Domhnall agus Tadhg, páirteach san ionsaí a dhein na Gaeil ar chaisleán Thrá Lí i gcogadh 1641, mar ar goineadh Piaras Feiritéar. Níl puinn eile eolais le fáil ar Shéafraidh, ach gur éirigh leis ar chuma éigin greim a choimeád ar a thailte i nGleann Fleisce i gCiarraí aimsir Chromail. Bhí caidreamh aige ar fhilí a chomhaimsire (Chum file Albanach, Maoldomhnaigh Ó Muirgheasáin, dán dó le linn dó a bheith ar cuairt i gCiarraí tuairim na bliana 1642, mar shampla; bhí plé ag Piaras Feiritéar leis an bhfear seo chomh maith) agus bhí sé oilte ar léann na Gaeilge. Tá beagán dá shaothar gan foilsiú fós.
 [Féach P. Ua Duinnín, *Dánta Shéafraidh Uí Dhonnchadha an Ghleanna* (Baile Átha Cliath 1902); R. Ó Foghludha, *Duanarán ré 1600-1700* (Baile Átha Cliath 1935) 82-96; P. Ó Riain, 'Dán ar Shéafraidh Ó Donnchadha an Ghleanna', *Éigse* 12 (1967) 123-32; idem, 'A poem on Séafraidh Ó Donnchadha an Ghleanna', *Kerry Arch. and Hist. Soc. Jn.* 3 (1970) 48-58; P. de Brún, 'Uacht Shéafraidh Uí Dhonnchadha an Ghleanna', *ibid.* 4 (1971) 166.]

Ó Donnghaile, [An tAthair?] Eóghan (*fl. c.* 1680-90)
Dánta 45-6
 Le hArd Mhacha a bhain sé, ach is beag eile is eol go cruinn ina thaobh. Bhí sagart den ainm agus den sloinneadh céanna in Ard Mhacha i ndeire

an 17ú haois agus bhí sé 55 bliana d'aois sa bhliain 1704. Níltear cinnte gurbh aon duine amháin iad, áfach.

[Féach S. Ó Dufaigh, *Comhairle Mhic Clamha ó Achadh na Muilleann* (1966; athchló ó *Clogher Record* 1965, 307-47) 8-10, 42-3; T. Ó Fiaich, *Studia Hibernica* 6 (1966) 189.]

Ó Duincín, An tUrramach Pádraig (*fl. c.* 1615-66)
Dán 29

Ministir in Eaglais na hÉireann ba ea é agus oileadh i gColáiste na Tríonóide i mBaile Átha Cliath é. Bhí sé ina chléireach óg i bparóiste an Chreagáin i gCo. Ard Mhacha sa bhliain 1615 agus ina chúráideach ann um an mbliain 1633. Sa bhliain 1641 bhí sé ina bhiocáire ar Dhomhnach Mór i gCo. an Dúin agus is as sin a dhíbir na Preispitéaraigh go hOileán Mhanann é (1649/51). D'fhill sé ar Éirinn timpeall na bliana 1666.

[Féach J. B. Leslie, *Armagh clergy and parishes* (Dundalk 1911) 33, 206; H. B. Swanzy, *Succession lists of the diocese of Dromore* (Belfast 1933) 120, 194; É. Ó Muirgheasa, *Dhá chéad de cheoltaibh Uladh* (Baile Átha Cliath 1934) uimh. 1.]

Ó Gnímh, Fear Flatha (*fl.* 1602—*c.* 1640)
Dán 1.

Le tuaisceart Aontroma is ea is dóichí a bhain sé agus is cosúil gurbh ionann é agus 'Ferflatha Ogneiffe' a fuair pardún sa bhliain 1602. Bhí sé ina fhile ag Uí Néill Chloinne Aodha Buí agus tá timpeall le dosaen dá dhánta foilsithe; tráth éigin i ndiaidh na bliana 1638 a chum sé an ceann is déanaí díobh ar féidir dáta a chur leis.

[Féach T. Ó Donnchadha, *Leabhar Cloinne Aodha Buidhe* (Baile Átha Cliath 1931) xxvi-xxvii etc.; T. F. O'Rahilly, *Celtica* 1 (1950) 330-31; É. Ó Tuathail, *Éigse* 6 (1950) 157-8; C. McGrath, 'Ollamh Cloinne Aodha Buidhe', *ibid.* 7 (1953) 127-8.]

Ó hEódhasa, An tAthair Giolla Brighde (Bonaventura), O.F.M. († 1614)
Dán 3

I ndeoise Chlochair a saolaíodh Giolla Brighde Ó hEódhasa, ach ní fios go cruinn cá háit ná cén bhliain. Cine le filíocht ba ea muintir Eódhasa agus baint acu le Co. Fhear Manach. Is dócha go raibh gaol ag Giolla Brighde leis an bhfile cáiliúil Eochaidh Ó hEódhasa (*c.* 1565-1612), ach ní fios go baileach cén gaol. Cuireadh le filíocht é agus chaith sé tamall i scoileanna filíochta na Mumhan, go háirithe le muintir Dhálaigh. Thréig sé an fhilíocht mar cheird ina dhiaidh sin, áfach, agus chuaidh le sagartóireacht i nDouai, áit a raibh sé sna blianta 1604-5 agus ar bhain sé céim M.A. amach. Glacadh isteach in ord Sna Proinsias é i Lobhán sa bhliain 1607 agus bhí sé ina ghairdian ar an gcoláiste nuair a cailleadh ann leis an ngalar breac é sa bhliain 1614.

Bhí léann na Gaeilge agus na Laidine araon air agus chuir sé graiméar Gaeilge le chéile (*Rudimenta grammaticae Hibernicae*) inar thug sé faoi phátrúin ghraiméir na Laidine a chur i bhfeidhm ar an nGaeilge. Cuireadh teagasc críostaí leis i gcló sa bhliain 1614. Is cosúil go raibh a lán saothair beartaithe aige ach gur cailleadh cuíosach óg é. Ba é teist Aodha Mhic

Aingil air nach 'roibhe lé fada d'aimsir duine coimhdheas agus comh-oirdheirc lé Bonauentura i léigheann i nGaoidhilg agus i gcrábhadh'.
[Féach T. Ó Cléirigh, *Aodh Mac Aingil agus an scoil Nua-Ghaedhilge i Lobháin* (Baile Átha Cliath [1936]) 28-34; *Dán na mBráthar* (1967) uimh. 4-15; P. Mac Aogáin, *Graiméir Ghaeilge na mBráthar Mionúr* (Baile Átha Cliath 1968) ix-xi etc.]

Ó hUiginn, An tAthair Maolmhuire († c. 1590)
Dán 4 leagtha air (féach nótaí)
Deartháir do Thadhg Dall Ó hUiginn ba ea é seo agus tá dán againn uaidh a chum sé le linn dó a bheith sa Róimh. Ceapadh ina ardeaspag ar Thuaim é sa bhliain 1586, ach cailleadh in Antwerp é ar a shlí go hÉirinn; ceapadh comharba air ar 20 Márta 1591.
[Féach *Measgra dánta* II (1927) uimh. 52-3, 67; cf. L. McKenna, *Aithdioghluim dána* (ITS XXXVII, 1939) xxxiv.]

Ó Mealláin, Fear Dorcha (*fl. c.* 1650)
Dán 28
Níl d'fhilíocht againn ón bhfear seo ach dán 28 anseo agus is in amsir Chromail a cumadh é sin. Is cosúil gurbh ó Cho. an Dúin dó.
[Féach É. Ó Muirgheasa, *Dánta diadha Uladh* (Baile Átha Cliath 1936) uimh. 28.]

Ó Mongáin, Dominic (*fl.* 18ú haois)
Amhrán 54 leagtha air (féach nótaí)
As Tír Eoghain ba ea é agus is dócha gurbh ionann é agus 'Domini[c] Mungan—of Tirone', cruitire a bhí ina bheatha sa bhliain 1779 [cf. J. L. Campbell, *Éigse* 6 (1950) 148].

LÍNTE TOSAIGH